企业管理与技术经济

编著 李　霞　刘瑞霞　郭　伟
　　　许益锋　潘颖雯　胡庆平
　　　杨　静　姜　铸　张　敏

内容提要

本书根据工程技术人员应具备的管理知识要求,较系统地介绍了现代企业管理与技术经济学的基本理论与基本方法,包括管理概述、企业战略管理、决策技术、生产与运作管理、质量管理、市场营销、财务管理、资金时间价值与资金等值、经济评价基本方法、可行性研究、价值工程等内容。全书分上下篇,结合目前经济发展的态势,紧密联系生产实际,把技术与经济问题相统一,目的是培养工程技术人员的管理意识,增强经济观念,提高工作效率。本书概念准确,内容深入浅出、系统性强,适合作为工科院校非管理类专业学生的教材,也可供企业各级管理干部培训使用或阅读参考。

图书在版编目(CIP)数据

企业管理与技术经济/李霞等编著. ——西安:西安交通大学出版社,2005.10(2019.7重印)
ISBN 978-7-5605-2117-6

Ⅰ.企… Ⅱ.李… Ⅲ.企业管理 Ⅳ.F270

中国版本图书馆CIP数据核字(2005)第111421号

书　　名	企业管理与技术经济
编　　著	李霞　刘瑞霞　郭伟　等
出版发行	西安交通大学出版社
地　　址	西安市兴庆南路1号(邮编:710048)
电　　话	(029)82668357,82667874(发行部)
	(029)82668315(总编办)
印　　刷	西安日报社印务中心
字　　数	353千字
开　　本	850 mm×1 168 mm　1/32
印　　张	13.875
版　　次	2005年10月第1版　2019年7月第6次印刷
书　　号	ISBN 978-7-5605-2117-6
定　　价	29.80元

版权所有,翻版必究!

前　言

　　高等院校工科类专业的培养目标是未来的工程师。作为我国社会的高级建设人才，他们肩负着崇高的政治使命、技术使命、经济使命和社会使命。而现代工程技术与人类社会的关系十分密切，与人类的生存环境、文化发展休戚相关。因此，加强对工程技术专业学生的经济管理教育十分重要。

　　本书是由"企业管理学"和"技术经济学"两部分组成，主要介绍了这两部分内容中与工程技术人员工作较为密切的经济管理知识，目的是使工程技术专业的学生了解企业管理与技术经济学的基本知识，培养管理意识，增强经济观念，提高工作效率与经济效益，使他们将来能为市场提供设计合理、工艺先进、功能完善、成本低廉、价钱便宜的产品。

　　《企业管理与技术经济》一书由九位教师参与编写，并由李霞、刘瑞霞两位教师负责统稿。本次编写中，由李霞负责上篇第五章，下篇第十一、第十二章的编写；刘瑞霞负责上篇第四章，下篇第八章、第九章、第十章的编写；郭伟、张敏负责上篇第一章的编写；杨静、姜铸、许益锋、胡庆平分别负责上篇第二、三、六、七章的编写；潘颖雯负责下篇第十三章的编写。

　　《企业管理与技术经济》主要适合于高等院校非经济管理类各专业学生对于经济管理基本理论和基本方法的学习。在具体教学过程中，根据课时数的多少可适当精简部分内容，无法在课堂讲授的内容可安排学生课外自学。本教材在出版过程中，得到了西安交通大学出版社陈丽老师的大力支持和帮助。本书参考了很多教材，在此不一一叙述，我们对这些作者表示感谢。由于我们水平有限，书中难免会有缺点错误，非常欢迎广大读者提出批评建议，以便本书内容体系更加完善。

西安工程科技学院管理学院工商管理系
2005.08.10

目 录

第一章 管理概论 (3)
  第一节 管理理论的演进 (3)
  第二节 管理的作用与职能 (21)
  第三节 现代企业及其类型 (25)
  第四节 企业管理组织 (29)
  思考练习题 (37)

第二章 决策技术 (38)
  第一节 经营决策概述 (38)
  第二节 决策的方法 (52)
  思考练习题 (71)

第三章 企业战略管理 (74)
  第一节 企业战略概述 (74)
  第二节 企业战略分析与规划 (83)
  第三节 企业战略的类型及选择 (100)
  第四节 企业战略实施与控制 (108)
  思考练习题 (114)

第四章 生产与运作管理 (115)
  第一节 生产与运作管理概述 (115)
  第二节 生产过程组织 (120)
  第三节 生产运作计划 (130)
  第四节 先进生产与运作方式 (146)
  思考练习题 (150)

第五章 质量管理 (152)
  第一节 质量管理的基本术语 (152)
  第二节 ISO标准简介与质量认证 (164)

第三节　质量管理的基本方法 …………………………… (167)
  第四节　质量成本管理 …………………………………… (187)
  思考练习题 ………………………………………………… (190)

第六章　市场营销 ………………………………………… (193)
  第一节　市场营销概述 …………………………………… (193)
  第二节　市场分析 ………………………………………… (205)
  第三节　市场调查与预测 ………………………………… (216)
  第四节　市场细分与目标市场的选择 …………………… (220)
  第五节　市场营销组合策略 ……………………………… (227)
  第六节　市场营销理论的新发展 ………………………… (248)
  思考练习题 ………………………………………………… (253)

第七章　财务管理 ………………………………………… (254)
  第一节　财务管理概述 …………………………………… (254)
  第二节　筹资管理 ………………………………………… (259)
  第三节　资金运用管理 …………………………………… (265)
  第四节　财务分析 ………………………………………… (277)
  思考练习题 ………………………………………………… (284)

第八章　绪论 ……………………………………………… (287)
  第一节　技术经济学的产生与发展 ……………………… (287)
  第二节　技术与经济的关系 ……………………………… (289)
  第三节　技术经济学研究的对象、内容和特点 ………… (292)
  第四节　技术经济分析的一般过程 ……………………… (297)
  思考练习题 ………………………………………………… (298)

第九章　技术经济学的基本原理 ………………………… (299)
  第一节　经济效益原理 …………………………………… (299)
  第二节　技术经济分析的可比性原理 …………………… (309)
  思考练习题 ………………………………………………… (313)

第十章 资金的时间价值与等值计算 (314)
- 第一节 技术经济分析的基本要素 (314)
- 第二节 资金时间价值 (326)
- 第三节 资金时间价值的普通复利公式 (332)
- 第四节 名义利率和实际利率 (340)
- 思考练习题 (341)

第十一章 技术经济评价的基本方法 (344)
- 第一节 时间型经济评价指标 (345)
- 第二节 价值型经济评价指标 (354)
- 第三节 效率型经济评价指标 (362)
- 第四节 不确定性分析 (371)
- 思考练习题 (377)

第十二章 建设项目的可行性研究 (379)
- 第一节 可行性研究概述 (379)
- 第二节 可行性研究的工作阶段和步骤 (383)
- 第三节 可行性研究的内容 (388)
- 第四节 可行性研究的财务评价 (396)
- 思考练习题 (404)

第十三章 价值工程 (405)
- 第一节 价值工程概述 (405)
- 第二节 价值工程的工作步骤 (410)
- 第三节 价值工程的原理与方法 (412)
- 思考练习题 (431)

主要参考书目 (433)

上篇 企业管理学

第一章 管理概论

第一节 管理理论的演进

管理活动源远流长,但形成一套比较完整的管理理论,则经历了一段比较漫长的历史发展过程。管理作为一门科学的理论形成以前,仅仅产生了管理理论的萌芽,自从科学管理产生以后,管理理论经历了古典管理、行为科学和现代管理三个阶段。自20世纪80年代以来,又出现了许多新兴的管理理论。因此,了解管理理论的形成与发展过程,是学习管理的理论基础。

一、管理理论的萌芽

管理理论的形成和发展与管理实践活动是紧密相连的,它是管理实践活动的经验概括和理论总结。管理实践活动由来已久,自有了人类活动就有了管理活动。伴随着管理实践活动的进行,人们逐步形成了各种各样的管理思想。但只能说是管理理论的萌芽。

1. 中国早期的管理思想

中国传统的管理思想,分为宏观管理的治国学和微观的治生学。这两方面的学问极其浩瀚,作为管理的指导思想和指导原则,可以概括为如下几点:

(1) 顺"道"

"道"在中国历史上有多种含义。属于主观范畴的"道",主要是指治国的理论,属于客观范畴的"道",主要是指客观经济规律。

这里用的是后一种含义,指管理要顺应客观经济规律。比如,《管子》认为自然界和社会都有自身的运动规律,"天不变其常,地不易其则,春秋冬夏,不更其节。"等等。

(2) 重人

"重人"是中国传统管理的一大要素。它包括两个方面:一是注重人心向背;二是注重人才归离。要夺取天下,办成事业,人是第一位的,故我国历来讲究得人之道、用人之道。《管子》说:政之所兴,在顺民心;政之所废,在逆民心。国家必须"令顺民心","从民所欲,去民所恶",为"政之宝"。司马迁提倡"能巧致富",他说"巧者有余,拙者不足"。

(3) 人和

"和"就是调整人际关系,讲团结,上下和,左右和。对治国来说,和能兴邦;对治生来说,和气生财。所以我国历来把天时、地利、人和作为事业成功的三大要素。孔子说:"礼之用,和为贵"。《管子》说:"上下不和,虽安必危"。近代成功的企业家也都注重人和,创办申新纱厂的大企业家荣德生治厂以《大学》之'明德',《中庸》之"名诚"对待属下,"管人不严,以德报人","使其对工作不生心,存意外","自治有效"。

(4) 守信

治国要守信,办企业也要守信。孔子说:"君子信而后劳其民"。《管子》特别强调要取信于民,提出国家行政应遵循的一条重要原则:"不行不可复"。也就是说,治理国家,必须言而有信。政策多变,出尔反尔,从来就是治国大忌。治国亦然,治生亦然。我国从来就有提倡"诚工"、"诚贾"的传统,商而诚,苟取一时,终至瓦解,成功的商人多是商业信誉高的人。

(5) 对策

"运筹策帷幄之中,决胜于千里之外。"(史记·高祖本纪)这句中国名言说明我国古代在治国、治军、治生等一切竞争和对抗的活动中,都必须统筹谋划,正确研究对策,以智取胜。《孙子》认为:

"知己知彼,百战不殆;不知彼而知己,一胜一负;不知彼,不知己,每战必殆。"《管子》主张"以备待时","事无备则废"。治国必须有预见性,有备无患,预则成,不预则废。

(6) 法治

我国的法治思想起源于先秦法家思想和《管子》,后来逐渐演变成一套法治体系,包括天土法治、财税法治、人才法治、军事法治等等。韩非认为法治优于人治。他还主张法治应有公开性和平等性,在法律面前人人平等,人人都得守法。

2. 西方早期的管理思想

工业革命给整个欧洲带来了巨大的变动。工厂制度的建立,使企业管理提高到重要的地位。于是,各种处在萌芽状态的管理思想不断问世。早期的管理思想就是在这样的背景下形成的,但西方早期的管理思想是不系统、不全面的,还没有形成专门的管理理论和学派。主要代表人物及其管理思想如下:

(1) 亚当·斯密的思想

亚当·斯密(Adam Smith,1723～1790年),英国古典经济学家。1776年,他发表了《国富论》。在书中,提出了颇有影响的管理思想,特别对劳动分工给企业带来的变化进行了具体的论述。他写道:

如果一名工人没有受过专门的训练,恐怕工作一天也难以制造出一枚针来,如果希望他制造20枚针那就更不可能了。如果把制针程序分为若干项目,每一项就都变成一门特殊的工作了。一个人担任抽丝工作,另一个人专门拉直,第三个人负责剪断,第四个人进行磨尖,第五个人在另一端打孔磨角。这样一来,平均一个人,每大可以生产4 800枚针。生产效率提高的幅度是相当惊人的。亚当斯密认为,劳动分工之所以能大大提高生产效率,可归为三个原因:

① 增加每个人的技术熟练程度。

② 节省了工人从一道工序转换到另一道工序所需的时间。

③ 有利于发明便于工作又节省劳动时间的机器。

此外,斯密还提出了"共同利益"的观点。他认为经济活动是产生于私人利益基础之上的共同利益,人们参与经济活动的目的就是追求个人利益的实现,而任何个人利益的实现都需要他人的协助。这种观点对于以后西方经济理论诸学派的发展具有深远的影响。

(2) 欧文的思想

罗伯特·欧文(Robert Owen,1771~1858年),英国管理思想的先驱,是企业管理中最早重视人的地位和作用的企业家和改革家,他的主要思想:

① 重视工厂管理中人的因素,企业应致力于对人力资源的投资和开发。他在自己的工厂进行了一系列的改革试验,如:改进劳动条件,缩短劳动时间,提高童工就业年龄,提供免费的工作餐、住宅。通过试验,他认为重视人的因素和尊重人的地位可以使工厂获得更多的利润。

② 推行灵活稳定的人事管理政策。如:不解雇工人,提高工资,不虐待工人。

③ 鼓励竞赛精神,代替残酷的惩罚。对于不认真工作的工人,欧文不采取体罚和训斥的措施,而是借助于道义上的劝告和对人的上进心的尊重,来鼓励竞赛精神,协助维持纪律。

由于欧文最早注意到人的因素对劳动生产效率的重要性,并率先在人事管理方面进行了探索,被称为"人事管理之父"。他的思想对以后西方管理理论行为科学的兴起产生了重要影响。

(3) 巴贝奇的思想

查尔斯·巴贝奇(Charles Babbage,1792~1871年),英国剑桥大学数学教授,是世界上第一台机械计算机的设计者。他进行管理研究时曾走遍英国和欧洲大陆,了解有关制造业方面的各种问题,并研究经理人解决这类问题的方法。以自身经验,奉劝当时的经理人员尽量采用劳动分工。通过时间和成本的分析,他进一

步分析了劳动分工使生产率提高的原因,他的解释比亚当·斯密更全面,更细致。主要原因有:

① 节省了学习时间;
② 节省了学习期间所耗费的材料;
③ 节省了从一道工序转移到下一道工序所需的时间;
④ 经常从事某一项工作,肌肉得到锻炼,不易疲劳;
⑤ 节省了改变工具调整工具所需的时间;
⑥ 重复同一种工作,技术熟练,工作速度较快;
⑦ 注意力集中单一作业,便于改进工具。

巴贝奇还提出了工资加利润分享制度,以此来调节劳动者工作的积极性。他认为工人除了拿工资外,还应该按工厂所创利润的百分比得到一部分报酬,这样的作法有以下几点好处:

① 每个工人的利益同工厂的发展多少有直接的关系;
② 每个工人会关心浪费和管理不善;
③ 能促进每个部门改进工作;
④ 激励工人提高技术、品德;
⑤ 工人同雇主利益一致,消除隔阂。

二、古典管理理论

在社会经济发展和前人管理思想的基础上,从19世纪末到20世纪初,欧洲和美国都相继有人提出比较系统的管理理论。当时,经过工业革命后,资本主义先进的国家的生产力已发展到一定的高度,科学技术也有了较大的发展。为了适应生产力的发展要求,当时在美国、法国、德国及其他一些西方国家都产生了科学管理,从而形成了各有特色的古典管理理论。

1. 泰罗及其科学管理理论

(1) 科学管理之父——泰罗

泰罗(Frederick. W. Taylor,1856～1915年)出生在美国费城一个富裕家庭。高中毕业后,考入哈佛大学法学院,考取后发现视力损伤,故于1874年停学进入企业当学徒。1878年进入费城米德维尔钢铁厂当技工,后迅速提升为工长、总技师、总工程师。1890年,泰罗离开这家公司,开始潜心研究管理方面的问题。1901年以后,他用大部分的时间从事写作、演讲,宣传他的一套企业管理理论,"科学管理理论——泰罗制",1911年出版了其代表作《科学管理原理》,被称为"科学管理之父"。

(2) 科学管理理论的主要内容

① 工作定额原理。工作定额原理是整个定额制度的基础。为此,泰罗进行了大量的工时与动作的研究。他把每个工作都分成尽可能多的简单的基本动作,把其中没有用的动作去掉,并通过对最熟练的工人的每一个操作动作的观察,选择出每一个动作最快最好的方法,把时间记录下来。这就构成了他制定每个工作日标准定额的基础。泰罗进行了一项有名的"搬运铁块"试验。当时,他在伯利恒钢铁公司研究管理,泰罗观察发现,工人在将生铁装运到铁路货车上,每天每人的生产率是12.5吨,泰罗相信,通过科学的分析装运生铁工作以确定最佳的工作方法,生产效率应该能够提高到47~48吨之间。试验开始了,泰罗首先寻找了一位大个头、体格强壮的受试者施米特。施米特像其他装卸工人一样每天挣1.15美元,这在当时仅够维持生存。泰罗用钱(每天1.85美元)作为主要手段,使施米特这样的工人严格照他说的去做。泰罗着手使他按照规定的方法装生铁,泰罗试着转换各种工作因素,以便观察它们对施米特的日生产率的影响。例如:在一些天里施米特可能弯下膝盖搬生铁,而另一些天里,他可能伸直膝盖而弯腰去搬生铁。在随后的日子里,泰罗还试验了行走的速度、把握的位置和其他变量。经过长时间科学地利用各种程序、办法和工具组合进行试验,泰罗成功地达到了他认为可能达到的生产率水平。

② 能力与工作相适应原理。泰罗认为,为提高劳动生产率,必须为工作挑选第一流的工人。第一流的工人包括两个方面,一方面是该工人的能力最适合做这种工作;另一方面是该工人必须

愿意做这种工作。因为人的天赋和才能不同,他们所适于做的工作也不同。身强力壮的人干体力活可能是第一流的,心灵手巧的人干精细的活可能是第一流的。所以要根据人的能力和天赋把它们分配到相应的工作岗位上去。而且还要对他们进行培训,教会他们科学的工作方法,激发他们的劳动热情。

③ 标准化原理。标准化原理是指工人在工作时要采用标准的操作方法,而且工人所使用的工具、机器、材料和所在工作现场环境等等都应该是标准的,以利于提高劳动效率。

泰罗在这方面进行了著名的"铁锹试验"。泰罗注意到工厂中每个工人不管他们铲运的是何种材料。都使用同样大小的铁锹,并且这些铁锹都是工人从自己家里拿来的,这些铲子大小各异,参差不齐。这在泰罗看来是不合理的,如果能找到每锹铲运的最佳重量,那将使工人每天铲运的数量达到最大。于是泰罗想到铁锹的大小随着材料的重量而变化。经过大量的试验,泰罗发现21磅是铁锹的最佳容量值,为了达到这个最佳重量,像铁矿石这样的材料应该用小尺寸的铁锹,而像焦炭这样的轻材料应该用大尺寸的铁锹。根据泰罗的发现,领班们将不再仅仅吩咐工人"去铲那边那一堆",而应该按照所铲运的材料的性质,决定工人使用何种尺寸的铁锹完成工作。当然,这样做的结果是大幅度提高了工人的生产率。

④ 差别计件工资制。泰罗认为,工人磨洋工的重要原因之一是付酬制度不合理。即工资制不能体现按劳付酬,干多干少在时间上无法确切地体现出来。计件工资虽然表面上是按劳动的数量支付报酬,但工人们逐渐明白了一个事实,只要劳动效率高,雇主必然降低每件的报酬单价。这样一来,实际上是提高了劳动强度。因此,工人们只要做到一定的数量就不再干了。个别人要多干,周围的人就会向他施加压力,排挤他,迫使他向其他人看齐。

泰罗分析了原有的报酬制度之后,提出了自己全新的看法。他认为,要在科学地制定定额的前提下,采用差别计件工资制来鼓励工人完成或超额完成定额。如果工人完成或超额完成任务,按比正常单价高出25%计酬。不仅超额部分,而且定额内的部分也按此单价计酬。如果工人完不成定额,则按比正常单价低20%计酬。这种工资制度会大大提高人们的劳动积极性。雇主的支出虽然有所增加,但由于利润提高的幅度大于工资提高的幅度,所以对雇主也是有利的。

⑤ 计划与执行相分离。泰罗认为应该用科学的工作方法取代经验工作方法。经验工作方法的特点是工人使用什么工具,采用什么样的操作方法都是根据自己的经验来定。所以功效的高低取决于他们的操作方法与使用的工具是否合理,以及个人的努力程度和熟练程度。泰罗认为,工人凭经验很难找到科学的工作方法,而且他们也没有时间研究这方面的问题,所以,应该把计划同执行分离,计划由管理当局负责,执行由工人负责,这样有助于采用科学的工作方法。这里的计划包括三个方面:时间和动作的研究;制定劳动定额和标准的操作方法;比较标准和执行的实际情况,并进行控制。

⑥ 职能工长制。即将整个管理工作划分为许多较小的管理职能,使所有的管理人员(如工长)尽量分担较少的管理职能。如有可能,一个工长只承担一项管理职能。后来的事实表明,一个工人同时接受几个职能工长的指挥,容易造成管理混乱。所以,这种职能工长制没有得到推广。但这种思想为以后的职能部门的建立和管理专业化提供了基础。

⑦ 例外原则。泰罗指出,规模较大的企业不能只依据职能原则来组织管理,还需要运用例外原则,即企业的高级管理人员把处理一般事务的权限下放给下级管理人员,自己只保留对例外事项的决策权和监督权,如对企业基本政策的制定和重要人事的任免。

⑧ 强调雇主与工人合作的"精神革命"。泰罗认为,雇主与工人之间必须建立良好的合作关系。双方都必须认识到提高劳动生产率对双方都是有利的。因此,雇主和工人都必须来一次"精神革

命",即相互协作,共同为提高劳动生产率而努力。他认为,科学管理的实质内容就在于这种重大的"精神革命"。遗憾的是泰罗所希望的这种精神革命一直没有出现。

2. 法约尔及其一般管理理论

亨利·法约尔(Henrie Fayol,1841~1925年)是西方古典管理理论在法国的杰出代表。他所提出的一般管理理论对西方管理理论的发展有重大影响,成为后来管理过程学派的理论基础。1916年法约尔出版了他的代表作《工业管理和一般管理》。该书成为一般管理理论的最早全面表述。法约尔由此被誉为"经营管理之父",与"科学管理之父"泰罗齐名。

法约尔出生在法国一个小资产者家庭,与泰罗不同,他长期担任一家煤矿大企业的总经理,使他得以从最高层次探讨企业及其他组织管理问题。他对组织管理进行了系统的、独创的研究,特别是关于管理组织和管理过程的职能划分理论,对后来的管理理论研究具有深远的影响。他还是一位概括和阐述一般管理理论的先驱者,是伟大的管理教育家。

法约尔从企业的整体出发,着重研究管理的职能作用,企业内部的协调等问题,探求管理组织结构的合理化,管理人员职责分工合理化。他认为,企业的经营有六项不同的职能,管理只是其中的一项。这六项职能是:

① 技术活动——生产、制造、加工,

② 商业活动——购买、销售、交换,

③ 财务活动——资金筹集和运用,

④ 安全活动——设备和人员的保护,

⑤ 会计活动——存货盘点、资产负债表制作、成本核算、统计,

⑥ 管理活动——计划、组织、指挥、协调、控制。

在不同的工作中,六大活动所占比例不同。这六种活动需要六种不同的能力。这六种能力在企业的各阶层多少都应具有,只

是侧重点不同。管理的能力是随着阶层的提高而增强的。在企业的经营中,法约尔认为管理处于核心地位。它们之间的关系可以用图1-1表示。

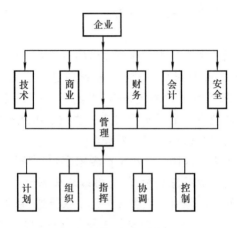

图1-1 经营与管理的关系

法约尔第一次提出了管理的组成要素,即划分了计划、组织、指挥、协调、控制五大职能,并对五大职能进行了详细的分析和讨论。

法约尔十分重视管理原则的系统化。他努力探求确立企业良好工作秩序的管理原则。他根据自己长期的管理经验,提炼出14项原则,即:

(1) 劳动分工 劳动专业化是各个机构和组织前进和发展的必要手段。由于减少了每个人所掌握的工作项目,故可以提高效率。劳动的专业化使实行大规模生产和降低成本有了可能。同时每个工人的工作范围的缩小,也可使工人的培训费用大为减少。

(2) 权力与责任 权力和责任是互为因果的,责任则是随着权力而来的奖罚。法约尔认为,一个组织阶梯上的位置越高,明确其责任的范围就越困难,避免滥用权力的最好办法乃是提高个人的素质,尤其是要提高其道德品质。尤为重要的是法约尔将管理人员的职位权力和个人权力划分了明确的界限。一个优秀的领导者必须兼有职位权力和个人权力，以个人权力补充职位权力。他特别强调权责对等，如果要一个人对某一工作的结果负责，就应该给与其确保顺利完成该项工作应有的权力。

（3）纪律　法约尔认为，纪律的实质是遵守公司各方达成的协议。要维护纪律就应该做到对协议进行详细说明，使协议明确公正，各级领导要称职，在纪律被破坏时，要采取惩罚的措施，但制裁要公正。一个组织的纪律状况取决于领导人的道德状况，能否以身作则。

（4）统一指挥　每一个雇员只能听命于一个上司，否则就会使权力和纪律受到严重的破坏。法约尔认为这不仅是一条管理原则，而是一条定律。

（5）统一领导　为达到同一目的而进行的各种活动，应由一位首脑根据一项计划开展，这是统一行动、协调配合、集中力量的重要条件。

（6）个人利益服从集体利益　整体利益大于个人利益的总和。一个组织谋求实现总目标比实现个人目标更为重要。协调这两方面利益的关键是领导阶层要有坚定性和做好良好的榜样。协调要尽可能公正，并经常进行监督。

（7）人员报酬　报酬与支付方式要公平合理，尽可能地使职工和公司双方都满意。

（8）集权　企业的集权与分权的程度不是千篇一律、固定不变的。它取决于很多的因素。

（9）等级链　是最高权威者到最底层管理人员的等级链系列，它表明权力等级的顺序和传递信息的途径，来自上级的命令、指示或下级向上级的报告都应按这个途径传递。但因此可能延误信息，为了解决这个问题，法约尔提出了跳板原则，这样可以提高效率，减少信息失真。

（10）秩序　人和物必须各尽其能。管理人员首先要了解每一个工作岗位的性质和内容,使每一个工作岗位都有称职的职工。同时还要有条不紊地精心安排物资、设备的合适位置。

(11) 公平 以亲切、友好、公正的态度严格执行规章制度。雇员们受到平等对待后,会以忠诚和献身精神去完成他们的工作。

(12) 人员的稳定 法约尔认为"成功的企业其管理人员必须较为稳定,而不成功的企业则多欠稳定"。他主张人员稳定,尤其是管理人员不要频繁更换,因为培训他们要付出一定的时间和代价。但对于不称职的人员必须调离,对成绩优良的则要更加重用和提拔。

(13) 首创精神 管理当局应当允许成员发起和实施他们的计划,这会调动员工的积极性,对组织是一种巨大的动力。

(14) 人员的团结 法约尔说:"企业组织,要求管理人员具有真正的才干是协调企业内部的各种力量,激发企业人员的工作热情,发挥每个人的才能,奖励每个人的功绩,而不引起其他人的嫉妒,避免破坏企业人员之间的和谐关系。

法约尔认为,上述 14 条原则只是显示管理理论的一些"灯塔",并不是固定不变的。"原则是灵活的,是可以适应于一切需要的,问题在于懂得使用它,这是一门难掌握的艺术,他要求智慧、经验、判断和对尺寸的注意"。

3. 韦伯及其行政组织理论

马克斯·韦伯(Marx Weber,1864～1920 年),出生在德国,对社会学、宗教学、经济学和政治学有广泛的兴趣,并发表过著作。他在管理思想方面的贡献是在《社会组织与经济理论》一书中提到的理想行政组织体系理论,由此被人们称为"行政组织理论之父"。

韦伯指出,任何组织都必须有某种形式的权利作为基础,才能实现目标。韦伯认为,存在三种纯粹形态的权力:一是传统的权力,由历史沿袭下来的惯例、习俗而规定的权力,它是以对古老传统的不可侵犯性、按传统执行权力的人的地位的正统性、对过去传统的尊崇为基础的。传统权力的效率较差。二是超凡的权力,则过于带感情色彩,并且是非理性的,不是依据规章制度而是依据神秘或神圣的启示。三是合理合法的权力,以法律确定的职位或地位权力的服从为基础。只有合理合法的权力才宜于作为理想组织体系的基础,才最符合理性原则、高效率的组织结构形式。韦伯的理想行政组织体系具有以下特点:

(1) 明确的分工　即组织内每个职位的权力和责任都应有明确的规定。

(2) 自上而下的等级系统　组织内的各个职位按等级原则进行法定安排,形成自上而下的等级安排。

(3) 人员的任用　组织职能人员的任用,完全根据职务上的要求,通过正式的考试或教育训练来实现。

(4) 职业管理人员　管理人员有固定的薪金和明文规定的升迁制度,是一种职业管理人员。

(5) 遵守规则和纪律　管理人员必须严格遵守组织中规定的规则和纪律。组织要明确规定每个成员的职权范围和协作形式,避免感情用事,滥用职权,以便正确行使职权,减少摩擦和冲突。

(6) 组织中人与人之间的关系　组织中人与人的关系完全以理性准则为指导,不受个人感情的影响。这种公正的关系不仅有效地适用于组织内部,而且也适用于组织同外界的关系。

韦伯认为,理性的行政组织体系最符合理性原则,是达到目标、提高劳动生产效率的最有效的形式,在精确性、稳定性、纪律性和可靠性等方面都优于其他组织。韦伯对完善古典管理理论做出了重要的贡献。

三、行为科学理论

尽管泰罗的科学管理理论和方法在20世纪初对提高企业的劳动生产率起到了很大的作用。但企图通过此种理论和方法彻底解决劳动生产率的问题是不可能的。因为:

(1) 所谓"精神革命"的论断本身不切实际。一方面,资本家为追求最大利润总是尽量少付给工人工资;另一方面,工人也并非绝对的"经济人",除了金钱,还有精神上的需要。

(2) 民主意识越来越强,专制、独裁的管理方法在付诸实施时遭到了工人的强烈反对。

(3) 随着科学的进步,生产规模不断扩大,有较高文化水平和技术水平的工人逐渐占据了主导地位。

由于上述原因,对人的因素的研究变得十分迫切。因此,一个专门研究人的因素以达到激发人的积极性的学派——人际(群)关系学派应运而生,为以后的行为科学学派奠定了基础。

1. 梅奥及霍桑实验

乔治·梅奥(Gearge Mago,1880～1949年)是美国哈佛大学教授,受过心理学和社会学方面的系统训练。作为一名心理学家和管理学家,他领导了开拓性的工业研究项目,即著名的霍桑实验。实验历时8年(1924～1932年)之久,在芝加哥的西方电气公司的霍桑工厂中进行。期间做了一系列的试验,得到一些非常有价值的结论。霍桑工厂具有较完善的娱乐设施、医疗体制和养老金制度,但是工人们仍有很强的不满情绪,生产效率很低,为探究原因,研究小组进驻霍桑工厂。霍桑试验分为四个阶段:

(1) 照明试验 此项试验主要是证明工作环境与生产效率之间有无直接关系。研究人员将接受试验的工人分为两组:一组采用固定照明,称为控制组;另一组采用变化的照明,称为试验组。研究人员原以为试验组的产量会由于照明的变化而变化。但结果是,两组的产量都大为增加,而且增加数量几乎相等。由此得出结论,照明度与生产效率之间并无直接关系,工厂照明灯光只是影响员工产量的因素之一。两组产量都得到提高的原因,是因为被测试人员对测试产生了兴趣。

(2) 继电器装备试验 试验的目的是企图发现各种工作条件变动对生产率的影响。研究人员将装配继电器的6名女工从原来的集体中分离出来,成立单独小组,同时改变原来的工资支付办法,以小组为单位计酬。撤销工头监督。工作休息时间免费供应咖啡。缩短工作时间,实行每周5日工作制,等等。结果发现工作产量增加了。接着,又逐渐取消这些待遇,恢复原来的工作条件,但产量并没有因此而下降,反而仍在上升。据此梅奥推测,由于督导方式的改变,使员工的态度改善,产量提高。

(3)访谈计划 在上述试验的基础上,梅奥用两年多的时间对公司2万多名员工进行了调查。被访问者可以对自己感兴趣的问题自由发表意见。研究者由此得出了结论:任何一位员工的工作成绩都要受到周围环境的影响,即不仅仅取决于个人自身,还取决于群体成员。

(4)观察试验 为搞清楚社会因素对激发工人积极性的影响,研究人员选择了14名工人组成的生产小组进行试验。这个小组是根据集体产量计算工资,根据组内人员的情况,完全有可能超过他们原来的实际产量。可是,进行了5个月的统计,小组产量仍维持在一定的水平上。经过观察,发现组内存在着一种默契:往往不到下班时间大家已经歇手;当有人超过日产量时,别人就会暗示他停止工作或放慢工作进度;不应向上司告密同事中发生的事情等。梅奥等人得出结论:实际生产中,存在着一种"非正式组织"并决定着每个人的工作效率。

梅奥等人通过上述试验得出结论是:人们的生产效率不仅仅受到物理的、生理的因素影响,而且还受到社会环境、社会心理因素的影响。这对于"科学管理"只重视物质条件,忽视社会环境、心理因素对工人生产效率影响的观点,是一个很大的进步。

2. 人际关系学说

在霍桑试验的基础上,梅奥创立了人际关系学说,提出了与古典管理理论不同的新观点、新思想。人际关系学说的主要内容是:

(1)职工是"社会人" 从亚当·斯密到古典管理学派都把人看作是仅仅追求最大经济利益而进行活动的"经济人"。梅奥等人则提出了与"经济人"不同的"社会人"的观点,强调金钱并非是刺激职工积极性的唯一动力,人与人之间的友谊、安全感、归属感等等社会和心理欲望的满足,也是非常重要的因素。

(2) 满足工人的社会欲望　提高工人的士气(所谓士气,就是指工作积极性、主动性、协作精神等结合成一体的精神状态),是提高生产效率的关键。传统的科学管理理论认为,生产效率与作业方法、作业条件之间存在着单纯的因果关系,只要正确地确定工作任务,采用恰当的刺激制度,改善工作条件,就可以提高生产效率。可是,霍桑试验表明,这两者之间并没有必然的联系。生产效率的提高,关键在于工人工作态度,即工作士气的提高。而士气的高低则主要取决于职工的满足度,这种满足度首先必须为人际关系。如职工在工作中的社会地位,是否被上司、同事和社会所承认等,其次才是金钱的刺激。职工的满足度越高,士气也越高,生产效率也就越高。

(3) "非正式组织"的存在　梅奥认为,在共同的工作过程中,人们必然发生相互之间的关系,产生共同的感情,自然形成一种行为准则或惯例,要求个人服从。这就构成了"非正式组织"。"非正式组织"与"正式组织"有重大的区别,在"正式组织"中以效率的逻辑为重要标准,而在"非正式组织"中则以感情的逻辑为重要标准。"非正式组织"与"正式组织"相互依存,对生产效率的提高有很大的影响。

人际关系学说的出现,开辟了管理理论研究的新领域,纠正了古典管理理论忽视人的因素的不足。同时,人际关系学说也为以后的行为科学的发展奠定了基础。

四、现代管理理论

第二次世界大战以后,随着现代科学技术日新月异的发展,生产社会化程度的日益提高,引起了人们对管理理论的普遍重视。管理思想得到了丰富和发展,出现了许多的管理理论和管理学说,并形成了众多的学派。这些理论和学派,在历史渊源和内容上相互影响和联系,形成了盘根错节、争相竞荣的局面,被称为"管理理论的丛林"。

1. 管理过程理论

管理过程学派的创始人是亨利·法约尔。古典组织理论学学家厄威克、古利克等都属于这一学派的前期代表人物。该学派的主要特点是把管理学说与管理人员的职能联系起来。他们认为,无论什么性质的组织,管理人员的职能是共同的。法约尔认为管理的职能有五个,即:计划、组织、指挥、协调和控制,这五种职能就构成了一个完整的管理过程。管理职能具有普遍性,即各级管理人员都执行着管理职能,但侧重点不同。后来的管理学家对管理职能的划分虽不完全相同,但也大同小异。如厄威克主张计划、组织、控制三职能学说,古利克提出了有名的 POSDCORB,即:计划、组织、用人、指挥、协调、报告、预算七钟职能。

2. 经验学派

经验学派的代表人物是德鲁克和戴尔。该学派主张通过分析经验(即指案例)来研究管理学问题。通过分析、比较、研究、各种各样的成功的和失败的管理经验,就可以抽象出某些一般性的管理结论或管理原理,有助于学生或实际工作的管理人员来学习和理解管理学理论,使他们更有效地从事管理工作。

不少学者认为,严格意义上讲,经验学派实质上是传授管理学知识的一种方法,称为"案例教学"。实践证明,这是培养学生分析和解决问题的一种有效的途径。事实上,目前美国等一些国家的很多大学都采用"案例教学"的方法来培训工商管理学院的学生。但从管理学思想和理论看,这个学派在管理学界的影响不大。

3. 系统管理学派

系统管理学派产生于 20 世纪 60 年代,它是在一般系统理论的基础上发展起来的。一般系统理论为理解和综合各种专门领域的知识提供基础。该学派的主要代表人物是卡斯特和落森茨,两人的代表作是合著的《组织与管理:系统与权变的方法》(1973 年出版)。

在管理思想的发展史上,最早用系统观点研究管理的是巴纳德。巴纳德认为,组织是"两个或两个以上的人有意识地加以协调的活动系统"。企业是由物质系统、人员系统、社会系统和各协作系统等组成,同时,经理也是组织中最关键的因素。但巴纳德分析重点在企业内部,因此,它和系统管理学派又有所不同。

系统管理学派认为,组织是由相互联系的若干要素组成,为环境所影响的并反过来影响环境的开放的社会技术系统。它是由目标和价值、结构、技术、社会心理、管理等五个分系统组成。必须以整个组织系统为研究管理的出发点,应该综合运用各学派的知识,研究一切主要的分系统及其相互关系。系统管理学派突破了以往各个学派仅从局部出发研究管理的局限性,从组织的整体出发阐明管理的本质,对管理学的发展做出了贡献。

4. 决策理论学派

决策理论的代表人物是曾获得诺贝尔经济学奖的赫伯特·西蒙。他的代表作是《管理决策新科学》(1960年出版)。西蒙原属于巴纳德的社会系统学派,后又致力于决策理论、运筹学、电子计算机在企业管理中的应用等方面的研究,获得丰硕的成果,所以另成一派。

决策理论学派认为,管理就是决策。管理活动的全过程都是决策的过程,管理是以决策为特征的。决策是管理人员的主要任务,管理人员应该集中研究决策问题。西蒙将决策分程序性决策和非程序性决策,他的研究重点是在非程序性决策方面,提倡用电子计算机模拟人类思考和解决决策问题。

目前,决策理论学派的视野已大大超过关于评价比较方案过程的范围。他们把评价方案仅仅当成考察整个企业活动领域的出发点。在这个活动领域内有组织结构的设计、个人和群体的心理和社会反应对于决策的影响、决策所需基本信息的运用和价值、电子计算机和人工智能的运用,以及计划、预测技术等。

5. 管理科学学派

管理科学学派,又称"数量学派"、"运筹学派"。在第二次世界大战初才形成,其特点是把现代自然科学和技术科学的最新成果应用于管理研究,制定管理决策的数学和统计模型,通过电子计算机等现代科技评估与优化决策。

管理科学学派主张运用数学符号和公式进行决策和解决管理中的问题,求出最佳方案,实现企业目标。经营管理是管理科学在管理中的运用。信息情报系统就是由计算机控制的向管理者提供信息情报的系统。管理科学学派的支持者则认为,在研究和解决管理问题时,要着重强调合理性、定量分析。

6. 权变理论学派

权变理论是继系统理论之后于20世纪70年代在西方出现的另一个试图综合各种管理学派的理论。该学派认为,由于组织内部各个部分之间的相互作用和外界环境的影响,组织的管理并没有绝对正确的方法,也不存在普遍适用的理论。任何理论和方法都不见得绝对有效,也不见得绝对无效,采用哪种理论和方法,要视组织的实际情况和所处的环境而定。

权变理论学派试图通过"权宜应变"融各学派学说于一体,强调随机应变,主张灵活运用各学派学说的观点,为管理学的发展做出了一定的贡献。这个学派在美国等地风行一时,得到了一定的实用价值。

第二节 管理的作用与职能

一、管理的概念及一般特征

究竟何谓管理,至今众说不一。管理科学的创始人之一的法约尔认为:"管理是计划、组织、指挥、协调和控制。"有的说:管理是为了创造一种良好的环境,完成预定的目标的活动。有人认为管理就是对人的管理。另一些人指出,管理就是研究系统运行的规律,据此组织系统的活动,使系统不断呈现出新的状态。还有人根据自己的分析,得出这样的结论:管理是通过计划工作、组织工作、领导工作和控制工作等诸过程来协调所有的资源,以便达到既定的目标。美国管理大师西蒙则说:"管理就是决策"。

上述种种说法,虽然结论不同,但无疑都揭示了管理概念的不同侧面,也使我们对管理的实质及一般特征有了全面的认识。

我们认为管理具有下述一般特征:

1. 管理的目的是有效地实现组织预期的目标

管理本身并不是目的,管理是为组织目标的有效实现服务的。

2. 管理的实质是协调

即通过计划、决策、组织、领导、控制等职能作用于管理对象,以便达到预期的目标。管理的对象主要是指资金、物资和人员,可简称"3M"。

3. 管理既是科学也是艺术

"管理是科学",是说管理是由一些概念、原理、原则和方法构成的科学体系,是有规律可循的。这些管理的基本理论对管理的实践有很大的指导意义,而且是可以通过学习和传授得到的。"管理是艺术",是说管理在运用时具有较大的技巧性、创造性和灵活性,很难用规律或原理把它禁锢起来,它有很强的实践性。同时,管理的科学性和艺术性不是相互排斥而是相互补充和转化的,管理是科学性和艺术性的有机统一。

二、管理的作用

1. 管理是一种生产力

生产力是人们运用各种资源(人力、物力、资金),获得物质财富的能力。"管理也是生产力"。最早提出这个观点的是英国的阿弗里德·马歇尔,他在1890年出版的《经济学原理》中把管理与土地、劳动与资本并列,认为是生产的第四要素。历史进入20世纪以后,特别第二次世界大战以来,"管理是一种生产力"的思想得到了充分的印证和广泛的认同。不少学者还赋予生产力一个新的定义:

生产力=(劳动力+劳动工具+劳动对象+科学技术)×科学管理

它表明,管理不仅可以使潜在的生产力变为现实的生产力系统,而且在生产力的形成过程中起着乘数的作用,它能放大或缩小管理系统的整体功能。

2. 管理是一个组织生存发展的重要条件

无论是宏观的社会经济系统,还是微观的经济组织,管理的作用犹如组织的神经系统。若没有科学的管理分工协作就难以实现,组织的运作就会变得混乱无序,资源的合理配置及组织的效率乃至发展也就无从谈起。国外有"七分在管理,三分在技术"的企业成败论,也说明了这一点。我国企业经营及发展的现状和实践经验也充分证明了这一点。

3. 管理是社会进步的物质力量,是实现现代化的关键因素

管理同技术是推动现代经济发展的两个轮子,管理是社会进步的另一个不可忽视和不可替代的力量。

三、管理的职能

管理具有两种基本职能,即合理组织生产力、维护与完善生产关系。

当管理作用于组织的运行过程中时,又表现为一系列具体职能。最早对管理的具体职能加以系统阐述的是法约尔。他在1916年发表的《工业管理与一般管理》一书中把管理的具体职能分为计划、组织、指挥、协调和控制等五项,即"五职能说"。其后,许多学者又从不同的角度对管理的具体职能做出了解释,如古利克的"七职能说",厄威克的"三职能说",孔茨的"五职能说"等等。在理论研究和社会实践中,人们通常将某些职能适当归并和组合,

将管理的职能分为计划、组织、领导、控制。

1. 计划职能

计划的任务主要是制定目标及目标的实施途径（即计划方案）。具体来说，计划的工作主要包括：①描述组织未来的发展目标，如利润增长目标，市场份额目标，社会责任目标等；②有效利用组织的资源实现组织的发展目标；③决定为实现目标所要采取的行动。计划是管理的首要职能，管理活动从计划工作开始。

正确发挥计划职能的作用，不仅有利于组织主动适应环境变化，统筹安排各项活动，而且有利于正确把握未来，保证组织在变动的环境中稳定发展，还有利于组织对有限的资源进行合理的分配和使用，以取得良好的社会经济效益。

2. 组织职能

再好的计划方案也只有落实到行动中才有意义。要把计划落实到行动中，就必须要有组织工作。组织是指依据既定的目标，对成员的活动进行合理的分工和合作，对有限资源进行合理配置和使用以及正确处理人们相互关系的活动。其目的在于从劳动的分工和协作，从上下左右的相互关系，从时间和空间的联结等方面，将各个部门、各种要素、各个环节有机地综合在一起，保证组织活动有序进行和效益的不断提高。透过有效的组织工作，管理人员可以更好地协调组织的人力和物力资源，更顺利地实现组织目标。

组织职能的具体内容主要包括：设置管理机构、划分管理层次、建立组织结构、确立管理体制、确定各机构的职权范围、明确相互合作范围、明确相互合作关系、建立信息沟通渠道、人员选拔、培训、使用、考核和奖惩。

3. 领导职能

为了有效地实现组织目标，不仅要做好计划，设计合理的组织结构，将组织成员安排在合适的岗位上，而且要使每一个成员以高昂的士气、饱满的热情投入到组织的活动中去。在组织的各种要素和资源中，人的因素对组织目标的实现及实现的程度起着决定性的作用。如何调动组织成员的积极性就成为管理的核心问题，这也正是领导工作的任务。

所谓领导是指利用组织赋予的权力和自身的能力去指挥和影响下属为实现组织目标而努力工作的过程。一个组织要生存下去并取得成功，就需要有效的领导。而一个领导者是否有效，取决于他所领导的组织绩效如何。作为组织的领导者，需要将个人的领导素质和领导才华转化为取得组织绩效的能力。

4. 控制职能

人们在执行计划的过程中，由于受到各种因素的干扰，常常使实践活动偏离原来的计划。为保证目标即为此而制定的计划得以实现，就需要有控制职能。控制就是按照既定目标、计划和标准，对组织活动各方面的实际情况进行检查，发现偏差并采取措施予以纠正，以保证各项活动按原定计划进行，或根据客观情况的变化对计划进行适当的调整使其更符合实际的组织活动过程。控制的实质就是使实践活动符合计划，计划就是控制的标准。管理者必须及时取得计划执行情况的信息，并将有关信息与计划进行比较，发现实践活动中存在的问题，分析问题，及时采取有效的纠正措施。

计划、组织、领导、控制是最基本的管理职能，它们分别重点回答了一个组织要做什么和怎么做、靠什么做、如何做得更好，以及做得怎样等基本问题。管理职能并不只是这四种。作为管理工作的手段和途径，随着管理对象的变化和科学技术的发展，管理职能也在不断地丰富和完善。

第三节　现代企业及其类型

一、现代企业的涵义

现代企业是市场经济条件下，以满足社会需要和获得盈利为目的,以自己可以独立支配的财产为基础,从事物质产品的生产、流通或服务工作,自主经营、自负盈亏,实行经济核算,并具有法人资格的经济组织。

现代企业是社会化大生产条件下,生产力和商品经济发展到一定阶段产生的经济组织,可以从以下几个方面理解:

1. 现代企业是以满足社会需要和获得盈利为目的的经济实体

企业不同于社会上的事业单位、公益和政府部门,它必须追求经济效益和获取盈利,但这同满足社会需要并不矛盾。利润既是企业新创造的价值,也是社会对企业所生产的产品或提供的服务能否满足社会需要的认可和报酬。一般来说,在市场价格理顺的情况下,为社会做出的贡献与企业获得的合理利润应当是一致的。企业提供的产品和服务适应社会的需求,则企业获得的利润就多。反之,企业的获利就少,甚至亏损。企业只有在一定程度上满足了社会的多方面需要,才能正常运作,获取盈利,得以生存和发展。这就决定了企业要把满足社会需要和获取盈利当成生产经营活动的主要目标。企业要实现这一目标,必须拥有可以独立支配的财产和劳动力,构成生产经营活动的物质基础,成为一个统一的和独立的经济实体。

2. 现代企业必须自主经营、自负盈亏,实行经济核算

企业要实现生产经营的目标,就要保证自己的产品和服务在品种、质量、价格和供应时间上能适应社会的需要。为此,企业必须对市场和社会环境的变动,能及时主动地做出反应,即要具有经营上的自主权。企业有了生产经营的自主权,就要对企业生产经营的后果负完全责任,自负盈亏。独立核算、自负盈亏是两个统一的条件,不进行独立核算,自负盈亏的不是真正的企业;只进行经济核算,不自负盈亏的经济组织也不是真正的企业。

3. 现代企业是具有法人资格的经济组织

现代企业作为市场经济的主体,必须具有法人地位。所谓法

人是指具有一定的组织机构和独立财产,能以自己的名义进行民事活动,享有民事权利和承担民事义务,依照法定程序成立的组织。一般应符合以下几个条件:

(1) 必须正式在国家政府有关部门注册备案,完成登记手续;

(2) 应使用专门的名称,有固定的工作地点和组织章程;

(3) 具有一定的组织机构和可以独立支配的财产,实行独立核算;

(4) 能以自己的名义独立对外开展各种经济活动。

现代企业是现代社会的经济细胞和国民经济的基本单位,它是在国家宏观调控下开展生产经营活动,但它不同于一般行政单位的附属工厂,也不同于一个公司或总厂下属的非独立性工厂,它是对外独立、在法律上具有经济权益并承担经济责任的经济组织。

二、现代企业的类型

企业按照不同的分类标准有不同的分类

1. 以企业的所有制性质标准分类

(1) 国有企业　国有企业是指具有法人资格的,企业的全部资产归全民所有(国有)的依法自主经营、自负盈亏、独立核算的企业。这里所谓的法人是指"法律上的人",即所有具有民事权利能力和民事行为能力,依法独立享有民事权利和承担民事责任的组织。

(2) 集体企业　集体企业是具有法人资格的集体,财产归城乡劳动群众集体所有的企业。

(3) 个体企业　个体企业是指由一个或多个自然人投资,投资者以其个人财产对企业债务承担责任的企业。个体企业符合条件的可以取得法人资格。

(4) 合资企业　合资企业是由一个或多个自然人和法人联合投资(投资者既可能是国家和集体,也可能是企业和自然人等),投资者分别以其投资额对企业债务承担有限责任的经济实体。合资企业一般具有法人资格。

（5）外资企业　外资企业是指在我国境内设立的有外商参与投资或独资的企业。外资企业的设立要经过我国政府的批准。企业符合法人条件的可以取得中国法人资格,具有中国法人资格的采取有限责任公司的形式。外资企业又可分为中外合资经营企业、中外合作经营企业、外商独资经营企业等形式。

2. 按股份制形式为标准分类

企业按其股份形式可分为股份合作制企业、有限责任公司和股份有限公司。

（1）股份合作制企业　股份合作制企业是指两个以上的劳动者或投资者按照章程或协议以资金、技术、实物、劳力和土地使用权等作为股本,自愿组织起来,依法从事各种生产经营服务,具有法人资格的集体经济组织。股份合作制企业可以在企业内部发行股票筹集资金,实行股份合作制,但外部人员不能入股。股份合作制企业的主要优点是实现了按劳分配和按股分配,所有者与劳动者的两个相结合。有利于调动劳动者的积极性,提高企业活力。

（2）有限责任公司　有限责任公司是指由两个以上股东共同出资,每个股东以其所认缴的出资额对企业承担有限责任,公司以其全部资产对公司的债务承担责任的股份制企业。它的基本特征是：不公开发行股票,全部资本不划分为等额股份,对公司债务承担有限清偿责任。有限责任公司主要适用于中小型企业。

（3）股份有限公司　股份有限公司是指全部注册资本由等额股份所构成,并通过发行股票筹集资本的股份制企业。其基本特征是：全部注册资本划分为等额股份,向社会公众公开发行股票,并自由交易,公司以其全部资产对债务承担有限清偿责任。股份有限公司主要适用于大中型企业。

3. 以企业资产的构成形式为标准分类

（1）个人业主制企业　个人业主制企业是指由个人出资兴办,完全归个人所有和控制的企业。这种企业在法律上称为自然人企业,也称个人独资企业。个人业主制企业是最早产生,也是一种最简单的企业,它流行于小规模生产时期,但就是在现在的经济社会中,这种企业的数量也是占多数。

(2) 合作制企业　合作制企业是由两个或两个以上的个人联合经营的企业,合伙人分享企业所得,并对经营亏损共同承担责任。合伙人出资可以是资金或其他财物,也可以是权力、信用和劳务等其他形式。企业不具有法人资格,合伙人对企业的债务承担无限连带责任。

(3) 公司制企业　公司制企业是由许多人集资创办的企业,公司是法人,在法律上具有独立人格,这是公司制企业与个人业主制企业和合作制企业的主要区别。

第四节　企业管理组织

企业各种组织结构形式的产生与发展,一方面顺应了生产发展的要求,与现代工业的生产密切联系在一起;另一方面则反映了各阶段管理思想的发展和要求,与管理组织理论的产生与发展密切联系在一起。根据工业生产发展的不同时期以及管理组织理论的发展,企业组织结构形式可分为传统组织结构形式和现代组织结构形式。

一、企业组织的概念

所谓组织是指为实现既定目标,通过人与人、人与物质资料及信息的有机结合所形成的社会系统。企业组织是为了有效地向社会提供产品或劳务,将企业的各种资源按照一定的形式结合起来的社会系统。企业组织一般分为两个方面:

(1) 劳动者与生产资料相结合形成企业的生产劳动组织

(2) 企业管理组织,它指的是根据管理的需要将企业的生产行政系统按分工协作的原则划分并且对每一个管理层次及环节明确规定其职责、权限及信息沟通方式,向其相应地配置一定数量和一定能力的管理人员所形成的系统。

企业管理组织通过整体性活动和信息传递决定着企业生产劳动、组织配置的合理性和效率,使整个企业的组织浑然一体,产生良好的整体效益,有效完成企业的任务。

二、组织设计的一般原则

要建立一个完善的企业管理组织系统,在进行企业管理组织设计时必须遵循以下几个基本原则:

1. 目标一致原则

设置每个组织机构的目标时,都要服从企业管理目标的需要,并且上下目标一致,要让企业的每个部门和每个人员了解企业的总目标,并围绕目标计划自己的行动。同时不能为了本部门的利益影响总目标的实现,应动员全体职工为完成总目标而努力。

2. 集权与分权原则

大型企业要把重要权力、方针政策、制度和重要人事任免等集中在高层领导,而把处理日常业务的一般权力授予下级管理人员。集权与分权的程度要根据领导与下级的素质以及外部环境等因素来决定,适当授权不仅可以使高层管理者集中精力于重大决策,而且可以调动下级的积极性,发挥更多人的专长,增强企业的灵活性。

3. 统一指挥原则

每一个职工只能有一个上级,只遵守一个上级的命令和指挥,并对其负责。否则,多重领导会造成下级无所适从,权力和士气都会遭到严重的破坏。一个企业自上而下存在多层次指挥系统,为避免执行中出现呆板、迂回、缺乏横向的联系,根据科学管理原则可以允许同一层次的职工直接联系,并把联系的结果报告给上级,这样既节省了时间又维护了统一指挥原则。

4. 管理层次与管理幅度原则

管理幅度是指一个领导有效地管理下属的人数。管理层次是指一个企业组织机构分为几个层次领导。管理幅度与管理层次有内在的联系,在企业规模一定的情况下,管理幅度与管理层次成反比例关系。管理幅度一方面取决于管理者职务的复杂程度,另一方面取决于组织机构的管理层次和管理人员的数量。

一般认为,中上层领导的管理幅度要狭窄一些,以4～8人为宜,基层领导的管理幅度要宽一些,以10～15人为宜。领导层次也受到管理人员信息沟通的制约,管理层次多,不仅管理人员多,开支大,而且信息沟通路线长,环节多,容易失真。管理层次一般以少为宜。目前我国企业组织机构的管理层次,大中型企业为三四个层次,小型企业为两个层次。

5. 权责对等原则

企业中每一个机构都应按照权责对等原则设置,有一定的职务应负一定的责任,同时也享有一定的权力,责任是随权力而产生的,又是权力的对等物,权力是为了更好地履行职责,责任与权力应该一致。每一个机构不应该有权无责,有责无权或权责不对等。

6. 专业化原则

企业组织机构的设置必须根据专业化原则进行分工,明确每一个部门及个人的职责,但分工要适当,既要考虑分工的专业化又要从合作的角度来考虑,把各种分工组合起来,即对类似的工作因素组合在一个部门。这样可以减少部门与部门之间、人与人之间的工作矛盾,提高工作效率,一般可根据目标和活动方式来组合部门,如产品型部门、顾客型部门、地域型部门、职能型部门、生产过程型部门等。采取何种类型应权衡利弊,加以选择。

7. 适应性原则

现代企业的组织机构必须对外部环境的变化有适应能力。由于内外部环境因素都在不断地发生变化,设计组织机构时要有一定的适应性,这样才能使组织机构既能适应不断变化的环境,又能达到相对的稳定性。当企业的内外部环境发生巨大变化时,应重新设计与改革企业的组织机构。

三、企业组织的类型

1. 直线制组织结构形式

直线制组织结构形式是工业发展初期的一种最简单的组织结构形式,其特点是企业中各种职位都是按照垂直系统直线排列,不存在管理的职能分工,一个下属人员只接受一个上级主管人员的命令和指挥。如图1-2所示。

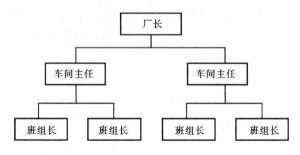

图1-2　直线制组织形式

直线制组织结构形式的优点是:结构简单;权力集中;责权关系明确;横向联系少,内部协调容易;指挥系统清晰统一;信息沟通迅速,解决问题及时;管理效率比较高。缺点是:缺乏专业化的管理分工,厂长不仅从事直线指挥工作,而且要承担企业的各种专业管理职能,要求企业领导人必须是经营管理全才,但这很难做到。一旦企业规模扩大,业务复杂的情况出现后,一个人的能力就难以负担全部管理工作。这种组织形式,一般只适用于那些没有必要按职能实行专业管理的小型企业,或应用于现场作业管理。

2. 职能制组织结构形式

职能制组织结构形式是在企业中除了设置直线指挥人员外,另行设置专业化管理职能机构和人员,分管企业各项职能管理的业务,并且各职能部门在各自的职责范围内,又对下级单位行使指挥的权力。如图1-3所示。

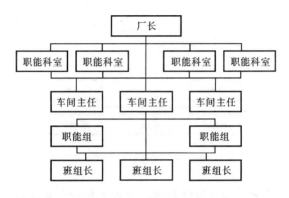

图1-3 职能制组织形式

此形式的优点主要在于解决了上级直线指挥人员对专业指挥的困难,有助于管理职能的专业分工,提高管理工作效率。但也存在着由于各职能部门都拥有指挥权,因而导致下属接受多头领导的缺点。

3. 直线职能制组织结构形式

直线职能制组织结构形式是在直线制和职能制组织结构形式的基础上发展起来的。它吸取了前两种组织结构形式的优点,克服了二者的缺点,成为企业较为广泛采用的一种组织结构形式。

此种组织结构形式的特点是:在组织结构中具有两套系统,一是由直线指挥人员构成的按自上而下的组织层次划分的直线指挥系统,它们在相应的层次上具有对下级人员的指挥命令权;二是由专业职能人员构成的按照管理职能专业分工划分的横向职能系统,他们不具有对组织各层次的指挥命令权,而是为其所对应的直线指挥人员充当参谋,提供建议,协助工作。如图1-4所示。

直线职能制组织结构形式的优点是:指挥命令权集中于直线指挥人员,一个下属只接受一个上级的领导命令,因而有利于集中

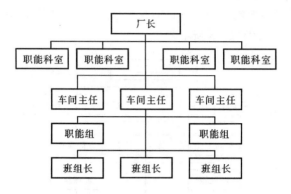

图 1-4 直线职能制组织

命令,统一指挥。每个直线指挥人员都有相应的职能部门人员给予协助,提供建议,有助于提高直线指挥人员管理的有效性。管理职能实行专业化分工,有助于提高管理人员的专业管理水平,提高工作效率。直线职能制的缺点在于:权力过于集中,不利于下属人员积极性和主动性的发挥。管理职能的专业化分工较细,部门之间横向沟通差,协调的难度大,容易产生脱节和矛盾。信息传递路线较长,反馈较慢。参谋部门与指挥部门之间目标可能不统一,从而产生矛盾。直线职能制不利于培养综合型管理人才等等。

直线职能制组织结构形式,一般在企业规模比较小、产品品种比较简单、工艺比较稳定、市场销售情况比较容易掌握的情况下采用。

4. 事业部制组织结构形式

事业部制也称分权结构,是在企业规模大型化、经营多样化、市场竞争激烈化的情况下,出现的一种组织形式。

事业部制组织结构首创于 20 年代的美国通用汽车公司,它是在总公司领导下设立多个事业部,各事业部有各自独立的产品和市场,实行独立核算。事业部内部在经营管理上则拥有自主性和独立性。这种组织结构形式最突出的特点是"集中决策,分散经营"，即总公司集中决策，事业部独立经营，这是在组织领导方式上由集权制向分权制转化的一种改革。

事业部这种组织结构的优点是：组织最高层管理摆脱了具体的日常管理事务，有利于集中精力做好战略决策和长远规划，提高了管理的灵活性和适应性，有利于培养和训练管理人才。它的缺点是：由于机构重复，造成了管理人员的浪费；由于各事业部独立经营，各事业部之间要进行人员互换就比较困难，相互支援较差。各事业部主管人员考虑问题往往从本部门利益出发，而忽视整个组织的利益。如图1-5所示。

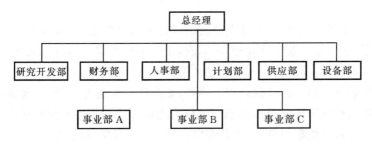

图1-5 事业部组织形式

这种组织结构多适用于规模较大的一些公司等组织，在国外已相当普遍，在我国一些联合公司和大企业也开始采用。

5. 矩阵制组织结构形式

矩阵制组织形式，由纵横两套管理系统构成，一是纵向的直线职能制指挥链系统，一是横向的任务或项目指挥链系统。从而形成具有双重职权关系的、纵横交错的组织矩阵。其针对多个项目，分别从各职能部门中抽调其必需的各类专业人员和其他资源，组成项目组，并配备项目经理来领导工作。这些被抽调来的人员，在行政关系上仍旧属于原所在的职能部门，但工作过程中要同时接受项目经理的指挥，因此他实际上拥有两个上级。任务完成以后，项目组便宣告解散，所以矩阵制组织通常亦被称为"非长期固定性组织"。它适用于需要对环境变化做出迅速且一致反应的企业。如图 1-6 所示。

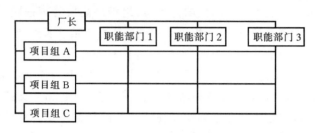

图 1-6 矩阵制组织形式

矩阵制结构的优点在于：首先，责任相对明确，有人为最终成果负责（通常是项目经理）。其次，由于项目组成员由各职能部门人员组成，因此便于部门间的协调。第三，维持专业划分，有人对专业技能的长远开发负责。同样，矩阵制结构也存在缺点：首先，项目经理和职能经理易于产生权力之争。什么权力给项目经理，什么权力给职能经理，常常难以达成一致。其次，放弃统一指挥的原则，下属适应困难。第三，组织的稳定性较差，员工容易产生临时的心理，不利于树立员工的归属感。

6. 多维立体组织结构形式

多维立体组织结构形式是在矩阵制结构的基础上发展起来的，反映了系统理论在企业组织中的应用。现代企业生产规模越来越大，产品涉及的行业范围越来越多，生产经营活动涉及的地域范围也越来越广。为了使日益复杂的企业管理工作能够有机地协调起来，此组织结构形式包含了三个相互交错的管理系统。一是在管理职能专业分工基础上形成的专业职能参谋系统，负责统一协调公司内部各专业职能管理范围内的工作。二是在地理位置划分的基础上形成的地区管理系统，负责相应地区的生产经营活动，是公司的产品利润中心。通过多维机构，将产品管理系统、地区管理系统同专业职能管理系统有机地结合起来，统一协调各系统的工作。如图 1-7 所示。

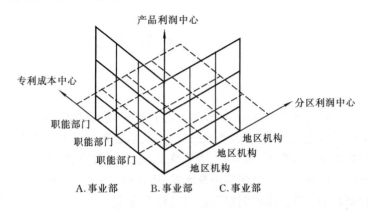

图 1-7　多维立体型组织形式

思考练习题

1. 什么是管理？管理的作用、特点是什么？
2. 什么是管理的职能？
3. 简述管理理论的演进过程。
4. 什么是企业？企业的特征、类型是什么？
5. 什么是管理幅度？如何确定有效的管理幅度？
6. 组织结构的类型有哪些？各有何特点？

第二章 决策技术

现代管理理论认为,管理的重心在经营,经营的中心在决策。决策是管理的基础,也是管理的核心,虽然管理者要做的事很多,但决策却是最重要、最费时、最困难,也是最冒风险的事情。在管理的几项职能中都会遇到决策问题,从某种意义上讲,整个管理过程都是围绕着决策的制定和组织实施而展开的。计划、组织、领导和控制,都涉及决策问题,采用哪种组织结构,选择哪个计划方案,都是属于管理的决策问题。诺贝尔经济学奖得主西蒙甚至强调说:"管理就是决策"。

第一节 经营决策概述

一、经营决策的基本概念

决策自古有之,张良"运筹帷幄之中,决胜千里之外",为汉朝建立和巩固谋划了很多英明的策略;诸葛亮作"隆中对"三分天下,孙膑与齐王赛马等都是著名范例。纵观以往历史的决策活动,从其本质上讲,大多是依靠个人经验来决策,往往存在着一定局限性,与现代科学决策不可同日而语。随着科学和社会的不断发展,决策行为从以经验判断为主的决策方法和思想,逐渐转变为科学决策的理论和方法,这也是现代技术和管理理论发展的必然结果。20世纪30年代以来,美国学者巴纳德和斯特恩最早将决策的概念引入管理理论,使其科学化、系统化。后来,美国的西蒙和马奇等人发展了巴纳德的理论,创立了现代决策理论。这一理论是以社会系统为基础,同时吸收了行为科学、系统理论、运筹学等学科的内容而建立起来的。因此,20世纪60年代以来,形成了以西蒙为代表的现代决策理论学派,之后这一管理理论的内容和方法得到了广泛的传播和应用。

现代决策理论认为,决策是决策者在占有大量信息和丰富经验的基础上,对未来行动确定目标,并借助一定的计算手段、方法和技巧,对影响决策的诸因素进行分析、研究后,从两个或两个以上可行方案中选取一个满意方案的运筹过程。

这一定义蕴含着三层含义:第一,决策是为了实现一定的目标服务的,在对决策方案做出选择前,一定要有明确的目标,如果没有目标或目的性不明,决策就失去方向,容易导致决策无效或失误;第二,决策必须有两个以上的方案,仅有一个方案就无所谓决策;第三,决策在本质上是一个多阶段、多步骤的分析判断过程,不应将决策看成是选择和决断方案的瞬间行动,而应理解为一个提出问题、分析问题和解决问题的连续过程。

二、决策的基本原则

1. 信息原则

信息是决策的基础。在科学决策中,只有掌握大量的信息,才能全面地对信息进行归纳、比较、选择,提炼出对决策有效的信息。信息处理的质量越高,决策的基础就越坚实。组织应建立广泛的信息源,增强信息收集的容量,广泛利用"智囊"机构提供的有价值的信息;并且组织应强化信息的反馈,防止信息通道的阻塞,对信息的加工分析,要保证准确、完整、及时,使之对决策的准确性起到保证作用。另外,决策者需要的是对决策有参考价值的准确信息,决策者的时间和精力都是一种宝贵的资源,也是有限的,不能无谓地消耗在对大量无关信息的了解、分析和判断上。

2. 可行性原则

决策成功与否,与决策事件面临的主、客观条件密切相关。一个成功的决策不仅要考虑到需要,还应考虑到可能;不仅要估计到有利因素和成功的机会,更要预测出不利条件和失败的风险;不仅要静态地计算需要与可能之间的差距,而且对各种影响因素的发展变化要进行定量的动态分析。因此决策的可行性原则是指:决策要符合决策对象发展的客观规律性;要充分考虑需要与可能,有利因素与成功的机会,不利因素与失败的风险;具有合理的决策目标,技术上、经济上和管理上具备实施条件的决策方案以及可操作的决策过程。

3. 动态性原则

如前所述,决策是一个多阶段、多步骤的分析判断过程,而非瞬间行动,且决策的过程是动态的。实际上经营决策的目的是使企业活动的方向和目标与外部环境的特点尽可能相适应,以更好地完成企业任务。然而外部环境是在不断发生变化的,企业的决策者必须不断地关注并研究这些变化,从中找到可以利用的机会,据此调整内部活动的内容和方向,实现企业与环境新的平衡。

4. 满意原则

西蒙提出,决策的准则只能是"令人满意"的,而不是"最优化"的。这是因为,要达到"最优化"的决策标准,必须具备三个前提条件:(1)决策者了解与组织活动有关的全部信息。(2)决策者能正确地辨识全部信息的有用性,了解其价值,并能据此制订出没有疏漏的行动方案。(3)决策者能够准确地计算每个方案在未来的执行结果。然而,这些条件是难以具备的。第一,从广义上来说,外部存在的一切都对企业的目前状况和未来的发展产生或多或少、或直接或间接的影响,然而企业很难收集反映外部全部情况的所有信息;第二,根据有限的信息,企业只能制定有限数量的方案;第三,任何方案都需要在未来实施,而人们对未来的认识能力和影响能力是有限的,目前预测的未来状况和未来的实际状况可能有着非常显著的差别。因此根据目前的认识确定未来的行动总是有一定风险的,也就是说,各行动方案在未来的实施结果通常是不确定的。在方案的数量有限、执行结果不确定的条件下，人们难以做出最优选择，只能根据已知的全部条件，加上人们的主观判断，做出相对满意的选择。

三、决策的类型

决策在组织中是具有普遍性的活动，但决策活动因管理层次、管理部门及决策者风格的不同而不同。因此，可以按不同的原则和标准对决策活动进行分类。

1. 战略决策、管理决策和业务决策

按决策的重要程度划分，可以把决策分为战略决策、管理决策和业务决策三种。

（1）战略决策：

战略决策是所有决策问题中最重要的，涉及到对组织大政方针、战略目标等重大事项进行的决策活动，是有关组织全局性的、长期性的、关系到组织生存和发展的根本性决策。它还包括组织资本的变化、国内外市场的开拓与巩固、组织机构的调整、高级经理层的人事变动等。

战略决策一般需要经过较长时间才能看出决策后果，所需解决的问题复杂，主要是协调组织与组织环境之间的关系。决策过程所需考虑的环境变化性较大，往往并不过分依赖复杂的数学模型及技术，定量分析和定性分析并重，对决策者的洞察力、判断力有很高的要求。在战略决策中，找出关键问题并利用复杂计算更为有效。因此，必要时可以借助组织外部人员（如咨询顾问等）对战略性决策方案进行设定和分析。

（2）管理决策：

又称战术决策，是组织在内部范围内贯彻执行的决策，属于执行战略决策过程中的具体决策。旨在实现组织内部各环节活动的高度协调和资源的合理使用，以提高经济效益和管理效能，如企业的生产计划、销售计划、更新设备的选择、新产品定价、流动资金筹措等决策。管理决策不直接决定企业组织的命运,但决策行为的质量,也将在很大程度上影响组织目标的实现程度和组织效率的高低。

管理决策是每个主管人员的日常工作内容,它依赖于主管人员的经验和综合研究方法,也可使用电脑和数学模型辅助决策。

(3) 业务决策:

又称执行性决策,是涉及组织中的一般管理和工作的具体决策活动,直接影响日常工作效率。主要的决策内容包括:工作任务的日常分配与检查、工作日程(生产进度)的监督与管理、岗位责任制的制定与执行、企业的库存控制、材料采购等方面的决策。

业务决策是组织所有决策中范围最小、影响最小的具体决策,是组织中所有决策的基础,也是组织运行的基础。业务决策是组织中大多数员工经常性的工作内容。通常,业务决策的有效与否,很大程度上依赖于决策者的经验和常识,包括使用少量的模型和电脑。

在不同类型的决策活动中,不同的管理层因面对的问题和所授予权限的不同,所能负责的决策也不同。高层管理者主要负责战略决策,中层管理者主要负责管理决策,基层管理者负责大部分业务决策(见表2-1)。

表 2-1 管理层次和决策活动

管理层次	决策类型
高层管理者	战略决策
中层管理者	管理决策
基层管理者(作业人员)	业务决策

当然,在组织中,三类决策活动的界限并非是明确清晰的,应按具体情况加以分析和鉴别。在传统上,决策者是由管理者担任,但目前随着分权程度和劳动者参与决策程度的提高,情况发生了

很大变化,相当一部分的业务决策已转而由有一定工作自由度的作业人员作出。此外,从日本的经验来看,作业人员和基层管理者参与战略决策、管理决策,也不失为一个好办法。这一方法能大大减少基层人员对决策结果的抵触情绪,简化决策完成后的宣传工作,更快地推动决策方案的贯彻实施。职工参与决策,管理民主化,是提高管理效率和决策有效性的重要途径。

2. 程序化决策和非程序化决策

按决策问题的重复程度分,有程序化决策和非程序化决策两种。

(1) 程序化决策:

是按原来规定的程序、处理方法和标准去解决管理中经常重复出现的问题,又称重复性决策、定型化决策、常规决策,如定货日程、日常的生产技术管理等。它可以通过制定程序、决策模型和选择方案的标准,由计算机处理。有证据表明,在企业中大量的决策是程序化决策,而且,不同的管理层所面对的程序化决策数量也不同(见图 2-1)。高层管理者所作出的重复性决策至少在 40%,中层管理者可达 60%~70%,基层管理者或操作者则高达 80%~90%。不少管理者在处理这类重复出现的问题时得心应手,凭经验感觉就能找出问题的症结并提出解决问题的办法。如果把这些经验和解决问题的过程,用程序、规章、标准、制度等文件规定下来,将这些包含了管理实践的真知灼见和有效成果的文件作为指

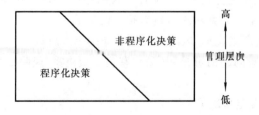

图 2-1 不同管理层面对不同数量的程序化决策

导以后处理类似问题的依据和准则,将使组织受益无穷。

程序化决策给组织带来的益处是:①这些浓缩了管理经验的文件,是几代员工的心血结晶,是企业文化的组成部分,因而是组织的宝贵财富,也是组织的专有技术,国际上的大公司对这样的管理文件是非常注意保密的,视作为企业在激烈竞争中的有利条件和立足点之一。②完整的程序化文件为新上岗者提供了学习的范本,缩短了新上岗者学习和上岗培训实习的时间。③降低管理成本,程序化决策简化了决策过程,缩短了决策时间,也使方案的执行较为容易,特别是程序化决策,能使管理工作趋于简化和便利,使组织能聘用学历较低经验较少的人员担任要求较高的岗位。当然,这类管理人员的工资也可能较低。④提高管理效率,程序化决策具体规定了决策的过程,能使大量重复性的管理活动授权放到下一级管理层中,这样使较高管理层特别是最高管理者能避免陷入日常繁忙的事务中去,有时间思考组织的重大问题,有精力处理与组织生存和发展等有关的非重复性的重大战略问题。

(2) 非程序化决策:

是指解决以往无先例可循的新问题,所决策的问题具有极大的偶然性和随机性,很少发生重复。这类决策又称一次性决策、非定型化决策和非常规决策。通常是有关重大战略问题的决策,如新产品开发、组织结构调整、市场开拓、人员培训、企业发展等。由于非程序化决策需要考虑内外部条件变动及其他不可量化的因素,除采用定量分析外,决策者个人的经验、知识、洞察力和直觉、价值观等主观因素对决策也有很大的影响。

3. 确定型决策、风险型决策和非确定型决策

按决策问题的可控程度分,有确定型决策、风险型决策和非确定型决策。

(1) 确定型决策:

是在稳定(可控)条件下进行的决策,是指决策者确知自然状态的发生,每一方案只有一个确定的结果,方案的选择结果取决于

对各方案结果的直接比较。例如,某个经理有一笔余款想通过银行存款形式来获取利润。他了解到:第一家银行的活期存款利率为6%;第二家银行存款期为1个月,利率为9.8%;第三家银行存款期为半年,利率为11.5%,但若提前取款,则要扣除7.5%。在这三种方案的条件、结果都十分明确的情况下,该经理可以结合自己的具体情况,选择一个相对最理想的存款方式。

(2) 风险型决策:

也称随机决策,即决策方案处在风险状态下,而且各方案潜在的收益和风险与估计的概率相关。这类决策的关键在于衡量各备选方案成败的可能性(概率),权衡各自的利弊,作出择优选择。例如,一个游泳场的经营者想要在淡季增加利润收入,决定开辟一个新的业务领域。通过对有关方面情况的调查分析,有两个可供选择的方案:一个是开辟一条能有稳定收入的生产线;另一个是可能有更好前景、发展迅速的行业,但这个行业的经营收入时高时低动荡不定,经营者要在这两个方案中作一抉择。如果他选择第一个方案,则可获得有保证的稳定收入;如果选择第二个方案,则有可能获得高于一方案的收入,但也可能经营失败,导致亏损。经过仔细分析,经营者认为,第二个方案中有10%的失败可能性,有40%的可能比第一个方案的收入高得多,有50%的可能取得与第一个方案相同的收益。也就是说,若选择第二个方案,冒风险的程度是10%,而实现高收入的可能性是40%。

显然,在有风险的环境中进行决策,各备选方案成败可能性的衡量是十分关键的。如上例中,若失败的可能性是50%,与第一个方案获得同样收入的可能性是30%,而成功的可能性是20%的话,那么选择第二个方案的风险就更大了。

(3) 非确定型决策:

是在不确定条件下进行的决策,决策者没有能力或不可能准确预知各类环境条件出现的规律,因而无法对各备选方案的执行后果作出确切估计。这种不确定性源于现代组织及其环境的复杂性和动态性。例如,某企业面临着扩大生产能力以满足市场需要的迫切问题。而可供决策人员选择的方案可能有这样两个(也许还有其他方案,但决策者不得而知):一是购买现有最新的技术设备建立一条新的生产线,以扩大生产能力;二是由企业自己加强新技术的研究或等待新技术的突破来扩大生产能力。这两个方案的情况是:技术革新可能成功,新的技术也可能突破,但是,在什么时候呢?这就很难预测,因为这是不可控的因素。如果决策者选了第一个方案,而在一两年时间内技术革新成功了或新技术被突破了,那么买的技术设备很快就会被淘汰,新的生产线就没有多大的作用了(因此,选择第一个方案的决策是错误的)。但是,如果采用第一个方案以后,新技术在三年内并没有突破,那么新的生产线就能实现扩大生产能力、满足市场需要的目的(即选择第一个方案是正确的)。这一决策还存在第三种方案:如果没有采用第一个方案,而新技术在第三年被突破了,这时再建立新的生产线(这个决策可能是正确的,也可能是错误的,这要取决于对各种信息资料的可靠性分析)。由此可知,在不稳定条件下进行有效的决策,关键在于决策人员对信息资料掌握的程度、信息资料的质量以及对未来形势的准确判断。这类决策主要是根据决策人员的直觉、经验和判断能力来进行的。

4. 长期决策和短期决策

按照决策的时间划分,可以把决策分为长期决策和短期决策两种。

(1) 长期决策:

是指决策结果对组织的影响时间长,对组织今后的发展方向具有长远性、全局性的重大影响的决策,又称长期战略决策,如投资方向选择、人力资源开发、组织规模的确定等问题的决策。

(2) 短期决策:

是决策的结果对组织的影响时间较短,是实现长期战略目标所采用的短期策略手段,通常是战术性的决策,如企业的日常营销决策、物资储备决策、生产中的劳动力调配和资金分配等问题的决策。

四、决策的程序

决策程序是指决策由提出到定案所经过的程序。经营决策是一个科学的过程,在进行决策的过程中,人们为了使决策能达到预期的效果,提高决策水平,减少决策失误,除了要采用科学的决策技术和方法外,还必须严格地按照决策的程序来进行。由于决策问题多种多样,内容的复杂程度各不相同,因此,不可能有一个普遍适用的决策程序来解决所有的问题,但也可以找出一般性的规律。通常,科学的决策可分为六大步骤:

1. 研究环境,识别问题或机会

决策制定过程始于潜在的问题或机会,问题或机会又源于组织实际状况与理想状况的之间的差距,因而决策者应在收集大量信息的基础上,对增值环境进行研究,并分析实际与理想的之间的差距,进而发现问题与机会。

为了更好地识别出问题或机会,管理者要尽力获取精确的、可信赖的信息。低质量的或不精确的信息会使时间白白浪费掉,并使管理者无从发现导致某种情况出现的潜在原因。另外,即使收集到的信息是高质量的,也要注意在解释的过程中,尽可能避免对信息的扭曲。管理者只要坚持获取高质量的信息并仔细地解释它,就能提高做出正确决策的可能性。

2. 确定决策目标

确定决策目标是十分关键的一步,因为决策目标将指导决策者进行方案的选择。目标确定不当,必然会影响到其后一系列措施和行动选择的合理性。

确定决策目标要达到三个要求:第一,目标是单一的,并且是可以计量的;第二,目标是可以分解的,并且可以落实和确定责任;第三,目标有明确的约束条件,并能事先明确。

在确定目标时,要明确四个问题:第一,建立目标的必要性和可能性;第二,分清目标的主次、先后及大小;第三,制定评价目标的标准;第四,实现目标的保证程度。

许多复杂的决策问题,目标往往是多个,有时各个目标之间还有矛盾。目标的多项性,就造成决策标准的多元性,给决策带来一定的困难。所以在确定目标时,还要处理好多目标的问题。为此,要遵循三条原则:一是减少目标数量;二是根据目标的重要程度进行排序;三是在目标之间进行协调。

在确定决策目标的过程中,组织的领导与有关人员应根据收集到的组织内外情报信息进行集体讨论和研究。如果在目标研究的过程中出现了不同意见,要尽量做到统一。如果经反复研究仍不能取得一致意见时,不同的意见可作为几个不同的决策方案,通过分析比较再做出选择。

3. 探索设计可行方案

一旦问题或机会被正确地识别出来,管理者就要提出达到目标和解决问题的各种可行方案,以便供决策时选择。可行方案必须具备三个条件:(1)能够保证决策目标的实现;(2)不论是外部环境还是内部条件都具有可行性;(3)方案的排它性。

这一步骤需要创造力和想象力,在提出备选方案时,管理者必须把其试图达到的目标牢记在心,而且要提出尽可能多的方案。在保证实现决策目标的情况下,可行方案数量越多,质量越好,选择的余地就越大。因此,可行方案的设想,必须发挥创造性,广泛录求,尽量将一切可能的方案挖掘出来。发挥创造性是探索与设计可行方案阶段成败的关键,在这个阶段,最好能将专家集中起来进行集体讨论,以便于互相启发,集思广益。具体的方法有"哥顿法"、"头脑风暴法"、"德尔菲法"等。

4. 评价与选择方案

评价各种已经拟定好的备选方案,是科学决策程序的又一个重要步骤,也是一个关键性的步骤。方案的评价与选优要解决两个根本问题:一是合理选择衡量方案的标准;二是确定科学的选择方法。关于选择决策方案的标准,应根据决策的目标而定,决策目标不同,评价的侧重点也应有所不同。

(1) 评价标准:

要对各种方案的可行性和优劣性进行评价,首先必须有一个统一的评价标准。评价标准的确定,应以能否最大限度地实现决策目标为依据。这是因为决策就是要从若干备选方案中选出最好的方案,以期优化地达到既定目标。然而,由于影响决策的因素众多,且有许多因素是不可预见的,因此想要最优地达到目标一般是难以实现的。所谓"优化地"达到目标,只能是相对的,有条件的。所以说决策方案的评价标准不能是最优标准,只能是满意标准。一般可以将决策目标作为评价与选择的标准,也可以将决策目标指标化,按各项指标的重要性系数进行评价。在决策方案评价比较之前,根据决策目标,规定出一组评价指标,可以使评价选优工作标准化和简单化。

(2) 评价与选择方法:

方案的评价要从系统观点出发,从全局性和整体性出发,既要考虑组织的直接利益,又要考虑社会和消费者的利益,同时还要注意方案之间的具体差异,衡量利弊,以定优劣。

方案评价的方法通常有经验判断法、数学分析法和试验法。经验判断法是根据决策者的经验来对方案进行评选的方法,它主要是以经验为依据,根据价值标准来加以判断,对于比较简单的问题,目标少、方案少,对一些经验丰富的决策者来说凭经验判断是很容易的。但是遇到问题复杂、目标多、方案多的情况,单凭经验判断可能很难得出结论,还应运用有关的数学分析方法作为辅助。数学分析法是指通过建立各种数学模型和数学分析手段,求出最优解,从而对方案进行评选的方法。至于试验法,是指在缺乏资料和经验、无法定量分析问题时,通过典型试验取得经验和数据,然后对方案进行评选的方法。

5. 选择实施战略

方案的实施是决策过程中至关重要的一步。在方案选定以后，管理者就要制定实施方案的具体措施和步骤。实施过程中，通常要注意做好以下工作：①制定相应的具体措施，保证方案的正确实施；②确保与方案有关的各种指令能被所有相关人员充分接受和彻底了解；③应用目标管理方法把决策目标层层分解，落实到每一个执行单位和个人；④建立重要的工作报告制度，以便及时了解方案进展情况，及时进行调整。

6. 监督与评估

一个方案可能涉及较长的时间，在这段时间里，形势可能发生许多变化，而初步分析则是建立在对问题或机会的初步估计上，因此，管理者要不断对方案进行修改和完善，以适应变化了的形势。同时，连续性活动因涉及到多阶段控制而需要定期的分析。

由于组织内部条件和外部环境的不断变化，管理者要不断修正方案来减少或消除不确定性，定义新的情况，建立新的分析程序。具体来说，职能部门应对各层次、各岗位履行职责情况进行检查和监督，及时掌握执行进度，检查有无偏离目标，及时将信息反馈给决策者。决策者则根据职能部门反馈的信息，及时追踪方案实施情况，对与既定目标发生部分偏离的，应采取有效措施，以确保既定目标的顺利实现；由于客观情况发生重大变化，原先目标确实无法实现的，则要重新寻找问题或机会，确定新的目标，重新拟订可行方案，并进行评估、选择和实施。

决策方案的执行过程，实际上就是对方案的检验、修改和完善过程，也是人们认识事物的深化过程，在方案执行完之后，还要总结经验教训，为以后的决策提供借鉴。

上述决策程序可用图 2-2 表示。

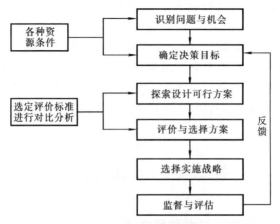

图 2-2 决策的程序

五、决策过程中应注意的问题

在决策过程中,应努力避免发生以下三个方面的错误:

1. 试图为错误的问题寻找正确答案。

2. 在不适当的时机制定决策。决策延误(这一延误本身也是一种决策)的结果有时是不可挽回的。同样,过早地确定决策方案,也会带来危险。

3. 决策与行动脱节。没有明确行动规划及对执行过程未能充分控制,决策活动是不会有效的。

造成上述问题的主要原因,首先是未能对决策过程进行科学的组织;其次是在建立模型进行量化分析时没有得到适当处理;三是对需要借助于管理者个人判断时反而进行了大量的技术处理。其结果是,决策对解决现实生产经营管理中的问题缺乏指导意义。

此外,决策过程中还应注意科学分配用于决策的时间。寻找答案所用的时间过多,为发现问题分配的时间太少,都是错误的。在决策过程中,发现问题恰恰是最重要的,也是最困难的工作。在大部分情况下,一旦问题被明确,答案是十分简单的。

为实现科学决策,决策者还应转变观念。管理者往往将决策看成问题而不是机会。这一认识的结果是,他们倾向于选择那些成本最低的方案,有时甚至以最低收益和最高风险为代价。这里要指出的是,决策是平衡收益、成本和风险的过程。只有将决策同时视为问题和机会的统一,才能客观地分析决策问题,找到最合理可行的方案。

第二节 决策的方法

一、决策的软技术和硬技术

决策的方法从技术上分为"硬"技术和"软"技术。决策的"硬"技术,是指建立在数学模型基础上,运用电子计算机辅助决策的方法。其中,应用比较广泛、比较成熟的技术,是以运筹学和管理科学为主要内容的计算机决策支持系统。它大大提高了决策的效率性和准确性,把决策人员从大量繁琐的计算中解脱出来,使他们能把精力更多地集中于分析解决关键性的重大问题。由于"硬"技术所采用的数学模型往往要求明确条件,而社会经济活动和管理活动却是不断变化的,存在着决策者难以控制和不确定的因素,使"硬"技术在运用上具有局限性。决策的"软"技术,是指建立在心理学、社会学、行为科学等基础上的"专家法",即"专家创造力技术"。它通过有合理结构的专家群体,依靠以现代科学技术掌握的大量信息,迅速严密地分析、归纳和演绎,提出决策的目标、方案、参数,并做出相应的评价和选择。"软"技术最适合受社会因素影响较大,所含不确定因素多的综合性决策,特别是战略决策问题。"软"技术弥补了"硬"技术对政治、社会和人文因素无法定量测算分析的缺陷。二者各有所长,决策者应根据具体情况,采用不同的方法或将两者综合使用,取长补短,以做出科学的决策。

二、定性决策方法

1. 头脑风暴法

头脑风暴法(brain storming),简称 BS 法,又称畅谈会法,是英国心理学家奥斯本于 1957 年在其"应用的现象"一文中首先提出来的。具体做法是,召集一个 10~15 人参加的专家会议,由主持人提出某一方面的总议题并要求与会者无拘束地自由发表意见,但不允许互相批评,决策者不发表自己的意见,只在不怀偏见中有目的地倾听和汲取决策所需的内容。据研究结果表明,这种方法由于与会者受到其他人所提意见的启发,能产生发散性思维,在同样时间内获得两倍于他个人独立思考时所产生的新颖方案和设想。此法成功的关键是开好讨论会,使每个人都能畅所欲言,故要求:鼓励每个人独立思考,不人云亦云;意见和建议越多越好;不反驳和批评别人的看法,不做结论;可以补充和发表相同的意见。

2. 对演法

对演法的具体做法是,组织若干小组,先分头就某个决策问题去拟定不同的方案,然后集体开展讨论,要求互相挑剔对方方案的毛病,以求充分暴露问题和矛盾,从而有针对性地优化、调整方案。通过此法,可使方案在改进后更趋完善,或者提出若干个代替方案,从而为决策提供更大的余地。

3. 德尔菲法

德尔菲法是由美国兰德公司提出的一种专家决策法,它采用定量和定性相结合的方法进行决策,专家既可以是来自第一线的管理人员,也可以是高层经理;既可以来自组织内部,也可以来自组织外部。德尔菲法是就某一问题或事项运用函询的方法,征求专家的意见,目前已经成为一种非常普及的对方案进行评估和选择的方法。其基本过程如下:

(1) 邀请若干专家征询意见,分别用不记名的方式进行预测。

(2) 调查人员整理上述专家意见。

(3) 将整理的结果反馈给各位专家,再次征求他们的意见,并以这种方式循环往复多次。用逐次逼近法来集中对问题的解决方法和取得一致的意见,然后利用这些预测结果来进行决策。

德尔菲法的最大优点是能充分发挥专家的作用,而且由于匿名性和回避性,避免了从众行为。这种方法的缺点是比较费时间,对时间敏感性决策不适合,另外要邀请到合适的专家也不容易。

4. 经营单位组合分析法

经营单位组合分析法又称波士顿矩阵图。此法是美国波士顿咨询公司提出的一种分析评价企业所属的战略经营单位的战略分析方法。该方法简单实用,直观性强,目前在世界上非常流行。该公司认为,大部分公司都有两个以上的经营单位,每个单位都有相互区别的产品——市场片,公司应该为每个经营单位分别确定经营方向。具体方法见第三章详述。

三、定量决策方法

1. 确定型决策方法

确定型决策方法一般常用的有线性规划法、量-本-利分析法、投资回收期法、追加投资回收期法等,在此仅介绍前两种方法。

(1) 线性规划法

企业在进行经营决策时将面临其所能利用的资源具有稀缺性,即有限性,因此必须考虑在将有限的人力、物力、资金合理地投入和运用,产出社会所需要的更多使用价值的同时,如何为企业取得最好的经济效益。当资源限制或约束条件表现为线性等式或不等式,目标函数表现为线形函数时,可运用线性规划法进行决策。

例:某企业生产两种产品,甲产品每台利润 50 元,乙产品每台利润 90 元,有关生产资料如下表 2-2 所示,试求企业利润最大时两种产品的产量。

表 2-2　甲、乙产品生产用资料

资源名称	单位产品消耗总额		可利用资源
	甲产品	乙产品	
原材料(kg)	60	40	1 200
设备(台时)	450	150	6 750
劳动力(工时)	100	200	5 000

解：设 x_1 为甲产品生产数量，x_2 为乙产品生产数量；$F(x_i)$ 为企业利润函数，$i=1,2$

使企业利润最大时的目标函数为

$$\max F(x_i) = 50x_1 + 90x_2$$

约束条件为

$$\begin{cases} 60x_1 + 40x_2 \leqslant 1\,200 \\ 450x_1 + 150x_2 \leqslant 6\,750 \\ 100x_1 + 200x_2 \leqslant 5\,000 \end{cases}$$

$$x_1 \geqslant 0, x_2 \geqslant 0$$

用图解法求解：分别以 x_1, x_2 为横坐标和纵坐标，将约束方程用图表示，目标函数的最大值一定在由约束方程构成的可行解区域的凸点上。然后做出约束线，如图 2-3 所示。

通过计算四个凸点 A, B, C, D 为所对应的目标函数值，而满足使目标函数最大值的点为

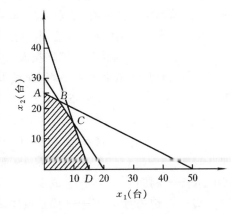

图 2-3　线性规划图解

B 点,该点对应的坐标为(5,22.5),即当生产甲产品 5 台,乙产品 22.5 台时,企业获得的利润最大,为 2 275 元。若变量两个以上时,则要用单纯形法。

(2) 量-本-利分析法

① 量-本-利分析法的原理

量-本-利分析法又称盈亏平衡分析。它是通过考察业务量(产量、销售量、销售额)、成本和利润三者之间的关系以及盈亏变化的规律来为决策提供依据的方法。量-本-利分析的核心是盈亏平衡点的分析。也就是说,通过盈亏平衡点的分析,可以预先判定产量或销售量达到什么水平才能保证企业不亏损,为企业经营决策提供科学的依据。

企业从事任何生产经营活动要消耗大量的人力、物力和财力,他们构成了企业的成本,根据与产量的关系,总成本可以划分为固定成本和变动成本两部分。其中固定成本(F)是指在一定时间一定范围内,不随产量的变动而变动的成本,即使产量为零也要照常支出的总费用,如厂房、设备租金、折旧费等;变动成本(V)是指随着产量的变动而变动的成本,如原材料费、燃料费、直接人工费用等。但是,从单位产品来看,变动成本基本不变。

在不考虑税金的情况下,量-本-利三者之间的关系表现为

利润 = 销售收入 − 成本

利润 = 销售收入 −(固定成本 + 变动成本)

即
$$R = S - C$$
$$R = p \times Q - (F + V)$$
$$R = p \times Q - (F + C_v \times Q)$$
$$R = (p - C_v) \times Q - F$$

其中:R—— 利润　　C—— 成本　　S—— 销售收入

Q—— 销售量　F—— 固定成本　V—— 变动成本

C_v—— 单位变动成本　　　　　　p—— 销售单价

上式的分析就构成了量-本-利分析法,从式中可以看出,企业

的销售收入与销售数量成正比,在销售价格一定的情况下,销售数量越多则企业销售收入越大;企业的利润随着销售数量的增减而增减,要达到预期的利润目标必须以一定的销售数量为基础。但销售数量不仅受企业自身生产能力的影响,而且还受到市场销售状况的制约。企业生产多少产品最能体现其生产能力和市场需求、什么样的产量水平才能保证不亏损、价格维持在什么水平最好等问题,构成了量-本-利分析的主要内容。

盈亏平衡点又称保本点,或盈亏临界点,是指在一定销售量下,企业的销售收入等于总成本,即利润为零:

$$R = 0, 即 (p - C_v) \times Q - F = 0$$

所以
$$Q_0 = \frac{F}{(p - C_v)}$$

此时的销售量 Q_0 即为盈亏平衡点销售量。

盈亏平衡点还可以用图 2-4 表示。

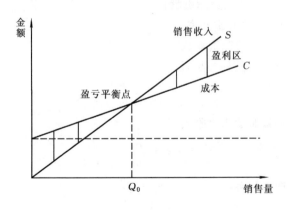

图 2-4 盈亏平衡图

从公式和图中可以看出,销售额减去变动总成本后的余额,补充了固定成本后剩余的部分即利润。这个余额被称为边际贡献。可见边际贡献是对固定成本和利润的贡献。

在此对几个概念进行解释：

ⅰ 单位边际贡献。单位产品售价与单位产品变动成本之差称为单位边际贡献。它表示在不考虑固定成本分摊时，每生产一件产品可以创造的毛利润。

ⅱ 边际贡献率。单位边际贡献与单件产品售价之比，称为边际贡献率。它表示在不考虑固定成本的条件下，每生产一件产品所创造的毛利润率。

ⅲ 边际贡献额。单位边际贡献与销售量的乘积称为边际贡献总额。它表示在不考虑固定成本的条件下，企业所获得的毛利润总量。

分别用公式表示，如 $m = p - C_v$

$$\mu = \frac{m}{p} = \frac{(p - C_v)}{p}$$

$$M = m \cdot Q = Q \cdot (p - C_v)$$

式中：m —— 单位边际贡献；

μ —— 边际贡献率；

M —— 边际贡献总额。

生产单一品种产品时，

$$Q_0 = \frac{F}{m}$$

则盈亏平衡时的销售收入

$$S_0 = Q_0 \cdot p = \frac{Fp}{m} = \frac{F}{m/p} = \frac{F}{\mu}$$

生产多品种时： $S_0 = \dfrac{F}{\bar{\mu}}$

式中：$\bar{\mu}$ —— 平均边际贡献率

② 量-本-利分析法的应用

ⅰ 量-本-利分析法可用于判断企业现实产品的产销量在盈利区还是在亏损区，如果现实产量低于盈亏平衡点的产量，则亏损；若高于盈亏平衡点的产量，则盈利。

例：某企业生产一种产品，其固定成本为 30 000 元，单价变动成本为 10 元/件，销售单价为 15 元/件，试判断企业在计划销售量为 10 000 件时是否盈利？

解：$Q = \dfrac{F}{p - C_v} = \dfrac{30\ 000}{15 - 10} = 6\ 000$（件）

因为企业的盈亏平衡点产量为 6 000 件，而企业的计划销量 10 000 件大于盈亏平衡点产量 6 000 件，所以企业在计划销量下盈利。

ⅱ 量-本-利分析法可以用来判断企业经营安全状况。经营状况的好坏可以通过经营安全率（L）来衡量。

$$L = \dfrac{Q - Q_0}{Q} \times 100\%$$

上式中 $Q - Q_0$ 为安全余额，即实际销售量减去盈亏平衡点的销量。安全余额越大，说明企业的盈利水平越高。计算出企业的经营安全率后，可参照表 2-3 中的数值判断企业经营安全状态。

表 2-3　企业经营安全状态判断

经营安全率(%)	>30	25~30	15~25	10~15	<10
经营状态	安全	较好	不太好	要警惕	危险

一般来说，经营安全率在 0～1 之间，越接近 0 越不安全，越接近 1 越安全，盈利的可能性越大。

ⅲ 量-本-利分析法可以用来帮助企业寻找降低成本、增加利润的途径。

预测一定销售量下的利润水平可根据以下公式：

$$Q = \dfrac{F + R_z}{m}$$

$$R_z = Q \cdot m - F$$

$$S = \dfrac{F + R_z}{\mu}$$

$$R_z = S \cdot \mu - F$$

式中：R_z —— 目标利润

Q —— 实现目标利润的销售量

S —— 实现目标利润的销售额

ⅳ 量-本-利分析法可用于对产品的价格水平作出分析，以确定企业在一定产量和成本的条件下，处于盈亏平衡时的价格水平以及达到一定目标利润的价格水平。

$$p_0 = \frac{F}{Q_0} + C_v$$

$$p_z = \frac{F + R_z}{Q} + C_v$$

式中：p_0 —— 盈亏平衡时的产品价格

p_z —— 实现目标利润的产品价格

Q —— 计划产量

例：某企业生产一种产品，固定成本为 30 000 元，单价变动成本为 10 元/件，销售单价为 15 元/件，计划销售量为 10 000 件，试回答下列问题：

（a）企业在计划销售量下目标利润是多少？

（b）如果增加利润 10 000 元，其目标销售量是多少？

（c）如果由于原材料涨价，单位变动成本要增加 2 元，而企业又不能提高销售价格，如果要维持（1）问中的利润所确定的目标利润销售量应增加多少？

（d）在上述情况下，如果有来料加工，价格是 4 元/件，问是否接受订货？

解：

（a）目标利润 $R_z = Q \cdot m - F$
$= 15 \times 10\ 000 - 30\ 000 - 10 \times 10\ 000$
$= 20\ 000$（元）

（b）目标利润下的销售量：$Q = \dfrac{F + R_z}{m}$

$$= (30\,000 + 30\,000)/5$$
$$= 12\,000(件)$$

(c) 目标利润下的销售量: $Q = \dfrac{F + R_z}{m}$

$$= (30\,000 + 20\,000)/(15 - 12)$$
$$\approx 16\,667(件)$$

增加的销售量 $16\,667 - 10\,000 = 6\,667$（件）

(d) 若企业自己组织生产,产品的单位边际贡献（单位产品毛利润）是 $15-12=3$ 元,而来料加工的价格 4 元/件近似可看成是单位产品的毛利润为 4 元,而题目中并未告诉来料加工的订货量是多少,所以只需将企业自己组织生产的单件产品毛利润与来料加工单件产品的毛利润进行比较,可见来料加工的单件产品毛利润大,因此应接受订货。

Ⅴ 量-本-利分析法还可以用于生产方法、盈利性对比分析。例如手工生产、半自动化生产和全自动化生产三种不同的生产方式,其设备投资、固定成本和变动成本结构不同量-本-利分析关系也不同。手工生产的企业设备投资和折旧额较少,固定成本较低,变动成本较大。如果企业改为自动化生产,设备增加投资,则折旧额增多,固定成本加大。变动成本所占比重减少。在继续方案比较时,可用量-本-利分析法进行分析。此外,类似工艺方案的选择,零部件自制还是外购的选择都可以用量-本-利分析法,对于这类问题,如果生产或销售量已知,则可通过比较利润来判断,如果产量或销量未知,则需通过比较任意相同产销量下的成本,选择成本最小的方案。

例:某企业生产某种产品时有三种生产方式可供选择,(a) 购置全自动生产设备,固定成本 10 000,单位变动成本是 5 元/件,(b) 采用半自动化设备,固定成本 4 000,单件变动成本是 10 元/件,(c) 手工生产,固定成本是 1 000 元,单件变动成本是 20 元/件。企业应采取哪种生产方式?

解:设产销量为 Q
则产销量 Q 时三种生产方式的总成本分别是:
(a): $C = 10\,000 + 5Q$
(b): $C = 4\,000 + 10Q$
(c): $C = 1\,000 + 20Q$

首先将各方案的成本直线方程的直线在坐标图中画出,如图 2-5 所示。计算出交点 A,B,C 对应的产销量 $Q_A = 300, Q_B = 600, Q_C = 1\,200$,选择方案时从总成本最小考虑,当产销量在 0～300 件的范围时,手工生产方式的成本低于半自动化和全自动化生产方式,应选择手工生产方式;当产销量在 300～1 200 件的范围时,半自动化生产方式的成本低于手工和全自动化生产方式,应选择半自动化生产方式;当产销量大于 1 200 件时,全自动化生产方式的成本低于手工和半自动化生产方式,应选择全自动化生产方式。

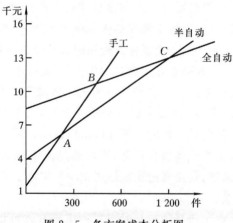

图 2-5 各方案成本分析图

2. 风险型决策方法

在决策时,如果未来的自然状态不止一种,管理者不知道到底哪种自然状态会发生,但可以知道每种自然状态发生的概率,则可采用风险型决策方法进行决策。常用的风险型决策方法是决策收益表法和决策树法。

(1) 决策收益表法

决策收益表又称决策损益矩阵。运用决策收益表的步骤如下：

① 确定决策目标。

② 根据经营环境对企业的影响，预测企业可能的自然状态，并估计其发生的概率。

③ 根据自然状态的情况，充分考虑企业的实力，拟定可行方案。

④ 根据不同可行方案在不同自然状态下的资源条件、生产经营状况，计算出损益值。

⑤ 列出决策收益表。

⑥ 计算各可行方案的期望值。

⑦ 比较各方案的期望值，选择最优可行方案。

例：某商业企业销售一种新产品，每箱成本80元，销售单价100元，如果商品当天卖不出去就会因变质而失去其使用价值。目前对这种新产品的市场需求情况不是十分了解，但有去年同期类似产品的日销量资料可供参考（见表2-4）。现在要确定一个使企业获利最大的日进货量的决策方案。

表2-4 某产品日销售量统计表

日销售量(箱)/天	完成时间(天)	概率
25	20	0.1
26	60	0.3
27	100	0.5
28	20	0.1
总计	200	1.0

解:决策目标是安排一个使企业利润最大的日进货计划。

(a) 根据去年同期类似产品销售资料的分析,可确定今年产品的市场自然状态情况,并计算出各种状态下的概率,绘制出决策收益表(见表 2-5)。

表 2-5 某产品销售决策收益表

自然状态 概率 可行方案(箱)/天	市场日销量(箱)/天				期望值
	25	26	27	28	
	0.1	0.3	0.5	0.1	
25	500	500	500	500	500
26	420	520	520	520	510
27	340	440	540	540	490
28	260	360	460	560	420

(b) 根据去年的销售情况,经过分析,拟定出新产品销售的可行方案。

(c) 计算出各种方案在各种状态下的损益值(见表 2-6)。

期望值计算方法为

$EMS_{25} = 500 \times 0.1 + 500 \times 0.3 + 500 \times 0.5 + 500 \times 0.1$
$= 500$ 元

同样可以计算得

$EMS_{26} = 510$ 元

$EMS_{27} = 490$ 元

$EMS_{28} = 420$ 元

根据决策目标选择期望值最大(510 元)所对应的计划方案,即每天进货 26 箱为最优方案。

(2) 决策树法

在风险型决策中,除了可以用决策收益表来进行决策外,还可以用决策树来进行决策,所不同的是决策树既可以解决单阶段的决策问题,还可以解决决策收益表无法表达的多阶段序列决策问题。并具有思路清晰、阶段明了等优点。

① 决策树的构成

决策树是以决策结点"□"为出发点,从其引出若干方案枝,每个方案枝代表一个可行方案。在各方案枝的末端有一个状态结点"○"引出若干概率枝,每个概率枝表示一种自然状态,在各概率枝的末梢注有损益值,决策树的一般结构如图2-6所示。

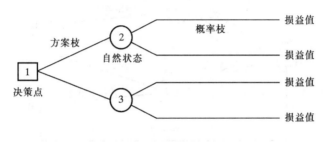

图2-6 决策树

② 决策树的步骤

ⅰ 绘制决策树。绘制决策树的过程是对决策事件未来可能发生的各种情况进行周密思考,步步深入分析、研究的过程,绘制的方法一般是从左到右,即从树干向树梢展开。

ⅱ 计算期望值。期望值的计算应从右侧开始,即从树梢到树干逆向进行,先计算各概率分枝的期望值,即用方案在各自然状态下的收益值去分别乘以各自然状态出现的概率,然后将概率分枝的期望收益值相加。

ⅲ 考虑各方案所需的投资后,比较不同方案的期望净收益值。

ⅳ 修枝决策。对比各方案的期望值大小,进行修枝选优。在方案枝上将期望值较小的方案舍弃,仅保留期望值最大的一个方案,作为被选实施的方案。

例:某企业计划生产一种产品,有两个方案可供选择,一个是新建一条生产线,需要投资 100 万元,投产后如果销路好,年利润为 40 万元,销路差要亏损 10 万元;另一个是改造现有设备,需投资 30 万元,投产后销路好年利润为 20 万元,销路差时为 10 万元。根据市场预测,在今后 5 年内产品销路好的概率是 80%,销路差的概率是 20%,试选择行动方案。

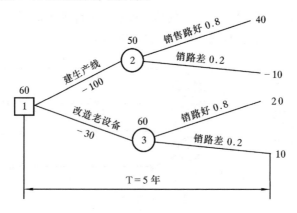

图 2-7 单级决策的决策树

解:首先根据问题绘制决策树,如图 2-7 所示:
计算各结点的期望净收益值:
$$P_2 = (40 \times 0.8 - 10 \times 0.2) \times 5 - 100 = 50 \text{ 万元}$$
$$P_3 = (20 \times 0.8 + 10 \times 0.2) \times 5 - 30 = 60 \text{ 万元}$$
$$P_1 = \max\{P_2, P_3\} = P_3 = 60 \text{ 万元}$$

可见,应将新建生产线的方案枝剪去,最终选择改造老设备的方案。

以上例题是比较简单的单级决策问题,如果决策问题比较复杂,一次决策解决不了,需要进行两次或两次以上的决策才能解决,称为多阶段或多级决策。在解决多级决策问题时,计算步骤要重复 ⅰ、ⅱ、ⅲ 各步骤,下面举例说明。

例:某公司为了生产某产品,考虑了两个建设方案,有关资料如下：

方案1，建大厂，需投资1 800万元，使用期限为10年

方案2，先建小厂，需投资960万元，若产品销路好，三年后再根据形势考虑是否扩建的问题。若要扩建，扩建费840万元，可以使用7年，扩建后每年的盈利情况与建大厂相同，根据市场预测，前三年产品销量好的可能性为0.7，销路差的可能性为0.3。后七年的产品销路情况是，如果前三年销路好，则后七年销路好的概率为0.9，如果前三年销路差，则后七年销路肯定差。两个方案的年度盈利情况如表2-6。

表2-6 基础数据 （单位：万元/年）

项目		生产方案			
		建大厂	先建小厂	后七年销售状况	不扩建	扩建
前三年销售状况	销路好 $P=0.7$	600	240	销路好 $P=0.9$	240	600
				销路差 $P=0.1$	60	-120
	销路差 $P=0.3$	-120	60	销路差 $P=1.0$	60	-120

请分析一下应该采取哪个方案好？

解：首先绘制决策树如图2-8所示。

计算过程如下：

$P_4 = 600 \times 7 \times 0.9 + (-120) \times 7 \times 0.1 = 3\ 696$

$P_2 = (600 \times 3 + 3\ 696) \times 0.7 + (-120 \times 10) \times 0.3 - 1\ 800$
$= 1\ 687.2$

$P_6 = 600 \times 7 \times 0.9 + (-120) \times 7 \times 0.1 - 840 = 2\ 856$

$P_7 = 240 \times 7 \times 0.9 + 60 \times 7 \times 0.1 = 1\ 554$

$P_5 = \max\{P_6, P_7\} = P_6 = 2\ 856$

应将不扩建方案枝剪去

$P_3 = (240 \times 3 + 2\ 856) \times 0.7 + (60 \times 10) \times 0.3 - 960$

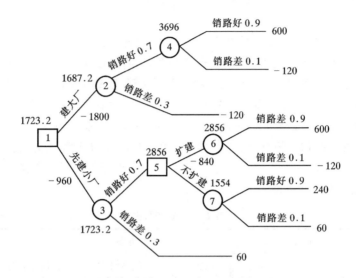

图 2-8 多级决策的决策树

$= 1\,723.2$

$P_1 = \max\{P_2, P_3\} = P_3 = 1\,723.2$

应剪去建大厂方案枝,所以应选先建小厂。

3. 非确定型决策方法

在决策所面临的自然状态难以确定,且各种自然状态发生的概率也无法预测的条件下可采用非确定型决策方法进行决策。由于各自然状态下决策结果的不可预知,因此非确定型决策具有极大的风险和主观随意性。非确定型决策常遵循以下几种思考原则。

(1) 悲观原则(小中取大法)

其出发点是决策者对未来事件结果估计比较保守,因此往往被稳重型的决策者所采用。它力求在不利的情况下寻求较好的方案。其准则是从损失最小化的角度选择方案,即在最小收益中找最大值,而与该值相应的方案为最佳方案。其公式为:

$$P_j^* = \max_j\{\min_i(P_{i,j})\}$$

以表 2-7 举例说明

表 2-7　非确定型决策方法(悲观原则)

自然状态 方案	$(P_{i,j})$ 在各种自然状态下的收益值(万元)				最小收益值
	较高	一般	较低	很低	
A	600	400	－100	－350	－350
B	850	420	－150	－400	－400
C	300	200	50	－100	－100
D	400	250	90	50	50*

∵ $P_j^* = \max\{-350, -400, -100, 50\} = 50$ 万元

∴ 选择 D 方案

(2) 乐观原则(大中取大法)

其出发点是决策者对事物的未来前景比较乐观,并有较大成功把握,愿意承担一定的风险去争取最大的收益,往往选与最大乐观值相应的方案为最佳方案。采用这种原则的决策者要具有魄力和敢于承担风险的勇气。

其公式为 $P_j^* = \max_j\{\max_i(P_{i,j})\}$

以表 2-8 举例说明

表 2-8　非确定型计策方法(乐观原则)

自然状态 方案	$(P_{i,j})$ 在各种自然状态下的收益值(万元)				最大收益值
	较高	一般	较低	很低	
A	600	400	－100	－350	600
B	850	420	－150	－400	850*
C	300	200	50	－100	300
D	400	250	90	50	400

$\therefore P_j^* = \max\{600, 850, 300, 400\} = 850$ 万元

$\therefore$ 乐观原则选择 B 方案

(3) 折衷原则

这种方法的指导思想是,稳中求发展,既不过于乐观也不过于悲观,寻求一个较稳妥的方案,因为每一个方案的最好自然状态和最差自然状态均有出现的可能,所以采用这种方法进行决策时,可以根据决策者的判断,给最好自然状态以一个乐观系数,给最差自然状态以一个悲观系数,两者之和为 1;然后用各方案在最好自然状态下的收益值与乐观系数相乘所得的积,加上各方案在最差自然状态下的收益值与悲观系数相乘所得的积,得出各方案的期望收益值,最后据此比较各方案的经济效果,选择期望收益值最大的方案。

本例中取乐观系数 $\alpha = 0.7$,则悲观系数 $\beta = 0.3$,则有

方案 A:$P_1 = 600 \times 0.7 + (-350) \times 0.3 = 315$(万元)

方案 B:$P_2 = 850 \times 0.7 + (-400) \times 0.3 = 475$(万元)

方案 C:$P_3 = 300 \times 0.7 + (-100) \times 0.3 = 180$(万元)

方案 D:$P_4 = 400 \times 0.7 + 50 \times 0.3 = 295$(万元)

比较结果,B 方案的收益值最大,为最佳方案。

(4) 最小后悔值原则

决策者在选定方案并组织实施后,如果遇到的自然状态表明采用另外的方案会取得更好的收益,企业在无形中遭遇了机会损失,那么决策者将为此而感到后悔。最小后悔值原则就是一种力求使后悔值尽量小的原则。根据这个原则,决策时应先算出各方案在各自然状态下的后悔值(用方案在某种自然状态下的收益值与该自然状态下的最大收益值比较的差),然后找出每一个方案的最大后悔值,并据此对不同方案进行比较,选择最大后悔值中最小者所对应的方案。

根据上例编制后悔值表,如表 2-9 所示。

表 2-9 后悔值表

方案	在各种自然状态下后悔值(万元)				最大后悔值
	较高	一般	较低	很低	
A	250	20	190	400	400*
B	0	0	240	450	450
C	550	220	40	150	550
D	450	170	0	0	450

各方案最大后悔值中最小后悔值为 400 万元,因此应选择其对应的 A 方案。

(5) 机会均等准则

在决策所产生的自然状态不能确定的情况下,假设各自然状态所发生的概率相同,计算出各方案的期望收益值,然后选择最大值所在的方案为最优方案。公式如下:

$$P_j = (\sum P_{i,j})/n$$

式中:P_j——方案的期望收益值;

i——各自然状态,$i=1,2,\cdots,n$。

本例中:

$P_1 = [600+400+(-100)+(-350)]/4 = 137.5$ 万元

$P_2 = [850+420+(-150)+(-400)]/4 = 180$ 万元

$P_3 = [300+200+50+(-100)]/4 = 112.5$ 万元

$P_4 = [400+250+90+50]/4 = 197.5$ 万元

其中 P_4 的期望收益值最大,故应选择方案 D。

思考练习题

1. 简述决策应遵循的原则。
2. 决策有哪些分类?确定型决策、非确定型决策和风险型决策的主要区别是什么?

3. 结合具体实际,阐述决策的过程?
4. 某工厂为推销甲产品,预计单位产品售价为 1 200 元,单位产品变动成本为 700 元,每年需固定费用为 1 800 万元。
   ① 盈亏平衡时的产量是多少?
   ② 当企业现有生产能力为 45 000 台时,每年可获利多少?
   ③ 为扩大生产规模,需添置一些设备,需增加固定成本 363 万元,此时,生产能力增加为 50 000 台,同时可节约变动成本每台 100 元,为扩大销路,计划降低售价 15%,问此方案是否可行?
5. 某轻工机械厂拟订一个有关企业经营发展的决策。据本企业的实际生产能力,本地区生产能力的布局以及市场近期和长期的需求趋势初步拟订三个可行方案:第一方案是扩建现有工厂,需投资 100 万元;第二方案是新建一个工厂,需投资 200 万元;第三方案是与小厂联合经营合同转包,需投资 20 万元,企业经营年限为 10 年。据市场预测和分析,三种方案在实施过程中均可能遇到以下四种情况,现将有关资料估算如表 2 - 10 所示。

表 2 - 10 损益表(万元)

	销路好 0.5	销路一般 0.3	销路差 0.1	销路极差 0.1
扩建	50	25	−25	−45
新建	70	30	−40	−80
合同转包	30	15	−5	−10

试做决策
6. 某企业为扩大某产品的生产,拟建设新厂,据市场预测产品销路好的概率为 0.7,销路差的概率为 0.3,有三种方案可供企业选择:

方案1：新建大厂，需投资300万元。据初步估计，销路好时，每年可获利100万元；销路差时，每年亏损20万元，服务期为10年。

方案2：新建小厂，需投资140万元。销路好时，每年可获利40万元；销路差时，每年仍可获利30万元。服务期为10年。

方案3：先建小厂，3年后销路好时再扩建，需追加投资200万元，服务期为7年，估计每年获利95万元。试选择方案。

第三章 企业战略管理

由于全球性市场竞争的加剧,20世纪70年代在西方发达国家出现了战略管理热潮。当前,随着我国经济体制改革的深化和经济发展,企业实行战略管理的环境条件也已成熟。战略经营将成为越来越多企业在激烈的竞争环境里取得长期稳定发展的武器。本章将讨论企业战略的内涵、战略分析、战略选择与评价及战略实施与控制。

第一节 企业战略概述

一、企业战略的概念

战略,古称韬略,原为军事术语。顾名思义,战略就是作战的谋略。在英文中,"战略"一词为"strategy",它来源于希腊语的"strategos",其含义是"将军指挥军队的艺术"。而战略一词与企业经营联系在一起并得到广泛应用的时间并不长,最初出现在切斯特·巴纳德(C. I. Bernad)的名著《经理的职能》一书中。该书作者为说明企业决策机制,从有关企业的各种要素中产生了"战略"因素的构想,但该词并未得到广泛应用。企业战略一词自1965年美国经济学家安绍夫(H. I. Ansoff)著《企业战略论》一书问世后才开始广泛应用,而且从那时起,"战略"一词还广泛应用于社会、经济、文化、教育和科技等领域。

什么是企业战略?目前还没有统一的、规范化的定义,但各个学派都从不同的角度,解释了战略的含义。企业战略研究的先驱者钱德勒,在《战略与结构》一书中给企业战略下了一个定义:战略是决定企业的基本长期目标与目的,选择企业达到这些目的所遵循的途径(方针),并为实现这些目标与方针而对企业重要资源进行最优化配置。

安德鲁斯认为:战略是由目标、意志和目的,以及为达到这些目的而制定的主要方针和计划所构成的一种模式。按照他的观点,战略=目的+实现手段。企业总体战略是一个决策模式,决定和揭示企业的目的和目标,提出实现目的的重大方针和计划,确定企业应该从事的经营业务,明确企业的经济类型与人文组织类型,决定企业应当对职工、顾客和社会做出的经济的与非经济的贡献。

美国著名战略管理学家安索夫(I. Ansoff)认为:战略是贯穿于企业经营与产品和市场之间的一条"共同经营主线",决定着企业目前所从事的,或者计划要从事的经营业务的基本性质。这条共同经营主线由四个要素组成:①产品和市场范围,是指企业所生产的产品和竞争所在的市场。②增长向量,是指企业计划对其产品和市场范围进行变动的方向。③竞争优势,是指那些可以使企业处于强有力竞争地位的产品和市场的特性。④协同作用,是指企业内部联合协作可以达到的效果。安索夫将战略分为两大类,企业总体战略和经营战略。总体战略考虑的是企业应该选择进入哪种类型的经营业务,经营战略考虑的是企业一旦选定了某种类型的经营业务,则应该如何在这一领域里进行竞争或运行。

加拿大麦吉尔大学管理学教授明茨博格(H. Mintzberg)认为,人们在不同的场合以不同的方式,可以赋予战略不同的内涵。但战略只有一个,不同的定义只是从不同的角度对战略加以阐述。他借鉴市场营销学 4P's 即产品(Product)、价格(Price)、销售渠道(Place)、销售促进(Promotion)的提法,提出战略是由五种规范的定义阐明的,即计划(Plan)、计策(Ploy)、模式(Pattern)、定位(Position)和观念(Perspective)构成了企业战略的 5P's。①战略是一种计划,即它是一种有意识有预计的行动,一种处理某种局势的方针。②战略是一种计策,这是指在特定的环境下,企业把战略作为威慑和战胜竞争对手的一种"手段"。③战略是一种模式,它反映企业的一系列行动。④战略是一种定位,是一个组织在自身环境中所处位置。⑤战略是一种观念,它体现组织中人们对客观世界固有的认识方式。

综合国内外各个学者的见解,结合我国企业的具体情况,本书认为:企业战略是企业根据内外部环境及可取得的资源状况,为求得企业的生存和长期稳定发展,对企业发展目标以及达成目标的途径和手段的总体谋划。

二、企业战略管理的产生与发展

从一般意义上说,企业战略作为过程展开,就是企业战略管理。即战略管理是指对企业战略的管理,包括企业战略的分析与制定、评价与选择以及实施与控制三个部分。因此,我们认为,战略管理是企业高层管理人员为了企业长期的生存和发展,在充分分析企业外部环境和自身条件的基础上,确定和选择达到目标的有效战略,并将战略付诸实施和对战略实施的过程进行控制和评价的一个动态管理过程。

与财务管理、生产管理等学科相比,企业战略管理无论是在理论上还是在实践上,均产生较晚,经历了一个兴起、热潮、回落、重振、创新的发展时期。如今,它已成为企业管理的一个重要发展方向。从企业战略管理理论的发展时间顺序来看,大致可将其划分为:传统战略管理理论、竞争战略管理理论及核心能力战略管理理论。

1. 传统的战略管理思想

20世纪初,法约尔提出了管理的五项职能。其中的计划职能是企业管理的首要职能,可以说是最早出现的企业战略管理思想。1938年,美国经济学家切斯特·巴纳德在《经理的职能》一书中,对影响企业经营的各种因素进行了分析,提出了战略因素的构想,指出管理工作的重点是如何使企业组织与环境相适应,首开企业经营战略研究的先河。1962年,美国著名管理学者钱德勒在《战略与结构:美国工业企业史的考证》一书中,揭示了企业战略理论研究的序幕。他认为:企业战略应当适应环境变化——满足市场需求,而组织结构又必须适应企业战略要求,随战略的发展变化而变化。因此,钱德勒是研究环境-战略-结构之间相互关系的开山鼻祖。

在此基础上,关于战略构造问题的研究,形成了两个相近的学派:设计学派和计划学派。

设计学派认为,首先,在制定战略的过程中要分析企业的优势与劣势,环境所带来的机会与造成的威胁。其次,高层经理人应是战略制定的设计师,并且还必须督导战略的实施。再者,战略构造模式应是简单而又非正式的,关键在于指导原则,优良的战略应该具有创造性和灵活性。设计学派以哈佛商学院的安德鲁斯教授为代表。

计划学派主张,战略构造应是一个有控制、有意识的正式计划过程;企业的高层管理者负责计划的全过程,而具体制定和实施计划的人员必须对高层负责;通过目标、项目和预算的分解来实施所制定的战略计划等等。计划学派以安索夫为杰出代表。安索夫在1965出版的《公司战略》一书中首次提出了"企业战略"这一概念,并将战略定义为"一个组织打算如何去实现其目标和使命,包括各种方案的拟定和评价,以及最终将要实施的方案。""战略"一词随后成为管理学中的一个重要术语,在理论和实践中得到了广泛的运用。

不难看出,尽管这一时期学者们的研究方法和具体主张不尽相同,但从根本上说,其核心思想是一致的,主要体现在三个方面:

(1)企业战略的出发点是适应环境。环境是企业无法控制的,只有适应环境变化,企业才能生存和发展。

(2)企业的战略目标是为了提高市场占有率。企业战略要适应环境变化,旨在满足市场需求,获得足够的市场占有率,这样才有利于企业生存与发展。

(3) 企业战略的实施要求组织结构的变化与之相适应 经典的企业战略实质是一个组织对其环境的适应过程以及由此带来的组织内部结构变化的过程。因而,在战略实施上,势必要求企业组织结构要与企业战略相适应。

2. 竞争战略理论

为弥补传统战略理论的缺陷,20世纪80年代初,以哈佛大学商学院的迈克尔·波特为代表的竞争战略理论取得了战略管理理论的主流地位。波特认为,企业战略的核心是获取竞争优势,而影响竞争优势的因素有两个:一是企业所处产业的赢利能力,即产业的吸引力;二是企业在产业中的相对竞争地位。因此,竞争战略的选择应基于以下两点考虑:

(1) 选择有吸引力的、高潜在利润的产业 不同产业所具有的吸引力以及带来的持续赢利机会是不同的,企业选择一个朝阳产业,要比选择夕阳产业更有利于提高自己的获利能力。

(2) 在已选择的产业中确定自己的优势竞争地位 在一个产业中,不管它的吸引力以及提供的赢利机会如何,处于竞争优势地位的企业要比劣势企业具有较大的赢利可能性。而要正确选择有吸引力的产业以及给自己的竞争优势定位,必须对将要进入的一个或几个产业的结构状况和竞争环境进行分析。

概括起来,波特的竞争战略理论的基本逻辑是:

(1) 产业结构是决定企业赢利能力的关键因素。

(2) 企业可以通过选择和执行一种基本战略,影响产业中的五种作用力量(即产业结构),以改善和加强企业的相对竞争地位,获取市场竞争优势(低成本或差异化)。

(3) 价值链活动是竞争优势的来源,企业可以通过价值链活动和价值链关系(包括一条价值链内的活动之间及两条或多条价值链之间的关系)的调整来实施其基本战略。

与传统战略理论相比,竞争战略理论有一定的进步,但产业边界的模糊性以及产业结构稳定性差的局限,使得竞争战略理论仍缺乏对企业内部环境的综合分析考虑,停留在对可流动竞争资源的分析上,而对差异资源未能深入分析。

3. 核心能力理论

随着经营环境中不确定性的增大,企业以恰当定位获得竞争优势变得越来越难以持续;与之相反,企业却可能在产业竞争力量突变或产业转型过程中落伍。在这种严峻的挑战面前,人们对企业竞争优势的来源、企业战略目标的确定、企业战略的模式等都有了新的认识,企业战略管理理论步入了核心能力理论阶段。1990年,普拉哈拉德(C. K. Prahalad)与哈默尔(G. Hamel)在《哈佛商业评论》上发表《公司的核心能力》一文,首开核心能力研究之先河。

所谓核心能力,"是组织中的积累性学识,特别是关于如何协调不同的生产技能和有机结合多种技术流的学识",它是企业所有能力中最核心、最根本的部分。核心能力是某一组织内部一系列互补的技能和知识的组合,它具有使一项或多项关键业务达到行业一流水平的能力。核心能力理论认为,企业本质上是一个能力的集合体,能力是对企业分析的基本单元,而企业拥有的核心能力是企业长期竞争优势的源泉,积累、保持、运用核心能力是企业的长期根本性战略。一般说来,核心能力具有如下特征:①独特性,即不可模仿、不可替代性;②可为用户带来价值;③延展性,能够衍生出新产品或服务;④动态性,即核心能力具有可变性,应不断培养新的核心能力。

三、企业战略管理的特征

企业战略管理具有以下几个特征。

1. 全局性

企业战略管理研究的问题与企业的总体目标密切相关,它首先考虑的问题是企业整体的最终效益,而与总体目标不直接相关或着重于局部效益的问题,一般不属于战略管理的范畴。同时,从内容上看战略管理包括战略分析、战略选择与评价、战略实施与控制三个阶段。战略管理的这三大阶段相辅相成,融为一体,三个阶段的系统设计和衔接,可以保证企业取得整体效益和最佳效果。

2. 未来性及风险性

战略管理不是着眼于解决企业眼前遇到的麻烦,它的着眼点是迎接未来的挑战。未来并不是遥远的不可知的,而是目前环境态势的有规律的发展。所以,战略的长期性决不意味着脱离眼前的现实,凭空臆造一个未来世界,以理想的模式表达企业的愿望,而是在环境分析和科学预测的基础上,展望未来,为企业谋求长期发展的目标与对策。

但是,随着科学技术及国内外经济的变化速度越来越快,环境的动态性增强,许多事物具有不可预测性,环境的不确定性因素增多,因此企业战略的制定及实施具有一定风险性,这也是人们在制定及实施战略时必须充分估计到的。

3. 对策性

这里所说的对策性有两重含义:一是面对环境变化的挑战,设计走向未来的对策;二是根据同行业竞争者的战略设计企业的战略,以保持企业的竞争优势,从而使战略具有对抗性。挑战也好,对抗也好,都表明了一种进攻的态势。就是说,战略的本质是进攻的,即使是一时的退守,也是以守为攻,或者退守是为了更好地进攻。对环境来讲,就是要因势利导,不论顺境或逆境,都要敢冒风险,开拓前进。对于竞争对手来讲,就是要敢于同强者较量,扩大自己的优势,扩大自己的生存空间。战略往往要以超过某一竞争对手为目标。

4. 系统性

系统性有广泛的内涵。其一,战略是指导企业全局的对策与谋划。它不是着眼于解决某一项局部的具体经营问题,而是从企业取得长期稳定发展这个全局出发,为解决各种经营问题制定一个行动纲领。任何一个具体问题的解决,都是服务于系统目标的改善的。其二,战略本身是一个系统。企业可以从具体条件出发选择不同的战略。但是任何战略都应有一个系统的模式,既要有一定的战略目标,也要有实现这一目标的途径或方针。为了实现这些途径或方针,还要制定政策和规划,等等。其三,战略应该是分层次的。既有总战略,又有分战略,既有总公司战略和总厂战略,又有分公司和分厂战略以及职能系统战略,形成一个战略体系。

5. 相对稳定性

企业战略的决定是一个长期酝酿的过程,它要在大量的内外部环境条件信息收集、资料分析的基础上,对环境变化和企业发展做出科学的预测,所以它一经决定就具有很高的权威性,并且要保持其稳定性。否则朝令夕改,企业人员就会无所适从,战略对各方面工作的指挥作用也无从谈起,还会给企业带来不必要的损失。但是由于环境的变化,一个好的战略应有适度的弹性,即战略的稳定性是相对的。因为战略管理过程是建立在企业能够连续监控内部和外部的动态和趋势的基础上,当外部或内部的变化超出战略的预期,则战略本身就需要作进一步的调整,因此,企业必须有能力快速地适应和确定各方面的变化,以保持必要的随机应变能力。

四、企业战略管理的过程

1. 环境分析

环境分析就是从战略高度对企业所处的外部环境和企业自身条件的现状及发展趋势所作的分析。企业外部环境可分为宏观环境和微观环境两个部分,它是企业外部的、特别是企业高层管理者短期不可控制的因素,这些因素形成企业存在的范围和所处的背景。企业的内部条件是指决定企业经营与生产活动效能、效率、效益的各种内在的、决定性的因素,包括人的因素、技术装备条件、劳动手段的技术先进性和生产能力、管理水平、资金运作能力、组织结构和组织文化等。

2. 确定企业的使命

企业使命是对企业存在意义及未来发展远景的陈述,除表明企业长期存在的合法性及合理性外,还要与所有者和企业主要利益相关者的价值观或期望相一致。它应富有想像,对企业员工有很强感召力,并能得到社会公众认可;它应用简单、精练的语言来表达。

3. 确定企业战略目标

企业战略目标通常是与企业使命与愿景相一致的,是对企业发展方向的具体陈述。一般情况下,它是定量的描述。

企业战略具体目标是要尽量数量化的指标,如某企业集团到2010年营业收入要达到500亿人民币,这就是一个战略目标。企业数量化指标便于分解落实,便于检查,便于动员群众为实现目标而努力奋斗。

4. 企业战略方案的评价与选择

企业高层领导在作战略决策时,应要求战略制订人员尽可能多地列出可供选择的方案,不要只考虑那些比较明显的方案,因为战略涉及的因素非常多,有些因素的影响往往不那么明显,因此,在战略选择过程中形成多种战略方案是战略评价与选择的前提。

高层管理人员要对每个战略方案按一定标准逐一进行分析研究,以决定哪一种方案最有助于实现战略目标。战略评估过程要坚持三条基本原则,即适用性、可行性及可接受性。既要使企业资源和能力能够支持战略方案的实现,同时外界环境的限制条件是在可接受的限度内,也为企业干部、职工所接受。选择可行的战略并不完全是理性推理的过程,更为重要的要取决于管理者对风险的态度、企业文化及价值观的影响、利益相关者的期望、企业内部的权力及政治关系、高层管理者的需要及欲望等,因此,战略选择的过程是对各种方案进行比较权衡,进而决定一个较为满意的方案的过程。

5. 企业职能部门战略

根据前述确定的企业战略，进一步具体化做出企业的组织机构策略、市场营销策略、人力资源开发与管理策略、财务管理策略等各职能部门策略，这样才能使企业总战略真正落实。要求各职能部门策略与企业战略保持一致。

6. 企业战略的实施与控制

企业战略实施要遵循三个原则，即适度合理性原则、统一领导与统一指挥原则、权变原则。为实现战略要建立起贯彻实施战略的组织机构，配置资源，建立内部支持系统，发挥好领导作用，使组织机构、企业文化均能与企业战略相匹配，处理好企业内部各方面的关系，动员全体员工投入到战略实施中来，以保证战略目标的实现。

第二节　企业战略分析与规划

一、经营环境分析的重要性

1. 经营环境的含义

经营环境是指企业面临的外部环境和内部环境。外部环境就是企业外部各种影响因素的总称；内部环境就是企业本身的内部条件。企业是现代社会经济的基本单位，整个社会，无论是政治形势、经济发展，还是科技进步、市场变化等等，都会直接或间接地影响企业的发展。能间接影响企业发展的因素叫宏观环境，而能直接影响企业发展的因素叫微观环境。

企业内外部环境之间有着密切的联系。一方面，外部环境对企业内部条件起着制约作用；另一方面，改善企业内部条件，增强企业实力，又将反作用于外部环境，增强企业适应外部环境变化的能力。

2. 经营环境的特征

企业的外部环境和内部条件各有其特征。

(1) 外部环境的特征是它的可变性和不可控性　① 外部环境的可变性是指由于新技术的采用,政治和经济体制的改革,社会和文化方面的变革等,企业面临的外部环境正在变得更加动荡和不稳定。环境的变化程度主要表现在以下三个方面:

ⅰ 对未来事件的熟悉程度。变化程度低的环境,未来事件以前曾出现过,比较熟悉,因而企业可以用以前的经验、知识来应付;变化程度高的环境,未来事件往往是新的,企业以前从未碰到过,比较生疏,因而很难用以前的经验、知识来处理。

ⅱ 未来事件的可预测性。随着环境变化程度的提高,环境中未来事件的可预测性就逐渐降低。在变化较大的环境中往往存在着不少不可预测的突发事件。

ⅲ 现有企业能力对环境的适应程度。对变化不大的环境,企业用现有能力即可适应;对变化较大的环境,企业还得开发新的能力才能与之适应。

② 外部环境的不可控性是指外部环境中的政治、经济、社会、文化等因素虽会影响企业生产,但企业本身却难以控制,只能顺应其变化趋势。

(2) 内部条件的特征是它的特殊性和可控性　由于企业的产权制度不同、所从事的行业不同以及生产规模不同,各个企业的内部条件有其特殊性,即有其不同于其他企业的一面。但企业的技术素质和管理素质等处于自己力所能及的范围之内,企业是可以加以控制的。因此,企业可以通过自己的努力来改善内部条件,增强企业实力,以适应外部环境变化的需要。

3. 经营环境分析的作用

经营环境分析是制定经营战略的基础或前提。战略是跟着环境走的,有什么样的环境,就会有什么样的战略。通过经营环境分析,可以找出外部环境中存在的机会和问题。机会或机遇是对企业发展有利的因素;问题或威胁是对企业发展不利的因素。分析外部环境是为了找到和利用市场机会,采取措施克服存在的问题,使企业生产能适应情况的变化。通过经营环境分析,还可以弄清与竞争者相比,本企业在内部环境或内部条件上的优势和劣势。分析内部条件的作用是:通过分析可以发挥优势、扬长避短,使企业能有效地使用自己的资源,更好地适应外部环境变化的需要。只有情况明,才能决心大;只有知己知彼,才能百战不殆;只有在对企业经营环境进行优劣势分析的基础上,企业才能制定出切合实际的、竞争力较强的、使企业得以稳定发展的经营战略。

二、宏观环境分析的内容

宏观环境是企业各种间接影响因素的总称,它主要包括以下六个方面的内容:

1. 政治环境

这是指国内外政治形势与党和政府制定的方针、政策、法律和规定。国内政局是否稳定必将影响本国经济的发展。就是国外政治形势的变化,如"海湾危机"、"巴(巴勒斯坦)以(以色列)和谈"等,也会对国内企业的经营带来某些影响。党和政府制定的政策、法律,如《中共中央关于建立社会主义市场经济体制若干问题的决定》、《专利法》、《商标法》、《消费者权益保护法》等,都对企业的工作起着指导作用。

从国际政治环境的角度看,企业除了了解国际上重大事件和突发事件,如战争、动乱、罢工等外,还应重点了解一国政府为了保护本国利益对外来企业权利施加的种种约束限制。它包括劳工限制、进口限制、外汇管制以及国有化等方面的内容。劳工限制是指所在国对劳工来源和使用方面的特殊规定。进口限制是指在行政和法律方面作出限制进口的措施,包括限制进口数量和限制外国产品在本国市场上销售。外汇管制是指一国政府对外汇的供需及利用加以严格限制。国有化是指国家将所有外国人投资的企业进行有偿或无偿地收归本国所有。

2. 经济环境

这是指企业所面临的外部社会经济条件,即一个国家的社会经济运行状况。它主要包括:经济增长率、通货膨胀率、失业率、进出口总额、银行利率、税率、汇率、资源分布状况、消费者收入水平、消费结构、消费者储蓄和投资机会与消费者信贷水平等。

我国的资源相对不足,分布不均衡,地下资源东贫西富,劳动力资源东富西贫,再加上劳动力质次量多,缺乏熟练劳动力,资金短缺,这三大要素在短期内很难改善,将长期对企业的经营活动产生不利影响。

消费者收入水平直接影响市场容量和消费结构,从而决定购买力水平。在分析消费者收入时,可从宏观和微观两个层面来看。从宏观层面看,主要分析国民收入和人均国民收入这两个指标;从微观层面看,主要弄清个人收入、个人可支配收入以及个人可任意支配收入等三个概念。个人可支配收入是指从个人收入中扣除税款后所剩下的余额。个人可任意支配收入是指从个人可支配收入中再减去维持生活所必需的费用(如衣服、食品、住房等)后的余额。这部分收入是影响商品销售的主要因素,故企业在营销活动中应特别加以关注。

消费结构即各种消费支出占总支出的比例关系,优化的消费结构是企业营销的基本立足点。第二次世界大战后,西方发达国家的消费结构呈现出以下趋势:食品开支占总消费数量的比重明显下降;劳务消费上升较猛;住宅消费比重增长较快。改革开放以来,我国消费结构中食品开支虽仍占较大比重,但在劳务消费和住房消费方面的开支比例已有所上升。

人们的收入一般用于现实消费、储蓄和投资等方面。当收入一定时,储蓄越多,投资机会越多,现实消费量就越小,但潜在的消费量越大;反之,储蓄越少,投资机会越少,则现实消费量就越大,但潜在的消费量就小。消费者信贷是指消费者凭信用可先取得商品使用权,然后通过按期归还贷款的方式完成商品购买的一种方式。具体有三种形式:一是短期赊销,即购买商品时有一定的赊销期限,若能在限期内付清货款则不付利息,若超过规定期限,则要计付利息;二是分期付款,即消费者在购物时可先支付一部分货款,其余部分则按期逐次加利息偿还;三是信用卡信贷,即消费者可以凭信用卡到同发行信用卡的银行签有合同的商场购买商品,消费者的购货款由发卡银行先予垫付,以后再向赊欠人收回货款并收取一定费用。

3. 技术环境

这是指与本行业有关的科学技术的水平和发展趋势,主要是新技术、新设备、新工艺、新材料的采用。这些对开发新产品、提高技术水平、决定企业发展方向等都具有重要的作用。当前,科学技术进步的速度很快。一个以电子技术、新材料、海洋开发、生物工程、光纤通讯以及空间技术等六大新技术为基础的新技术革命浪潮正在兴起。一个企业如果在技术上不求进取,生产上就会造成被动的局面。

技术环境是我国企业面临的最大困境。同工业发达国家相比,我国技术落后现象是普遍的,迅速改变这种落后面貌是一项紧迫而艰巨的任务。

4. 人口环境

人口环境是影响企业经营的一个重要因素,人口的多少直接决定了市场容量。人口环境主要是指人口的数量、分布和结构状况。

(1) 人口的数量与增长速度　我国现有人口数量已达13亿,增长速度较快。众多的人口一方面降低了我国人均资源的消费水平,另一方面又使我国成为世界上最大的潜在市场。随着人们收入水平的提高,消费需求的增长,存在着巨大的市场潜力。

(2) 人口的分布及地区间的流动性　我国人口的地理分布极不平衡,东南部的人口数量约占总人口数的94%,而西北部的人口数仅占总人口数的6%。随着对外开放和经济改革的深入,人口的地区间流动性大为增强,主要是内地人口迁往沿海经济特区,农村人口大量流入城市地区。

(3) 人口结构　人口结构包括人口的年龄结构、家庭结构和社会结构。从年龄结构看,中国"人口老龄化"问题已经比较严重,2000年老年人口占总人口的比重已达10%,据预测,2058～2100年,这一比例将达到23.5%左右,因而会给社会经济发展带来一系列问题。从家庭结构看,由独生子女政策形成的"三口之家"的家庭模式已较普遍,并逐渐由城市向乡镇发展。从社会结构看,农村人口仍占绝大多数,农村市场是一个广阔的市场。另外,我国还是一个多民族的国家,从而形成了各种不同的需求。

从国际人口环境而言,除同样存在"人口老龄化"现象外,不少国家还具有以下的两个特点:一是其家庭特征和家庭观念正发生变化。晚婚、少子女或不要子女、独身、高离婚率和更多的已婚妇女就业等促成了这种变化;二是人口出生率普遍下降,儿童减少,年轻夫妇有更多的闲暇和收入用于旅游、娱乐等。这就为服务业的发展提供了巨大的推动力。

5. 社会和文化环境

社会文化体现着一个国家的社会文明程度。社会和文化环境是指在一定社会形态下的教育水平、价值观念、宗教信仰以及风俗习惯等被社会所公认的各种行为规范。

(1) 教育水平　不同教育水平的消费者,对商品的需求也会有所不同。教育水平的不同,要求企业在进行产品目录和产品说明书的设计等方面采取不同的表达方式,如针对教育水平较低的目标市场,就不但需要文字说明,还应配以简明的图形,并派专人进行使用、保养等方面的现场演示。

(2) 价值观念　价值观念是指人们对社会生活中各种事物意义的评价标准,即什么是比较重要的。对于不同价值观念的消费者,企业营销人员应采取不同的策略,对于那些乐于变革、喜欢新奇的消费者,企业应重点强调产品的新颖和奇特;对于那些注重传统、喜欢沿袭传统消费方式的消费者,企业在制定有关策略时应把产品与目标市场的文化传统结合起来。

(3) 宗教信仰　宗教信仰也是影响人们消费行为的重要因素。一种新产品如与宗教信仰相冲突,即不符合宗教信仰所倡导的观念时,宗教组织可能会提出限制或禁止使用该产品的要求。

(4) 消费习俗　习俗是指风俗习惯。消费习俗表现在饮食、服饰、居住、婚丧、节日、人际关系等方面。了解目标市场消费者的禁忌、习俗等是企业进行市场营销的重要前提。例如,日本妇女一般不愿接受陌生人推销的产品,因而美国一家化妆品公司改用在那里通过亲友推销的方式。

(5) 亚文化群　亚文化群是指在共同的文化传统大集团中存在的具有一定特色的较小团体。亚文化群不仅可划分为种族的、宗教的团体,而且还可按年龄群(如老年人、中年人、青年人等)、活动爱好(如足球迷、桥牌迷、钓鱼迷、围棋迷等)或其他特殊的团体来组成。亚文化群实质上是一种非正式组织。企业可针对不同的亚文化群,采取不同的营销策略。

6. 自然环境

这是指自然资源的种类、数量、可用性以及地理、气候等方面的情况,自然环境对企业选择投资项目、开发新产品、采取环境保护措施等方面具有重要的影响。

三、微观环境分析的内容

微观环境是指那些直接影响企业生产经营活动正常运行的有关因素。主要包括供应者、营销中介单位、顾客、竞争者和公众等。

1. 供应者

供应者是为企业提供生产所需资源的企业和个人。所供应的资源包括原材料、能源、设备、技术、信息和劳务等。原材料供应短缺或者不能按期供应,企业便无法正常生产。原材料价格上涨势必提高企业的生产成本、降低企业利润。为了避免或减少这种情况，一定要慎重选择好供应者。应当选择那些能提供质量好、价格公道、交货期准确、服务周到的供应商，并和他们建立长期稳定的合作关系，以保证企业生产能顺利进行。

2．营销中介单位

营销中介单位是指协助企业推广、销售以及把产品送到最终购买者手中的那些经营机构。它们包括：中间商、实体分配公司、营销服务机构和金融机构等。

（1）中间商　是协助企业寻找顾客或直接与顾客进行交易的商业企业。由于产品从厂家到消费者需经过交换和流通环节，且消费者总是希望能在最方便的地点、最方便的时间买到商品，要求付款办法灵活、方便。这样，生产厂家同消费者之间就需要中间商这样一个中介单位。

（2）实体分配公司　主要有仓储公司和运输公司两类。它们的作用是协助企业储存产品和把产品从原产地运往销售目的地。

（3）营销服务机构　是指市场调研公司、广告公司、咨询公司等。它们协助企业选择最恰当的市场，并推销其产品。企业应从服务的内容、质量、特色、价格等方面来选择所需的营销服务机构。

（4）金融机构　包括银行、保险公司、信托投资公司等。它们是企业贷款资金的提供者及资金融通机构，对企业开展生产经营活动有着重要的作用。

3．顾客

顾客就是消费者或用户。企业开展生产经营活动的最终目的是为消费者提供产品和服务。顾客是影响企业生产经营活动的微观环境中的核心力量。企业必须重视对消费者的需求、偏好、购买动机、消费心理等的研究，生产适销对路的产品，满足他们的需求。

4．竞争者

竞争者是指与企业生产相同或类似产品的企业和个人。企业与竞争者的关系是一种竞争关系。竞争将直接影响企业的发展和盈利，影响企业经营优势的长期发挥。为此，企业需要收集有关竞争者的情况,对其进行分析研究。

5. 公众

公众是指对企业实现其经营目标发生兴趣并能产生实际影响的群体。企业面对的公众主要包括:

(1) 当地公众　即企业所在地附近的居民和社区组织。企业应委派专人负责处理与当地公众之间的关系,包括参加会议、回答问题及提供公益赞助等。

(2) 群众团体　即消费者组织、环境保护组织等。企业的生产经营活动可能会被这些组织所质询,届时企业应用有说服力的事实适当地对它们作出解释。

(3) 政府公众　即政府有关部门。企业在进行生产经营活动时必须考虑政府的有关政策,更多地取得政府部门的支持和帮助。

(4) 媒介公众　企业应与报社、杂志社、电视台和广播电台等大众传播媒介建立良好的关系,以便得到更多新闻媒介的支持,树立较好的企业形象。

四、行业竞争结构分析

竞争者的情况是微观环境分析中的重点问题。为了制定出正确的经营战略,必须对本行业的竞争结构进行调查和分析。行业竞争结构分析实际就是要全面分析影响竞争的因素。影响竞争的因素,除了同行业中现有企业间的竞争这个主要因素之外,还有四个因素,即购买者、供应者、潜在的参加者和代用品,如图 3-1 所示。

产品的购买者和物资的供应者对现有的生产企业都有一种讨价还价的能力。潜在的参加者是指可能要参加本行业的新的竞争者,如乡镇企业、军工企业也想上这种产品。代用品是指由于科学技术的发展,出现了可以代替现有产品功能的新产品,如以打火机代替火柴,以电子计算器代替计算尺,对现有产品的销售构成了威胁。下面对这五个影响竞争的因素或五种基本竞争力量作进一步的分析:

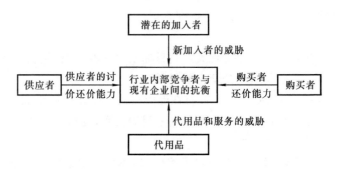

图 3-1 波特模型——行业竞争结构

1. 现有竞争者

同行业中现有企业间的竞争何时激烈、何时缓和,决定于以下三个因素:

(1) 现有竞争者的数目 行业中只有几家企业和有几百家企业在竞争,会出现不同的情况。一般说,竞争者数目较少时,竞争较缓和。因为,彼此情况都很清楚,某一家如有所行动,其他企业就会很快察觉。而当竞争者数目较多时,竞争就会激烈。因为,这时总会有人侥幸以为别人不知而采取行动,从而引发一场商战。

(2) 竞争者的实力 只看竞争者的数目而不考虑其实力,显然是不全面的。这就要考察竞争者之间是实力相当还是相差悬殊。所谓实力相当是指各家企业占有大致相同的市场份额,如 4 家企业各占 25% 的市场份额或 100 家企业各占 1% 的市场份额。一般地说,当竞争者之间实力相当时,竞争激烈,而当行业被少数几家企业控制,企业间实力相差悬殊时,竞争反趋缓和。

(3) 行业成长情况 当行业成长快或产品处于投入期时,竞争较缓和。因为,那时市场容量大,有足够的机会提供给每个竞争者。反之,当行业成长慢或产品处于发展后期时,粥少僧多,竞争自然激烈。

企业应及时了解竞争者的动向,以便采取相应的对策。为此,要注意以下三个问题：①竞争者 A(B、C、D 等)是否打算发展得快一点、慢一点或缩减其业务活动？②竞争者 A 是否打算用联合化、多角化、国际化等办法来实现其目标？③竞争者 A 是否打算用降低价格、提高质量、开发新产品等手段来争取顾客？另一方面，企业也需要搞清楚竞争者对本企业所采取的战略可能会作出何种反应。基本的问题是：如果我们实行某种决策，如降低价格、增加广告费用或试图兼并另一家企业时，竞争者 A 会怎么做？

2. 新参加者

新参加者想进入本行业会遇到一系列的困难或障碍因素。如果这些障碍因素能很快地加以克服，新参加者就易于进入本行业，从而对现有企业构成较大威胁。反之，如克服不了，新参加者就难于进入本行业。新参加者面临的障碍因素主要有以下五个：

(1) 规模经济 所谓规模经济就是研究产量增减和单位成本高低之间的变化关系，从中找出最优规模。规模经济的理论告诫我们：生产必须有一定的批量，如自行车生产达不到年产 30 万辆的，就会亏本。增加生产批量不但可以提高工人的熟练程度，而且可以降低单位成本中折旧、管理费等固定费用。新参加者进入本行业后，其生产批量能否与现有企业相比，从而取得规模经济的利益，是一个重要的问题。

(2) 资金 新参加者拥有的资金是否雄厚，足以应付开办费用及各种营销支出，也是个实际问题。资金充裕的现有企业可以大做广告，也可以对产品销售实行分期付款的办法。而这些对资金短缺的新参加者来说，就难于做到。

(3) 销售渠道 新参加者通过何种渠道将产品销出去，也是个难题。由于由自己新建一套销售渠道花费高、不合算，只得求助于现有企业所采用的渠道，找商业部门批发或零售。但因为新参加者及其产品缺乏信誉，商业部门往往不敢随便接受，而为了使他们乐于接受新参加者的产品，不得不减价或许以高酬。

(4) 现有企业的反应 新参加者进入本行业时，如现有企业反应强烈,采取各种抵制措施,就很麻烦。反应强弱与前面提到的行业成长情况有关。当行业成长慢时,现有企业的反应就强烈;而当行业成长快、市场容量大、谁也挤不着谁时,就不会有什么反应而使新参加者易于进入。

（5）政府政策　政府从发展国民经济的角度考虑,会鼓励或限制某种行业的发展,还会为从事某种行业提出一些前提条件。新参加者进入的行业如属于限制发展之列者或达不到进入该行业所必须具备的前提条件者,就难于进入。后者的例子,如食品、医药行业需取得卫生许可证,化工、造纸、电镀、印染等行业应采取环境保护措施等。

3．代用品

代用品会影响产品的销售,特别是当代用品实行减价或改进产品时更为明显。代用品甚至可以影响一个行业的发展。例如,电视、录像、VCD的盛行对电影行业构成了威胁。电影行业为了摆脱困境,不得不采取各种对策,如电影制片公司增拍电视片或向电视台出售一些老的影片;电影院改装场地,同时放映几部电影或改建成多功能的娱乐中心等。

一般地说,代用品由于采用了新的技术而处于优势地位。但是,如果受到代用品威胁的企业或行业,认真采取各种改进措施,也可加强自己的地位、变劣势为优势。例如,欧美各国的铁路部门曾因航空运输和公路汽车运输的蓬勃发展而受到严重威胁。但90年代以来,情况却有了转变。这是由于空中客运近年误点情况严重,铁路部门本身又采取了许多有效措施,如改善机车车辆、缩短运行时间,发车和到达准时,车上的座位可倾斜,列车员服务到座位,有免费食品以及报纸、咖啡、果汁和热毛巾等。有的列车还可提供召开小型会议的场所,甚至还有召开电话会议和电视会议的设施等等。

4．购买者

购买者的压力或讨价还价的能力表现在他要求生产企业提供

低价、优质、服务周到的产品上。有以下六种情况：

(1) 购买者少而购量大

(2) 供应产品本身差异性小、较标准化　如糖、盐、大米、铜、铝、锌等产品。对这类产品，购买者易于找到别的供货者。

(3) 所购产品并不构成买方产品中的主要成分时　如当啤酒厂购买玻璃厂的啤酒瓶时，啤酒瓶只是一种容器，并不影响到啤酒的质量，因而不构成啤酒的主要成分。

(4) 供货者较多而可加以选择时

(5) 购买者资金短缺、专挑便宜的买

(6) 当购买者有兼并供应者愿望时　在供应行业利润率高、有发展前途时，购买者如在供应行业中兼并一家企业，不但可增加利润，还可保证其供应。

5. 供应者

供应者的压力表现为他可迫使生产企业接受他提供的高价或质量、服务较次的产品。有六种情况：

(1) 供应者少而购买者多

(2) 供应产品本身差异性大，如汽车、照相机、服装等　对这类产品，另找供货者较难或需付出较大代价。

(3) 供应产品无代用品

(4) 供应产品用户多而用量小

(5) 供应产品构成购买者产品中的主要成分时　当供应者为纺织厂提供棉花时，就属于这种情况。

(6) 当供应者有兼并购买者愿望时　在购买者行业利润率高、前景较好时，供应者如在购买者行业中兼并一家企业，不但可增加利润，还可确保其产品的销售。

五、机会与风险分析

进行环境分析就是要摸清宏观环境的各种因素并及时掌握环境变化的发展趋势。企业应在有关环境因素上找出对自己有利的机会和对自己不利的风险或威胁。机会和风险总是并存的,有机会就会有风险,有风险也必然存在着某种机会,只不过机会与风险孰大孰小而已。在这里,我们介绍一种分析工具——外部因素评价矩阵(External Factor Evaluation Matrix,简称 EFE 矩阵),它有五个步骤:

1. 列出企业的机会和威胁。一般在 10~20 个。
2. 赋予每个因素以权重(以产业为基准)。权数在 0.0(不重要)到 1.0(非常重要)之间,权重表明这个因素在一个行业中对企业成功的重要性。
3. 按 4 分制对各因素评分,以表明这个因素是企业的重大威胁(1 分)、轻度威胁(2 分),一般机会(3 分)、重大机会(4 分)。
4. 将每一因素的权数和分数相乘得到某一因素的加权分。
5. 将所有因素的加权分相加,得到总加权分。

企业的总加权分最高为 4 分,最低是 1 分,平均分是 2.5 分。得 4 分的企业正处在有吸引力的行业,而且有许多外在机会,相反,得 1 分的企业则处在无吸引力的行业,面临许多严重的威胁。

表 3-1 是一个使用这一模型的例子。从中可以看出,政府放松管制是这个行业最重要的战略环境因素。公司面临两个机会:美国人口向西部转移和信息系统计算机化。主要威胁就是利率的上升。企业总加权分是 2.7,表明该企业所处的行业只有略高于平均水平的吸引力。

表 3-1　EFE 矩阵示例

关键战略环境要素	权数	分数	加权分数
利率上升	0.20	1	0.20
美国人口向西部转移	0.10	4	0.40
政府放松管制	0.30	3	0.90
一个主要对手采取的扩张策略	0.20	2	0.40
信息系统计算机化	0.20	4	0.80
总加权分数	1.00		2.70

六、企业内部因素的分析

企业内部环境的分析是对组织自身长处与缺陷的分析,而内部环境与外部环境不一样的根本点在于,企业或机构内部能够控制自己的内部环境。内部环境因素的分析主要包括企业或机构的内部管理分析、市场营销分析、财务分析、生产/运行分析、研究和开发分析以及计算机信息系统分析等。

1. 内部管理分析

管理因素的分析内容主要包括计划、组织、激励、人事和监督五方面,而这五种职能又与战略管理的各阶段是相互影响、相互依赖的。从战略制定阶段来讲,管理的计划职能更为明显,这里所指的计划主要是指针对企业或机构为将来做好准备的管理活动。从战略实施阶段来讲,涉及到组织、激励、人事三项管理职能。组织管理主要是指协调责、权、利关系的全部管理活动;激励管理主要是指调动全体职员积极性的全部活动;人事管理活动主要是指人员安排或人力资源管理。从战略评估阶段来讲,则是管理的控制职能,控制管理是指所有保证实施结果与计划一致的活动。

2. 市场营销分析

美国学者埃文斯(J. Evans)和伯曼(B. Berman)对于市场营销分析提出了9项因素:①消费者分析;②购买供应;③推销产品/服务;④产品和服务计划;⑤价格;⑥流通;⑦营销研究;⑧机遇分析;⑨社会责任。狭义的社会责任主要从产品的安全性能和合理的产品价格来考虑。而广义的社会责任是企业管理者对整个社会的进步和保护全社会的利益理应承担的一种管理责任。无论是广义的还是狭义的范围,各个机构或企业与社会各方利益总是相矛盾的,不可能有一个使得每一个方面都满意的战略。因此,需要作具体分析。

3. 财务分析

财务状况经常被考虑作为一个最好的评价企业经营状况的衡量标准,确定一个企业财务的优势和不足是有效制定战略的基本原则。企业财务因素的变化会改变或终止现有企业战略或实施过程中的战略计划。

4. 生产/运行分析

企业生产/运行是企业的投入转化为产品和服务的一系列活动。各个行业的市场需求不同,企业的投入加工、生产也不尽相同,但生产运行管理的具体内容是一致的。美国管理学者罗杰尔·斯格洛德尔(Roger Schroder)提出了生产运行管理中的五项职能或五个决策领域:①加工系统决策;②生产能力决策;③库存决策;④劳动力决策;⑤质量决策。

5. 研究和开发(R&D)

研究和开发业务通常有两类,一类是利用企业内部的研究和开发力量,另一类是利用外部的科研和开发力量。目前决定研究和开发预算的方法有四种:一是如有可能,投资所有能够研究和开发的项目;二是按照总销售额提成投资;三是与竞争对手投入相等的投资数额;四是根据需要来确定,即根据有多少新产品需要替代落后的产品估算投资额。

分析企业的研究和开发工作,需要具体分析企业高层管理者和具体管理人员能否抓住时机,看准市场,组织协调,筹集资金,利用企业内外的人才资源共同发展。

6. 计算机信息系统(情报系统)分析

计算机信息系统用于收集、记录、储存、分析、报告来自各方面的信息,回答在制定和实施企业战略管理过程中出现的各种问题。信息管理系统的核心是企业各种类型的数据库以及有关高层管理人员决策过程中所采用的各类关键的数据资料。信息管理系统仅仅有数据库还不够,还需要在此基础上进一步评估,选其精华,分析和判断企业战略选择所需要的关键数据。

七、企业战略分析方法

我们只介绍 SWOT 分析法。

SWOT 矩阵分析方法是由美国旧金山大学韦里克(H. Weihric)教授于 20 世纪 80 年代初提出的。它是一种综合考虑企业内部条件和外部环境的各种因素，进行系统评价，从而选择最佳经营战略的方法。这里 S(Strengths)是指企业内部的优势；W(Weaknesses)是指企业内部的劣势；O(Opportunities)是指企业外部环境机会；T(Threats)是指企业外部环境威胁。

企业内部的优势和劣势是相对于竞争对手而言的，一般反映在企业的资金、技术设备、职工素质、产品、市场、管理技能等方面。判断企业内部的优势和劣势一般有两项标准：一是单向的优势和劣势，二是综合的优势和劣势。表 3-2 是一个以耐克公司为背景的 SWOT 分析实例。

表 3-2 SWOT 分析表

企业内部优势(S)	企业内部劣势(W)
1. 品牌忠诚度 2. 市场营销技术：有效的广告和促销策略 3. 在产品研发方面技术领先 4. 低成本、高质量的生产制造体系 5. 良好的盈利性：高于平均水平的利润率 6. 1.24亿元的战略基金 7. 非尔·奈特的未来式领导风格使事件处理速度很快	1. 高于平均水平的杠杆作用限制了借款能力 2. 从财务上看不能达到30%的年增长目标 3. 宽松的管理风格造成沟通不充分，不适合于大型公司 4. 缺少正式的管理体系，造成控制不利 5. 产品线太宽

续表 3－2

企业外部机会（O）	企业外部威胁（T）
1. 由于一些社会性趋势（如休闲）和事件（如1984年奥运会），美国市场需求增长 2. 引入了低成本的产品线 3. 增加了对富裕、注重地位和时尚的顾客群所喜爱的产品 4. 增加了新的个性化产品或新用途 5. 海外市场的扩大	1. 市场日趋成熟，竞争加剧 2. 顾客对价格敏感性增加，可能导致价格竞争加剧 3. 顾客对价格敏感性增加，可能导致一般品牌和私人商标的增加 4. 社会趋势正由运动装向时尚装转变 5. 新竞争者的进入

在详细分析企业内部存在的优势和劣势以及外部机遇和威胁的基础上，企业就可以选择要从事的战略。

第三节 企业战略的类型及选择

一、企业战略的层次

按照战略的层次性，可把企业经营战略划分为公司战略、事业战略和职能战略。

1. 公司战略

这是企业最高层次的战略。这种战略的侧重点有两个方面：一是从全局出发，选择企业从事经营范围的领域，其选择的出发点包括盈利性和关联性；二是在各项事业之间的资源分配。

2. 事业战略

这是一种分散型经营战略。在分散经营的条件下，各事业单位也要制定发展战略。其侧重点要改进一个战略经营单位在它所从事的行业中，或某一特定的细分市场中所提供的产品和服务的竞争地位。从企业所处的竞争地位出发，处于优势地位的企业要通过战略来维持这种优势并侍机扩大这种优势。处于劣势地位的企业要以竞争战略去改变这种劣势或缩小同优势企业的差距，竞争战略的重点是提高市场占有率和销售利润率。大型企业多采用竞争战略。

3. 职能战略

也称部门战略。这种战略的特点是按经营职能分别确定积累与运用经营资源的方法。具体内容是通过生产、销售、技术、财务等部门为保证事业战略所追求的竞争优势制定长期规划。

二、公司总体战略的选择

按照竞争态势，可以把企业战略划分为稳定型战略、增长型战略和紧缩型战略。

1. 稳定型战略

它是指在企业的内外部环境约束下，企业准备在战略规划期使企业的资源分配和经营状况基本保持在目前状态和水平上的战略。稳定型战略具有以下特征：一是企业对过去的经营业绩表示满意，决定追求既定的或与过去相似的经营目标；二是企业在战略规划期内期望取得的绩效每年按大体相同的百分数来增长；三是公司继续以基本相同的产品或服务来满足它的顾客与社会。

2. 增长型战略

是一种使企业在现有的战略基础水平上向更高一级的目标发展的战略。它以发展作为自己的核心内容，引导企业不断地开发新产品、开拓新市场，采用新的生产方式和管理方式，以便扩大企业的产销规模，提高竞争地位，增强企业的竞争实力。

3. 紧缩型战略

是指企业从目前的战略经营领域和基础水平收缩和撤退，且偏离战略起点较大的一种经营战略。紧缩型战略有以下特征：一是利润和市场占有率有较为明显的下降；二是伴随着大量员工的裁减;三是紧缩型战略具有短期性。

三、经营单位战略的选择

波特指出,在行业竞争中,蕴藏着三种能战胜其他企业的一般性竞争战略。即成本领先战略、差别化战略、目标集中战略。这是企业经常采用的常规竞争战略或常规武器。

1. 成本领先战略

这一战略的战略思想是:企业力争以最低的总成本取得行业中的领先地位,并按照这一基本目标采用一系列的方针。

实施成本领先战略,首先要求企业必须拥有先进的设备和生产设施,并能有效地提高设备利用率;其次是要利用管理经验,加强成本与管理费用的控制,全力以赴地降低成本;第三是最大限度地减少研究开发、推销、广告、服务等方面的费用支出。总之,要采用各种措施降低经营总成本,使成本低于竞争对手,依靠处于领先地位的低成本获得高额利润,使企业在竞争中占据有利的地位。

2. 差别化战略

差别化战略又称为别具一格战略。其战略目标是使企业的产品在设计、工艺、性能、款式、品牌、顾客服务等各方面,与其他企业的同类产品相比有显著差别,具有独特性。

差别化战略是企业在行业竞争中占据有利地位,赢得较高利润水平的积极战略。实施这种战略并不是说企业可以忽视成本,但成本在这里不是企业的主要战略目标,企业可以利用产品的差别,有效地降低顾客对价格的敏感性。如果能够成功地使顾客对企业产品建立起信任和偏爱,就能使企业在一定程度上避开同行业的竞争,还能为竞争者的进入设置较高的障碍。

产品的差别化战略通常包括四种差别形式:一是由产品的技术物理特性导致的差别,主要表现为产品的款式、性能、质量和包装等方面的不同;二是由买方的主观印象导致的产品差别,主要表现为买者对不同企业的产品品牌、企业形象的主观印象和评价的差异,以及由此而形成的顾客对不同企业产品的偏爱;三是由产品生产或销售的地理位置导致的产品差别,主要表现为不同产地或销售地的产品所引起的产品运输费用、交易费用等方面的差别,以及由某些地理位置的特殊性带来的特殊效应,如各类商业区的差别,进口产品与本国产品的区别等;四是由营销渠道及营销服务的不同导致的产品差别,主要表现为企业及经销商、代理商提供有关服务的能力差别,即他们在服务品位、内容、质量和方式上的差别等。

成功的差别化战略,就是要达到企业产品与同类产品相比,差别化程度较高而被替代的可能性较低。作为这种较高程度差别的主要特征,就在于企业产品体现出的构成产品差别各要素形式上的优越性。

3. 目标集中战略

目标集中战略又称为集中化或专一化战略。这个战略的方针是:企业将所拥有的产品开发、设计、制造和营销能力集中在某个特定的、较小的目标市场上,使企业与竞争者相比,能够以更高的效率,更好的效果满足这个特定的目标市场的需求。在这个特定市场上,企业可以力争成本领先地位,也可以争取产品差别优势,甚至可以使二者兼得,即在满足特定市场而不是整个市场需求的基础上,使成本领先具有产品差别的特点,又使产品差别具有成本较低的优势。这样,企业就能在目标市场上获得竞争优势,同样可以赢得较高水平的利润。

目标集中战略包括三种具体形式。一是产品类型的专一化。企业集中全部资源生产经营特定的产品系列中的一种产品。例如,一家光学仪器制造企业只生产望远镜,甚至仅仅生产航海望远镜,一家零售商店只经营名牌运动服等。二是顾客类型的专一化。即企业只为某种类型的顾客提供产品或服务。例如,老年人用品商店只经营老年人所需的各种商品,假肢制造企业只为四肢残缺者提供服务等。三是地理区域的专一化。企业产品经营范围仅局限在某一特定地区。例如,以当地市场为主的中小型食品加工、饮料企业,其产品在与国内或世界知名品牌的竞争中,大多依靠地域经营的成本优势稳固地占据着一定的市场份额。

三种一般性竞争战略的联系与区别如图3-2所示。

图3-2　三种一般竞争战略的关系

四、企业战略选择的原则及方法

制定战略是战略管理的核心部分,它在战略分析的基础上来完成。对一个企业来说,达成战略目标的战略方案可能有多个,一个企业的资源是有限的,如何把企业现有的资源集中在企业最关键的领域,形成竞争优势,战略决策者就必须对这些战略方案进行评价和比较,从中选择最合适的战略。这是企业战略的制定者和决策者面临的首要课题。

1. 企业战略方案评价的原则

战略方案的评价是在对战略分析的基础上,论证战略方案可行性的过程。企业可供选择的战略方案一般有若干种。但是,各种备选方案中,最适合企业外部环境与内部条件的战略方案只有一种。所以,战略选择是选择备选方案中的最适合企业特点的战略方案。战略方案所具有的这种特点,决定了战略评价要把重点放在评价企业经营战略目标同企业的总体目标是否一致,企业的经营战略同企业的经营环境是否一致,经营战略的政策和措施同企业的总体目标是否一致，经营战略方案本身包含的目标和方针是否一致以及预期取得的经营结果同经营战略假设的基础是否一致等方面。为了保证战略方案选择的准确性，战略方案的评价应符合下列评价标准：

（1）整体优势最大化　每个战略方案中都含有若干个目标、方针、政策和措施等。根据战略方案评价一致性的要求，不但方案中的目标、方针、政策和措施要一致，而且，它们要与企业的经营目标、目的等相吻合。但是，战略方案的制定过程受到主客观等各种因素的影响，要做到各项战略内容的内部和外部的条件完全一致是不可能的，只能做到相对的一致性。因此，战略评价是通过方案的相互比较和方案同企业经营情况的比较，使得战略方案的整体功能达到最大化。

根据企业内外部条件和环境制定的经营战略方案，都具有自己的优势和劣势。但是，战略方案的评价是整体评价，就是不仅要评价每个方案中的单项措施、方针等的可行性大小，更重要的是评价方案的整体组合以及这种组合的整体优势。战略方案的单项内容可能是最优的，但它的整体优势不一定就是最大化的。因此必须把整体最优作为评价的首要标准。

（2）竞争优势最大化　在激烈竞争的企业环境中，如果说，具有竞争性的经营战略，是一门创造或探索那些最难辨别、最有耐力和最难模仿的竞争优势的艺术，并不为过。竞争战略所要强调的，不是战略的功能是否可以行使的问题，而是强调自己的战略功能是否强于或至少等于自己的竞争对手。可见战略方案一出台，就应带有一种能够竞争的生命力。因此，评价一个战略方案的可能性，必须要把这种企业战略所应有的竞争力做为一项重要标准。

一个具有较强竞争优势的战略方案，应符合三项要求：卓越的资源、卓越的技术和卓越的位置。卓越的资源和技术能保证企业在人、财、物和技术等方面比竞争者建立更雄厚的物质基础；而卓越的位置形成了对竞争者进入市场的障碍，从而保证企业能长期保持良好的市场占有率。战略评价，就是要以这种由资源、技术和位置所形成的竞争优势最大化为标准，来分析每一备选方案的竞争优势，从而为战略选择提供具有竞争优势的可行性方案。

(3) 行业优势最大化　行业优势是指企业在特定行业或相关行业结构中的优势。行业优势实际上也是一种竞争优势。但是，在战略方案评价中的行业优势重点强调纵向评价，就是将一项战略方案实施后，它所形成的行业优势同方案实施前该企业在特定行业或相关行业结构中的优势进行比较，然后作出评价。

行业优势也是一种整体优势，它是由产品优势、技术优势、人才优势和市场等组成的。企业为了实施一项新的经营战略，会确定不同的企业重点，因而，不可避免地会在企业所在的行业中有重点地突出某方面，有计划地放弃某方面的优势，但是，只要在行业中的整体优势能达到最大化，就不失为一项可行决策。

2. 战略评价方法

战略评价常用的方法有三种：

(1) 常规定性分析方法　定性分析方法主要是通过个人的创造力、判断力、预见力、直觉力和经验等来分析、评价论证战略方案的可行性。经常使用的方法有：头脑风暴法、德尔菲法等。

(2) 常规定量分析方法　这种定量分析的方法主要是运用传统的定量分析技术来评价战略方案的可行性。主要有平衡表分析、盈亏平衡分析、成本控制模型、相关分析、投入产出分析等。

(3) 产品矩阵模型评价方法　产品矩阵模型是由美国波士顿咨询公司设计的战略分析评价模型，后来在这基础上形成几种其他进化模型，如通用电器公司矩阵等，本文只介绍波士顿矩阵方法。

波士顿经营组合矩阵是一种用于分析评价公司所属的战略经营单位的战略方案，从而为公司的总战略方案提供依据的一种技术分析方法。这种方法简便、易行、直观性强，是目前世界上流行的一种战略方案评价的方法。这个方法的基本原理就是公司的所有经营单位都可以列入图 3-3 中的四个象限中。

第三章　企业战略管理

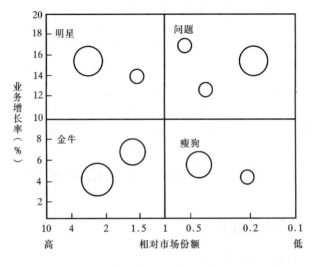

图3-3　波士顿矩阵

说明：①该图是某公司的波士顿矩阵图。其中业务增长率（纵轴）用线性坐标，相对市场份额（横轴）用对数坐标。②划分高低档次的界限可根据具体情况来确定。

图3-3中的每个圆圈代表一个经营单位（或产品），圆圈大小代表企业的规模。对每个经营单位的二因素进行分析，即可把它绘入图中的某个象限。四个象限分别代表不同的战略类别。

金牛有较低的销售增长率和较高的市场占有率。较高的市场占有率带来较高的利润和高额现金，而较低的销售增长率只需要少量的投资。因此，金牛可以产生大量的现金，以满足整个公司的需要，成为公司的主要基础。

瘦狗处于市场占有率和销售增长率都低的位置。较低的市场占有率一般意味着少量的利润。此外，由于增长率低，用追加投资来扩大市场占有率的办法是不足取的。用于维持竞争而投入的资金经常超过它的现金收入。因此，瘦狗通常称为资金的陷阱。一般采用的战略是清算战略、抽资战略和放弃战略。

问题是那些市场占有率较低而销售增长率较高的经营单位。高速增长需要大量投资,而市场占有率低却只能产生少量的现金。因此,对问题类一般采用两种战略。一是进行必要投资,以扩大市场占有率,从而使其转化为明星,当增长降低后,明星就可以转化为金牛;二是如无希望转化为明星,则应果断放弃。

明星的销售增长率和市场增长率都高,因而需要的和产生的资金都很大,应给予必要的资助,以维持其明星地位。

第四节　企业战略实施与控制

一、企业战略实施

1. 战略实施的内容

战略实施是为了贯彻执行已制定的经营战略所采取的一系列措施。包括三方面的内容。

(1) 制定政策　经营战略用于集中解决企业发展的战略目标、基本方针和综合规划。而战略实施的全部细节要由指导战略实施的具体政策来进一步阐明。政策可视为指导人们实施战略的细则。其作用有三:一是通过政策的制定来审议战略的各个环节是否具有可操作性;二是确保战略的意义被正确理解并变成公司各层次、各部门的行动纲领;三是政策不仅是用来解释战略的,它还渗透于企业的日常经营活动,以帮助建立正常可控的行为模式。

(2) 组织调整　组织要适应战略,战略要通过有效地组织结构去实施。战略是随环境的变化而变化的,组织也应随战略的变化而变化。随战略变化而变化的组织称为战略组织。有三种战略组织形态可供选择:防御型战略组织、开拓型战略组织、反映型战略组织。伴随组织调整过程还要进行人员配备。要使领导者的素质和能力与所执行的战略相匹配。

(3) 编制预算,配置资源　预算是数字化的计划,是控制组织经营活动不可少的有效杠杆。资源配置得当有利于战略的顺利实施,资源配置不当可能形成瓶颈,抑制战略的实施。战略组织的功能就在于充分利用现有资源和挖掘一切资源为战略服务。

2. 企业战略实施的管理体制模式的选择

建立实施既定战略的管理体制,往往因企业高层管理者的风格不同而有所区别。但是,企业要生存,必须适应外部环境和自身条件的变化,企业高层领导的风格也要作出相应的变化。对企业高层管理者来说,选择好战略实施的管理体制模式是实施战略的重要工作。一般来讲,战略实施的管理体制模式有以下五种,如表3-3所示。

表3-3 战略实施的管理模式

模型	总经理所研究的战略问题	总经理的角色
指令型	应如何制定出最佳战略	理性行为者
转化型	战略已考虑成熟,现在该如何实施	设计者
合作型	如何使高层管理人员从开始就对战略承担自己的责任	协调者
文化型	如何使整个企业都保证战略的实施	指导者
增长型	如何激励管理人员去执行完美的战略	评判者

(1)指令型 采用此模式的企业高层管理人员工作的重点是考虑战略的制定问题。一旦企业制定出令人满意的战略,便让下级管理人员去执行战略,他们自己不介入战略的实施。此模式比较适用于稳定行业里的小企业。如果在战略实施过程中,战略设计与客观实际比较吻合,那么,采用指令型模式实施效果是比较显著的。

(2)转化型 采用此模式的企业高层管理人员重点研究战略的实施问题,他们为有效地实施战略而研究、设计和不断完善战略实施的计划系统、组织系统、信息系统等等。此模式适用于外部环境变化比较大的企业。由于在制定战略时,许多未来环境变化因素难以预料,只好制定比较概略的战略计划,而依赖过细的实施操作,以弥补概略计划的不足。

（3）合作型　采用此模式的企业高层管理人员善于启发下级管理人员去考虑战略的制定与实施,并以一个协调者的角色确保他人提出的好的想法都能得到较充分的论证。此模式使企业高层管理人员在作决策时,可直接听取下级管理人员的意见,集思广益,提高战略实施的有效性。不过,讨论的时间不能过长,否则有可能错过战略机会。这种模式适用于企业领导作风民主,企业内部人际关系融合,已经形成良好的"团队"关系,而且外部环境发展变化比较平稳的情况。

（4）文化型　采用此模式的企业高层管理人员首先提出自己对企业发展总方向的看法,然后鼓励企业各个层次的职工根据企业发展的总方向去设计自己的战略实施的具体方案。文化型模式将合作型模式中的参与人员从管理人员扩大到企业的全体职工,使之都能或多或少地参与企业战略的制定和实施。当然,这也就要求企业职工的素质较高,企业文化建设比较成功,企业领导有较高的个人威望。

（5）增长型　采用此模式的企业高层管理人员只提出有限几个量化的战略指标之后,鼓励中下层管理人员制定与实施自己的战略,自下而上地提出战略,高层管理人员在所提出的战略中作出判断。此模式适用于大型的多元化经营的企业集团。

从实践来看,上述五种模型并不是相互排斥的。在某种意义上讲,它们可能只是形式上有所区别。运用这些模型的条件主要取决于企业多种经营的程度、发展变化的速度以及目前的文化状态。

3. 建立有效的实施战略的组织机构

企业组织机构的设计,对战略实施关系十分重大。企业战略与企业组织之间是相互融合、相互渗透、相互适应的动态协调关系，企业组织要与企业战略相适应。企业战略实施能否顺利成功，主要取决于企业是否真正建立起了与企业战略实施要求一致的组织结构。

建立有效的实施战略的组织结构要满足以下三方面的基本要求：

(1) 按战略实施的要求，功能要齐全，人员要精干，负荷要饱满。

(2) 组织机构内部管理层次的划分，各个单位责权的界定、管理幅度的大小等，都必须与上述已经确定的管理体制相呼应。

(3) 组织机构内部上下左右的信息沟通要快捷、有效，运作要相互衔接、协调，讲求效率。

美国著名管理学家钱德勒通过对美国70多家大企业的调查研究，提出了组织机构要因战略而异的观点。在数量扩大战略阶段，一般可采用直线—职能制的组织结构；在地域扩散战略阶段，企业要在不同地区形成地区组织结构，各地的业务由公司总部和地区组织结构共同管理；在纵向一体化战略阶段，企业需要建立统一管理产、供、销的一体化组织和多职能部门结构，一体化组织结构负责对经营活动统筹安排、指挥协调，多职能部门结构则分管各自的业务范围；在多种经营战略阶段，企业大都按产品、业务功能建立事业部体制，实行公司本部和事业部并存的组织结构。

近几年来，由于世界经济普遍加速发展，科技成果产业化迅猛发展，市场趋向国际化、全球化，信息系统、交通系统进步神速，各国从业人员素质普遍提高，多企业组织结构也产生了重大变化，普遍的变化趋势是减少了管理层次，增大了管理跨度，组织机构呈现扁平化的现象。组织结构扁平化更加方便了上下级之间的信息沟通，减少了因为层次过多造成的信息传递不及时，甚至失真的现象，密切了企业高层领导与各级下属之间的直接联系。

综上所述，企业在战略实施过程中，要分析各类战略组织的优缺点，选择符合战略实施所需要的组织结构，并明确相应的责任和权利,配备合适的领导人员,建立各种有效的规章制度。

二、企业战略控制

战略的实施与控制往往是密不可分的。所谓控制就是通过信息反馈系统将战略执行实效与原定战略目标进行比较,发现偏差,及时纠正,使偏差保持在允许的范围内,最终保证预期目标的顺利实现。如果发生意外的环境变化,则要重新制定战略,进行新一轮的战略管理过程。

有效的战略控制取决于三个条件:一是根据战略目标制定效绩评价标准;二是建立有效的信息系统,监控外部环境的变化与内部组织的功能与效率;三是及时有效的采取纠偏措施。

1. 企业经营战略控制过程

企业经营战略控制过程由三个方面的活动所组成:一是根据企业战略目标要求制定战略评价标准;二是对战略执行前、执行中和执行后信息反馈的实际成效加以分析比较;三是针对偏差采取纠偏行动。这三个方面的活动有机地结合在一起,构成完整的战略控制过程。

企业战略控制是企业系统中战略层活动的控制,不同于管理层、作业层的控制。

2. 企业经营战略控制的特点

企业经营战略控制的特点表现为:

(1) 战略控制系统是开放的 因为战略层的活动处于企业与外部环境的衔接处。

(2) 战略控制的标准依据是企业的总体目标 因为战略是追随企业总目标的一个方面,当战略规划目标接近企业总体目标时,才能起控制标准的作用。

(3) 战略控制的标准有成效标准和废弃标准两种类型 当战略执行过程中出现偏差时,若这一偏差值落入成效标准范围内,就可以采取修正措施或修正规划,以保证战略目标的实现;而当这一偏差值落入废弃标准范围内,则表明原战略规划所依据的假设条件发生了重大变化,原有的战略应该废弃。

(4) 战略控制的功能是既要保护战略规划的稳定性,又要允许其变化 它使企业系统维持一种动态的平衡,使企业系统具有足够的稳定性,以承受周期性的冲击,走向相关的目标;同时,又主张变化,但这种变化是可接受的和符合期望的。

3. 企业经营战略控制要素

企业经营战略控制的基本要素有:

(1) 战略评价标准 预定的战略目标或标准,是战略控制的依据,一般由定量及定性两个方面的评价标准组成。定量评价标准一般可选用下列指标:资金利税率、人均留利、劳动生产率、销售利润率、销售增长率、市场占有率、实现利润、工业总产值、投资收益、股票价格、股息支出、每股平均收益、工时利用率等。定性评价标准一般从以下几个方面加以制定:战略与环境的一致性、战略中存在的风险性、战略与资源的配套性、战略执行的时间性、战略与企业组织机构的协调性等。

(2) 实际成效 战略在执行过程中实际达到目标水平的综合反映。为了使这些反映客观真实,必须建立管理信息系统,并采用科学的控制方法和控制系统。

(3) 绩效评价 将实际成效和预定的目标或标准进行比较分析。经过比较会出现三种情况:一是超过目标(或标准),出现正偏差;二是正好相等,没有偏差;三是实际成效低于目标(或标准),出现负偏差。

4. 企业经营战略控制方法

企业经营战略控制的主要方法有:

(1) 事中控制,又称行或不行的控制 在实施过程中,按照某一标准来检查工作,确定行与不行。例如,在财务方面,对工程项目进行财务预算的控制,经过一段时间之后,要检查是否超出了财务预算,以决定是否继续将工程进行下去。

(2) 事后控制，又称后馈控制　将执行结果与期望的标准相比较，看是否符合控制标准，总结经验教训，并制定行动措施，以利于将来的行动。

(3) 事前控制，又称前馈控制　在战略实施前，利用前馈信息进行调节控制。由于它注意的是目前还没有发生的未来行为，进行这种控制，可事先采取预防性的矫正行动。

思考练习题
1. 阐述企业经营战略的定义及我国企业实施战略管理的重要性。
2. 何为竞争优势？请结合实际谈谈竞争优势的重要性。
3. 一般竞争战略有哪些类型？简述其各自实施的方法、途径和条件。
4. 如果您是某企业的总经理。该如何对企业实施战略管理？

第四章 生产与运作管理

生产与运作管理或称为生产与作业管理,实际上就是大家早已熟悉的"生产管理"。然而随着服务业的兴起,生产的概念已经扩展了,生产不再只是工厂里从事的活动了,而是一切社会组织将其最主要的资源投入进去的最基本的活动,没有生产活动,社会组织就不能存在。在知识经济社会里,制造业和服务业已无本质区别,制造业多年积累起来的成功、丰富的管理理论与方法完全可以应用于服务性企业,所以就把生产管理称为"生产与运作管理"。

第一节 生产与运作管理概述

一、生产与运作管理系统

1. 生产与运作管理系统的概念

生产与运作管理是对生产运作系统的设计、运行与维护过程的管理,它包括对生产运作活动进行计划、组织与控制。这个管理系统就是生产与运作管理系统。

从生产与运作管理系统的层次结构和功能结构可知,生产与运作管理系统是一个含有各种不同功能、进行各种不同管理工作的复杂系统,为此,可按管理层次结构和功能结构的不同,把一个复杂的系统划分为几个子系统。

2. 生产与运作管理系统的特征

(1) 生产运作系统是一个多功能的综合系统 生产运作系统是由战略决策、系统设计、系统运行与控制、系统维护和改进等多种功能组成的一个综合系统,它们之间形成一个螺旋循环链,每螺旋循环一次,生产运作就向一个新的高度发展,与产品生命周期理论有一定的相似性。

(2) 生产运作系统是劳动过程或价值增值过程的统一　生产运作活动的主体是各种各样的社会组织,其中既包括各行各业的众多企业组织,也包括非盈利性的各种事业组织和政府部门。这些组织虽然性质不同、形式各异,但都具有一个共同的特征:都需要投入一定的资源,经过人们一定的劳动过程,提供满足人们某种需要的、具有一定价值的劳动成果。劳动过程是价值增值过程得以实现的前提条件,价值增值是生产运作系统赖以生存的基础。劳动过程若不产生增值,会造成社会资源的浪费,提供的输出就不为人们所接受,得不到社会的承认。这样的社会组织就不能生存下去,会在竞争中被淘汰。

(3) 生产运作系统是物质系统和管理系统的结合　物质系统同生产运作过程中的物质转化过程相对应,它是一个实体系统,主要由设施、机械、运输工具、仓库、信息传递媒介等组成。例如,一个机械制造工厂,其实体系统包括车间,车间内各种机床、工装及运输工具,在制品仓库等。而一个连锁经营快餐店,其实体系统可能又大为不同,它们不可能集中在一个位置,而是分布在一个城市或一个地区内各个不同的地点。生产运作系统中的管理系统同管理过程相对应,它主要是指生产运作系统的计划和控制系统以及物质系统的设计、配置等问题。通过计划、组织、实施、控制等一系列活动使上述的物质转化过程得以实现。其中的主要内容是信息的收集、传递、控制和反馈。

二、生产与运作管理的作用和意义

1. 生产运作过程是实现价值增值的必要环节

从人类社会经济发展的角度来看,除了天然合成(如粮食生产)之外,物质产品的生产制造是人类能动地创造财富的最主要活动。工业生产制造直接决定着人们的衣食住行方式,也直接影响着农业、矿业等社会其他产业技术装备的能力。进一步说,在今天,随着生产规模的不断扩大、产品和生产技术的日益复杂、市场交换活动的日益活跃,一系列连接生产活动的中间媒介活动变得越来越重要。因此,与工业生产密切相关的金融业、保险业、对外贸易业、房地产业、仓储运输业、技术服务业、信息业等服务行业在现代社会生活中所占的比重越来越大。这些在人类创造财富的整个过程中起着越来越重要的作用,成为人类创造财富的必要环节。作为构成社会基本单位的企业,其生产运作活动是人类主要的生产活动,也是企业创造价值、服务社会和获取利润的主要环节。

2. 生产运作管理是企业竞争力的源泉

现代企业面临着许多问题,如体制、资金、设备、技术、生产、销售、人员管理、企业和政府、银行、股东的关系等问题,任何一个方面出了问题,都有可能影响整个企业的正常生产和经营。但消费者和用户只关心企业所提供的产品或服务的效用,因此,企业之间的竞争实际上是企业产品之间的竞争,企业竞争的关键最终体现在企业提供的产品或服务的质量、价格和适时性上。哪个企业的产品质量好、价格低、又能及时推出,这个企业在竞争中就能取胜。一个企业产品的竞争力,在很大程度上取决于企业生产运作管理的绩效。从这个意义上来说,生产运作管理是企业竞争力的真正源泉。在市场需求日益多样化、顾客要求越来越高的情况下,如何适时、适量地提供高质量、低价格的产品,是现代企业经营管理领域中最富有挑战性的内容之一。在20世纪80年代,美国工商企业界的高层管理者曾经把兴趣更多地偏重于资本运营、营销手段的开发等,对集中了企业绝大部分财力、设备、人力资源的生产系统缺乏应有的重视,其结果导致整个生产活动与市场竞争的要求相距越来越远。而后起的日本企业,正是靠它们卓有成效的生产管理技术和方法,使其产品风靡全球,不断提高其全球竞争力。日、美汽车工业之间的竞争和成败是这方面的一个最好例子。在今天,绝大多数企业已经意识到了生产运作管理对企业竞争力的重要意义,开始重新审视生产运作管理在整个企业经营管理中的地位和作用,开始大力通过信息技术的应用等手段来加强生产运作管理。

3. 生产运作管理水平是生产力发展的标志

生产是人类社会从事的最基本的活动,是一切社会财富的源泉。不从事生产活动,人类社会就无法生存,社会就不能发展。生产运作系统是社会化生产要素的集合体,也是社会生产力发展的标志。生产运作管理在科学有效的管理方法、手段和管理艺术的指导下,充分利用现代先进技术,尤其是信息技术,对社会各种资源进行合理配置,使生产运作系统优质、高效、灵活、准确地运转,为人们提供了具有一定效用的产品或服务,满足了人们的物质与精神需求,改变了人们的生活方式,推动了社会的发展。

三、生产与运作管理系统的基本模式、内容和目标

1. 生产与运作管理系统的基本模式

生产与运作管理的基本模式可以通过下图来表示,见图 4-1。

2. 生产与运作管理系统的内容

生产与运作管理作为企业管理系统的基本组成部分,包含着许多具体的管理工作,其管理的内容主要包括以下五个方面。

(1) 生产与运作战略 它是企业总体战略下的职能战略,按照所选定的目标市场和企业既定的战略,对企业的生产与运作系统进行全局性和长远性的规划,构成一个能不断发展的具有高效益、高效率的先进的生产与运作模式。

(2) 生产准备与生产组织 是指生产准备工作、技术准备工作和组织工作。它包括工厂与车间的平面布置、产品的开发与设计、工作研究、生产过程组织、物资管理、设备管理等等。

(3) 生产与运作计划 是指与产品有关的生产计划工作和负荷分配工作。它包括生产计划、过程计划、生产作业计划、材料计

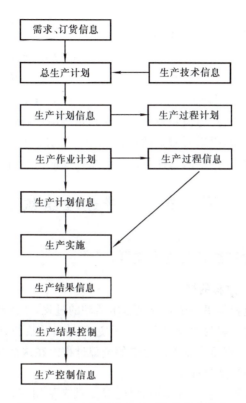

图 4-1 生产与运作管理系统的基本模式

划、人员计划和负荷分配计划等。

（4）生产与运作控制 是围绕着完成计划任务所进行的检查、调整等工作。包括进度控制、库存控制、质量控制、成本控制及企业的标准化工作。

（5）先进的生产与运作模式 为了适应企业的国际化和企业竞争的新形势，尽快提高企业管理集成度，实现生产经营一体化，先进的生产与运作模式已是现代生产与运作管理的热点。例如：JIT(Just In Time)，LP(Lean Production)，AM(Agile Manufacturing)，BPR(Business Process Reengineering)等都是先进的生产模式。

3. 生产与运作管理目标

生产与运作管理的目标可以用一句话来概括：高效、低耗、灵活、准时地生产合格产品和提供满意服务。高效是相对时间而言，指能迅速满足用户的需求。低耗是指生产同样数量和质量的产品，人力、物力、财力消耗最少。准时是指按用户需要的时间，按用户需要的数量，提供所需要的产品和服务。灵活是指很快地适应市场的变化，生产不同品种和开发新品种或提供不同的服务。

第二节　生产过程组织

一、生产过程与生产类型

1. 生产过程的概念

生产过程是每一个企业最基本活动的过程，任何产品的生产，都需要经过一定的生产过程。生产过程是指从投料开始，经过一系列的加工，直至成品生产出来的全部过程。在这个过程中，包括劳动过程和自然过程。

劳动过程是生产过程的主体，是劳动者使用劳动手段直接或间接地作用于劳动对象，使之按照人们的预定目标变成产品。生产过程是物质财富消耗的过程，但同时又是创造具有新的价值和使用价值的物质财富的过程。

自然过程是指劳动对象借助于自然界的力量，使之产生某些性质变化的过程。如：铸件的自然冷却、木材的干燥等。

2. 生产过程的构成

企业的生产过程按其对产品的制造所起的作用和地位不同又可分为生产技术准备过程、基本生产过程、辅助生产过程、生产服务过程、附属生产过程。由于专业化协作水平和技术条件及企业生产的性质和特点不同，生产过程这些组成在不同的企业有着很大的差别,而且随着生产的发展而发展。

(1) 生产技术准备过程　在产品正式投入生产之前,需要准备好技术与生产的条件。具体的工作有:产品设计、工艺设计、工艺装备的设计、产品的试制与调整、设备布置、劳动组织等。

(2) 基本生产过程　这是指企业的基本产品在企业内进行的那部分生产过程。企业的基本产品是代表企业生产发展方向的产品,通常这类产品的产量或产值相对较大,生产的时间较长。企业是根据基本产品的需要来选择设备、人员、生产组织形式的,因而基本生产过程对企业来说具有决定性的意义,是企业生产过程中的主要部分。

(3) 辅助生产过程　这是为基本生产过程提供辅助产品与服务的过程。辅助产品就是基本生产过程需要消耗的产品。此外基本生产过程中使用的设备厂房等也需要维修,这类劳动也属于辅助生产过程。

(4) 生产服务过程　这是为基本生产和辅助生产提供各种服务性活动的过程。如各类物资的供应、运输与保管等。

(5) 附属生产过程　这是指利用企业生产基本产品的边角余料、其他资源、技术能力等生产市场所需要的非属企业专业方向产品而进行的生产过程。

以上五部分,除基本生产过程不可缺少以外,其余四部分对某个企业来说,不一定全部具备,视企业的规模、专业化协作方式及企业的组织结构而定。

3. 合理组织生产过程的基本要求

(1) 生产过程的连续性　生产过程的连续性是指物料处于不停的运动之中,且流程尽可能短,它包括空间上的连续性与时间上的连续性。时间上的连续性是指物料在生产过程的各个环节的运动,自始自终处于连续状态,没有或很少有不必要的停歇与等待现象。空间上的连续性要求生产过程各个环节在空间布置上合理紧凑,使物料的流程尽可能短,没有迂回往返现象。

(2) 生产过程的平行性　生产过程的平行性是指物料在生产过程中实行平行交叉作业。平行作业是指相同的零件同时在数台相同的机床上加工；交叉作业是指一批零件在上道工序还未加工完时，将已完成的加工零件转到下道工序加工。显然平行交叉作业可以大大缩短产品的生产周期。

(3) 生产过程的比例性　生产过程的比例性是指生产过程的各个环节要保持适合产品制造的比例关系。它是生产顺利进行的重要条件，如果比例性遭到破坏，则生产过程必将出现"瓶颈"。瓶颈制约了整个生产过程的产出，造成非瓶颈资源的能力浪费和物料的阻塞，也破坏了生产过程的连续性。

(4) 生产过程的均衡性（节奏性）　生产过程的均衡性是指产品从投料到完工能按计划均衡的进行，能够在相等的时间内完成大体相等或递增的工作量。

(5) 生产过程的准时性　生产过程的准时性是指生产过程的各个阶段、各工序都按后续阶段和工序的需要生产。即在需要的时候，按需要的数量，生产所需要的零部件。准时性将用户和企业紧密联系起来。企业所做的一切都是为了让用户满意，用户需要什么样的产品，企业就生产什么样的产品；需要多少就生产多少；何时需要，就何时提供。准时性是市场经济对生产过程提出的要求。

4. 生产类型

不同产品的生产过程是不同的，即使是同种产品，由于批量不同，它们的生产过程也有很大的差别。不同的生产过程需要不同的管理方式。尽管实际生产过程千差万别，但某些管理方式大同小异，可视为一类。因此，有必要也有可能按生产过程的主要特征把各个生产过程划分为少数几种类型，这种形式就是生产类型。

划分生产类型的方法很多，这里只介绍按生产数量来划分的生产类型。按生产数量划分的生产类型，可分为大量生产、成批生产和单件生产。

(1) 大量生产　生产的数量很大,而品种只有几种;或在同一个工作地重复同一种工作的频率很高,这类生产就是大量生产。大量生产中工序划分细,每个工作地固定完成一道或少数几道工序,生产条件稳定。由于工作地专业化程度高,所以广泛采用专用、自动化生产设备。大量生产具有生产效率高、产品质量好、工人劳动熟练程度高、作业计划简单、生产成本低等优点。大量生产管理重点是物料供应、设备维修、工人出勤管理和质量控制。

(2) 单件生产　这类生产品种繁多,每种产品仅生产一件或少数几件,只生产一次或不定期重复,故生产条件最不稳定。由于每个工作地完成的工作内容不固定,变化很大,其专业化程度很低,所以大多采用通用设备。如造船、商业印刷机、大型电机、电站锅炉、桥梁、大型建筑等都属于这种生产类型。其特点是:品种繁多,加工过程各不相同,每一品种的生产数量很少,交货期不同,设备大多采用通用设备,加工效率低,对工人操作的技能要求高;作业计划复杂,管理难度大。

单件生产的管理重点是:

① 生产部门要与销售、设计、工艺等部门有效配合,整体运作;

② 确定合理的交货期,缩短生产周期;

③ 提高生产系统的柔性,包括生产能力柔性、加工批量柔性、产品结构柔工艺路线柔性;

④ 提高零部件的通用化水平;

⑤ 改进生产过程的组织形式。

(3) 成批生产　在计划期内,有较多品种,分成若干批,轮流投入,批量不算太大,且要重复生产,这类生产过程就是成批生产。成批生产中,每个工作地完成的工序数目比大量生产多,可达几十种,因而专业化程度较大量生产低,且每次更换产品都需调整生产设备,生产条件不大稳定,所以只能部分使用专用及自动化设备、部分使用通用设备。

成批生产的生产管理重点是：
① 缩短作业更换时间；
② 确定经济批量；
③ 控制零部件的数量与成品装配数的比例；
④ 逐步改变生产过程组织,实现准流水生产。

二、生产过程的空间组织与时间组织

1. 生产过程的空间组织

企业进行生产活动,实现产品的生产过程,不仅要有一定的场地、厂房设备等,而且要把这些物质生产条件按照一定的原则加以组合,划分成若干占有一定空间位置的车间、工段、小组等。

为了提高效率,现代化大生产应遵循分工原则,实行专业化生产。各生产单位的设施,应当在空间布局上形成一个有机的整体,这就是生产过程的空间组织。

(1) 厂址的选择　厂址选择是生产运作系统规划和设计的重点内容。厂址的选择是指如何确定工厂设施的地理位置,它不仅对新建一个企业尤为重要,也是老厂因经济、技术原因需要改建、扩建或搬迁必须解决的一个首要问题。厂址选择的原则如下：

① 符合国家政策。我国根据不同的经济地带和经济区域的生产水平,针对各自的资源条件,围绕着全国的经济发展的总体目标,正在逐步确定发挥地区优势的产业结构,各地区政府也在建立并形成有特色的产业结构。因此,在建厂选择地区时必须考虑国家生产力布局的政策,同时,必须考虑国家环境保护政策。

② 满足生产技术的要求。厂址选择要保证建成投产后能达到预定的生产规模,为保证预定的产品质量提供必要的条件,要保证生产的安全顺利进行。

③ 综合成本最低。在满足生产技术的前提下,应选择成本低的地方作为建厂地点。这里的成本不仅仅包括土地费用、场地整理费用等,还包括生产期各种原材料的运输费用、劳动力成本等。

即综合比较由于建厂地点不同而造成的固定资产投资、生产成本等的差异,选择综合成本最低地址作为建厂地点。

(2) 工厂的总平面布置　工厂的总平面布置就是根据已选定的厂址和厂区,把工厂的各个组成部分作适当的安排,组成一个符合生产和工作需要的有机整体,以达到方便生产,保证安全,提高经济效益的目的。工厂平面布置的原则如下:

① 工厂的厂房、设施和其他建筑物的布置,应满足生产过程的要求,使物件运输路线尽可能最短,减少交叉和往返运输,从而缩短生产周期,节约生产费用。

② 有密切联系的车间应靠近排布。辅助生产车间、生产服务部门应布置在其主要服务车间附近,以保证最短的运输距离和联系工作的方便。

③ 合理划分厂区,按照生产性质、防火、卫生条件以及劳动力需要和物料周转量,分别把同类性质的车间和建筑物布置在一个区域内。

④ 布置应尽可能紧凑,以减少建筑面积,节约投资和生产费用。

⑤ 充分利用城市现有的运输条件。生产过程的流向和运输系统的配置应满足货物运输路线的要求,保证物料输入和产出输出的方便。

⑥ 考虑企业未来的发展。工厂的总平面布置中应有预留地,并尽可能考虑到企业的长远发展问题。

⑦ 工厂的总平面布置应当和周围的环境协调,考虑企业环境的美化、绿化,使工厂的平面布置整齐、美观,为职工创造良好、舒适的工作环境。

(3) 企业内部设施布置的基本类型　企业内部设施布置(即车间设备的布置)的基本类型主要有两种,即工艺专业化和对象专业化。

① 工艺专业化又称为工艺原则,是按照工艺特征建立生产单

位。按工艺专业化原则,将完全相同的设备和工人放在一个厂房或一个区域内。

工艺专业化的优点是:对产品品种变化的适应能力强;生产系统的可靠性高;工艺及设备管理方便。

工艺专业化的缺点是:零件在加工过程运输的次数多,运输路线长;协作关系复杂,协调任务重;只能使用通用设备,生产效率低;在制品量大,生产周期长。

② 对象专业化又称为对象原则,是按照产品建立生产单位。按产品对象专业化的原则,将加工某种产品所需要的设备、工艺装备和工人放到一个厂房或工作区域内。

对象专业化的优点是:可减少运输次数,缩短运输路线;协作关系简单,管理工作简化;可使用专用高效设备和工艺设备;在制品少,生产周期短。

对象专业化的缺点是:对品种变化的适应性差;生产系统可靠性差;工艺及设备管理较复杂。

2. 生产过程的时间组织

合理组织生产过程,不仅要求生产过程的空间组织能满足要求,而且在时间组织上尽可能使加工对象在各个生产单位之间的运动互相配合和衔接,实现有节奏的连续生产,达到提高劳动效率。零件在加工过程中的移动方式有三种,即顺序移动、平行移动、平行顺序移动。

(1) 顺序移动方式　一批零件在上道工序全部加工完毕后整批转移到下道工序继续加工,这就是顺序移动方式。采用顺序移动方式,一批零件的加工周期 $T_顺$ 为:

$$T_顺 = n \sum_{i=1}^{m} t_i$$

式中　　n ── 零件的加工批量;

t_i ── 第 i 道工序的单件工序时间;

m ── 加工的工序数。

例:已知 $n=4, t_1=10$ 分种,$t_2=5$ 分钟,$t_3=12$ 分钟,$t_4=7$ 分钟,求 $T_{顺}$。

解:$T_{顺}=4\times(10+5+12+7)=136$(分钟)。

见图 4-2,从中可以看出。按照顺序移动方式进行生产过程的时间组织,就设备开动、工人操作而言是连贯的,并不存在间断的时间。同时各工序也是按批连续顺次进行的。但是,就每一个零件或产品而言,还没有做到从上一道工序加工完毕后立刻向下一道工序转移,连续地进行加工,存在着工序间等待加工,因此生产周期长。

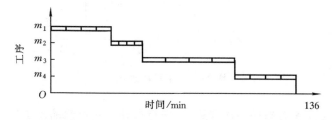

图 4-2 顺序移动方式

(2)平行移动方式 就是当前道工序加工完成每一个零件或产品之后,立即转移到下一道工序,继续进行加工,也就是工序之间的零件或产品的传递不是整批的,而是以零件或产品为单位分别地进行,从而工序与工序之间形成平行作业的状态。平行移动方式的加工周期用 $T_{平}$ 表示,公式如下:

$$T_{平}=\sum_{i=1}^{m}t_i+(n-1)t_长$$

式中 $t_长$ ——各道工序中最长的工序单件工时。如图 4-3 所示,将上例中的单件工序时间代入,可求得 $T_{平}$。

$T_{平}=(10+5+12+7)+(4-1)\times 12=70$(分钟)

见图 4-3,从中用同样的数据计算平行移动方式生产周期的结果,可以看出,平行移动方式较顺序移动方式,生产周期大大缩短。后者为 70 分钟,而前者为 136 分钟,缩短了 66 分钟。但是从下图中可以看出,由于前后相邻工序的加工时间不等,当后道工序的加工时间小于前道工序时,就会出现设备和工人操作停歇的一部分时间,因此仍不利于设备及工人有效工时的利用。

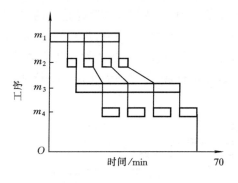

图 4-3 平行移动方式

(3) 平行顺序移动方式 平行移动方式虽然缩短了生产周期,但某些工序不能保持连续地进行;顺序移动方式虽可保持工序的连续性,但生产周期延续的比较长。为了综合两者的优点,并排除两者的缺点,在生产过程时间组织方面产生了平行顺序移动方式。

平行顺序移动方式,就是一批零件或产品的每道工序都必须保持既连续,又与其他工序平行地进行作业的一种移动方式。为了达到这一要求,可分两种情况加以考虑。第一种情况,当前道工序的单件工时小于后道工序的单件工时时,每个零件在前道工序加工完之后,可立即向下一道工序传送,即零件按平行移动方式转移。因为后道工序开始加工后,可以保持加工的连续性;第二种情况,当前道工序的单件时间大于后道工序的单件工时时,则要等待前一工序完成的零件数可以保证后道工序能连续加工时,后道工序才开始加工。以 i 工序最后一个零件的完工时间为基准,向前推移$(n-1) \times t_{i+1}$作为零件在$(i+1)$工序的开始加工时间。见图4-4,就是这种平行顺序移动方式的示意图。

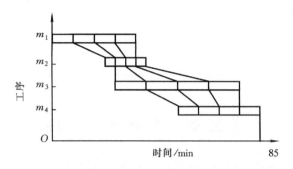

图4-4 平行顺序移动方式

平行顺序移动方式的加工周期用$T_{平顺}$表示。

则有：
$$T_{平顺} = n\sum_{i=1}^{m} t_i - (n-1)\sum_{i=1}^{m-1} t_短$$

将例4-1中数据代入,可得$T_{平顺}$

$$T_{平顺} = n\sum_{i=1}^{m} t_i - (n-1)\sum_{i=1}^{m-1} t_短$$
$$= 160 - (4-1) \times (5+5+7) = 85(分钟)$$

式中 $t_短$——每相邻两个工序的单件工时进行比较,选取其中较短的一道工序的单件时间。比较次数为$m-1$次。

从计算结果可以看出,平行顺序移动方式的生产周期比平行移动方式的长,比顺序移动方式的短,但它的总和效果还是比较高。

在实际生产中,选择零件的生产移动方式,需要考虑零件的大小、零件加工时间的长短、批量的大小及生产单位的专业化形式。一般来讲,零件大宜采用平行移动方式,零件小则采用顺序移动或平行移动方式。见表4-1所示。

表 4-1　选择零件移动方式考虑的因素

移动方式	零件尺寸	加工时间	批量大小	专业化形式
平行移动方式	大	长	大	对象专业化
平行顺序移动方式	小	长	大	对象专业化
顺序移动方式	小	短	小	工艺专业化

第三节　生产运作计划

生产运作计划是企业生产运作管理的依据，也是生产运作管理的核心内容。在现代企业中，生产经营活动是社会化大生产，企业内部分工精细、相互协作，任何一个环节的活动都不可能离开其他环节而单独进行。尤其是生产运作活动，需要调配多种资源，在需要的时候，按需要的量，提供所需的产品或服务，这样就更离不开周密的计划。所以，生产运作计划是生产运作管理中的一个重要组成部分。

生产运作计划是指在企业生产策略的指导下，根据需求预测和优化决策对企业生产系统产出的品种、数量、速度、时间、劳动力和设备的配置以及库存水平等问题预先进行的考虑和安排。具体地讲，就是将企业的生产任务同各生产要素进行反复的综合平衡，从时间和空间上对生产任务做出总体安排，并进一步对生产任务进行层层分解，落实到车间、班组，以保证计划任务的实现。生产运作计划的主要依据是销售计划。

一、生产运作计划的构成体系

制造业生产运作计划的构成可按不同的标志进行分类。按计划的对象，可分为综合生产计划、主生产计划和物料需求计划；按计划的执行部门，可分为厂级生产计划、车间生产计划和班组生产计划;按计划的时间单位长短,可分为年度生产计划和生产作业计划。一般来说,综合生产计划、主生产计划和厂级生产计划属于年度生产计划,物料需求计划、车间生产计划和班组生产计划属于作业计划。现将综合生产计划、主生产计划和物料需求计划的主要内容叙述如下。

1. 综合生产计划

综合生产计划(aggregate production planning,简称 APP)是对企业未来较长一段时间内预计资源消耗量和市场需求量之间的平衡所做的概括性设想,是根据企业所拥有的生产能力和需求预测对企业未来较长一段时间内的产出内容、产出量等问题所做的决策性描述。本节稍后将对综合生产计划做进一步介绍。

2. 主生产计划

主生产计划(master production schedule,简称 MPS)是企业综合生产计划的具体执行与保证,是确定最终产品在每一具体时间段内的生产数量,即"期量"标准。

3. 物料需求计划

物料需求计划(material requirement planning,简称 MRP),就是制定企业生产所需的原材料、零件和部件的生产采购计划,包括:采购什么,生产什么,用什么物料,必须在什么时候订货或开始生产,每次订货量是多少,生产量是多少等等。物料需求计划要解决的是主生产计划规定的最终产品在生产过程中相关物料的需求问题,而不是这些物料的独立的、随机的需求问题。这种相关需求的计划和管理比独立需求要复杂得多,对于一个企业来说也十分重要。这是因为只要在物料需求计划中漏掉或延误一个零件,就会导致整个产品的生产不能完成或延误。

一、综合生产计划的主要指标及编制步骤

1. 综合生产计划的指标体系

企业的综合生产计划包括产品产量计划、产值计划、产品出产

进度计划、生产协作计划等。这些计划由一系列生产指标构成,其主要指标有:产品的品种指标、质量指标、产量指标和产值指标。这些指标各有不同的内容和作用,并从不同的侧面来反映企业对生产的要求。

(1) 产品品种指标　产品品种指标规定了企业在计划期内生产的产品品名和种数。产品品种须按具体产品的用途、型号、规格加以细分。产品品种指标反映了企业的服务方向。

(2) 产品质量指标　产品质量指标规定了企业在计划期内产品质量应达到的水平。生产计划中的产品质量指标通常采用综合性的质量指标,如合格品率、一等品率、优质品率、废品率等。产品质量指标反映了企业产品满足用户需要的程度,企业生产技术水平和组织管理水平。

(3) 产品产量指标　产量指标规定了企业在计划期内出产的合格产品的数量。产量指标一般用实物单位计量。产品产量包括成品及准备出售的半成品的数量。成品是指在本企业生产完成后不再进行加工的产品;半成品是指本企业完成了某一个或几个工艺阶段,但尚未完成产品全部工艺阶段而准备出售的制品。产品产量指标反映了企业向社会提供的使用价值的数量及企业生产发展的水平。

(4) 产值指标　产值指标是用货币表示的产品的产量指标。能综合反映企业生产的总成果,产值指标包含的内容不同,又可分为商品产值、总产值和净产值。

① 商品产值。是指企业计划期内出产的可供销售的产品价值。商品产值包括以下内容:本企业自备原材料生产可供销售的成品、半成品的价值;外单位来料加工的产品加工价值;对外承做的工业性作业价值,计算时只计算加工价值,不包括作业对象本身的价值。商品产值一般按现行价格来计算。

② 总产值。表示企业在计划期内完成的以货币计算的生产活动总成果。总产值指标可以反映一定时期企业的生产规模及水

平,是分析研究生产的发展速度,计算劳动生产率、固定资产利用率、产值利润率等指标的依据。总产值包括:本企业计划期内全部商品的产值;外单位来料加工的材料价值;企业的在制品、自制工具、模型等期末与期初存量差额的价值。总产值一般使用不变价格来计算。

③ 净产值。是指企业在计划期内工业生产活动新创造的价值。它一般按现行价格来计算。计算净产值的方法可使用生产法和分配法。

生产法:净产值＝总产值－物质消耗价值。

分配法:净产值＝工资＋利润＋税金＋国民收入再分配。

2. 综合生产计划的工作内容

综合生产计划工作是指确定和实现生产目标所需要的各项业务工作,它包括具体编制计划、贯彻执行计划和检查调整计划三个主要部分,其主要内容如下:

(1) 调查研究,摸清国家和社会对企业产品的需求;预测企业的外部环境条件;分析企业内部的生产条件;对各种资料和信息进行汇总、整理和综合分析。

(2) 进行生产决策,确定生产计划指标。

(3) 计算和核定生产能力,并进行平衡。

(4) 安排产品的生产进度,确定各车间的生产任务。

(5) 进行综合平衡,正式编制生产计划。

(6) 落实措施,组织实施。

(7) 检查、调查计划执行情况。

(8) 考核、总结计划完成情况。

3. 综合生产计划的编制步骤

(1) 调查研究、收集资料　企业编制生产计划的主要依据是①国家的有关政策和法规;②企业长远发展规划;③国内外市场经济技术情报及市场预测;④计划期产品的销售量;⑤上期生产计划的实施情况;⑥技术组织措施计划与执行情况;⑦计划生产能力的利用情况;⑧产品的试制、物资供应、设备检查、劳动力调配等资料。

(2) 拟定计划方案　企业根据国家、社会的需要和企业经济效益,在统筹安排的基础上,提出初步生产计划指标方案,各种产品品种合理搭配和出产进度的合理安排,将计划指标分解为各个分厂的生产任务指标等工作。

(3) 综合平衡,确定最佳方案　对计划部门提出的初步指标,必须进行综合平衡,研究措施,解决矛盾,以达到社会需要与企业生产可能之间的相互平衡,使企业的生产能力和资源都能得到充分地利用,使企业获得良好的经济效益。

(4) 编制综合生产计划　企业的综合生产计划,经过反复核算与平衡,最后编制出企业的综合生产计划。

三、生产能力计划

1. 生产能力的概念和种类

生产能力是指企业在一定时期内和一定的生产技术组织条件下,经过综合平衡以后能生产出一定种类的产品或提供服务的最大数量,或者加工处理一定原材料的最大数量,它是反映企业产出可能性的一种指标。

生产能力一般分为三种:

(1) 设计能力　设计能力是企业进行基本建设时设计任务书和技术文件中所规定的生产能力。它是根据设计文件中所规定的产品方案、全部技术装备和设计数据计算出来的最大年产量。企业的设计生产能力,在建厂初期可能达不到,但经过一个熟悉和掌握生产技术的过程以后,可以逐渐达到。

(2) 查定能力　这是在没有设计能力或虽有设计能力但企业的产品方案和技术组织条件已发生了很大变化,原有的设计能力不能反映实际情况,由企业重新调查、核定的生产能力。查定生产能力时,应以现有设备条件为依据,考虑采取各种技术组织措施或者进行技术改造后所取得的效果。

(3) 计划能力　这是指企业在计划年度内实际可以达到的生产能力。它是根据企业现有的条件,并考虑企业在计划年度内所能实现的各种技术组织措施效果来计算的。

2. 影响生产能力的因素

影响企业生产能力的因素主要有以下三个:

(1) 固定资产的数量　固定资产的数量是指企业计划期内用于生产的机器设备、厂房和其他的生产用建筑面积。机器设备包括正在运转、修理、安装或等待修理的各种设备。但不包括已经批准报废的设备、封存待调的设备和留作备用的设备,也不包括那些损坏严重在计划期内不能修复使用的设备。

(2) 固定资产的有效工作时间　是指按照现行工作制度计算的机器设备全部有效工作时间和生产面积的利用时间。设备的有效工作时间同企业全年的工作日数、日工作班次、轮班时间、设备计划停歇时间等有关。其公式为

$$\text{设备年有效工作时间} = (\text{日历日数} - \text{节假日}) \times \text{日工作班次} \times \text{每班工作小时}(1 - \text{设备停修率})$$

(3) 固定资产的生产效率　是指单位机器设备的产量定额或单位产品的台时定额。生产面积的生产能力是指单位面积的产量定额。在计算生产能力时,企业的定额必须是先进合理的。

根据上述因素,生产能力的计算公式如下:

$$\text{机器设备的生产能力} = \text{机器数量} \times \text{机器设备的有效工作时间} \times \text{单位时间的产量定额}$$

$$= \text{机器数量} \times \frac{\text{机器设备的有效工作时间}}{\text{单位产品的台时定额}}$$

$$\text{生产面积的生产能力} = \text{生产面积的数量} \times \text{生产面积的有效利用时间} \times \frac{1}{\text{单位产品占用的生产面积} \times \text{占用时间}}$$

3. 核定生产能力的方法

企业生产能力的核定程序一般通过自下而上的程序进行,先计算设备组的生产能力,再确定各小组、工段的生产能力,然后再确定车间及全厂的生产能力。其具体方法:

(1) 单一品种情况下的计算公式:

$$\frac{设备组的}{生产能力} = \frac{设备的有效}{工作时间} \times \frac{同类设备}{的数量} \times \frac{单位产品的}{台时定额}$$

例:某机床组有车床 20 台,日工作时间为 15 小时(两班制),全年工作 306 天,每台机床计划检修 90 台时,生产某种产品的台时定额为 450 台时,试计算该机床组的生产能力。

机床组的生产能力 $= (15 \times 306 - 90) \times 20 \div 450 = 200$(台)

(2) 多品种情况下生产能力的计算

在多品种的情况下,应按标准产品、代表产品来计算。

① 按标准产品,例如电机可用标准千瓦/小时;拖拉机可用标准马力的拖拉机;棉纱可用标准支数的棉纱等来计算生产能力。

② 按代表产品,代表产品通常是企业极有发展方向,产量大,结构工艺上具有代表性的产品。代表产品选定后,其他品种可以通过换算系数折合为代表产品。其换算公式为:

换算系数 = 某产品的台时定额 ÷ 代表产品的台时定额

例:某企业生产甲乙丙三种产品,计划产量分别为 50 件、100 件、120 件,在铣床上加工。单位产品台时定额分别为 20 台时、40 台时、60 台时,若选择乙产品为代表产品,铣床组共有三台铣床,两班制生产,设备停修率为 10%,计算铣床组的生产能,见表 4-2 所示。

铣床组的生产能力 $= 8 \times 2 \times 306 \times 3 \times (1 - 10\%) \div 40$
$= 330$(台)

设备的负荷系数 $= \dfrac{计划任务}{设备能力} = \dfrac{305}{330} = 0.92 = 92\%$

设备的负荷系数小于 1,说明生产能力大于生产任务,应稍加调整，以充分利用企业内部的生产能力。

表 4-2

产品名称	计划产量（件）	单位产品台时定额（台时）	换算系数	折合代表产品产量	备注
甲	50	20	0.5	25	
乙	100	40	1	100	代表产品
丙	120	60	1.5	180	
合计	270			305	

4. 生产能力的综合平衡

企业的生产能力，是企业内部各环节生产能力综合平衡的结果。各环节生产能力的不平衡是绝对的。所以在计算各环节生产能力后，要由下而上地逐级平衡，即先平衡计算设备组或作业组的生产能力，再平衡计算车间生产能力，最后进行全厂生产能力的综合平衡。生产能力的综合平衡还应包括基本车间之间生产能力平衡，基本生产能力与辅助生产能力的平衡，生产能力与生产准备能力的平衡，生产能力与储运能力的平衡等等。通过平衡就可以发现生产过程中的薄弱环节和瓶颈环节，然后根据企业计划期内可以动用的资源条件以及所能采取的组织技术措施，克服薄弱环节，使企业的生产能力得到充分发挥，以保证生产计划任务的完成。

四、网络计划技术

1. 网络计划技术的原理

网络计划技术是运用网络图的形式来组织生产和进行计划管理的一种科学方法。它的基本原理是利用网络图来表示计划任务的进度安排，并反映组成计划任务的各项活动（或各道工序）之间的相互关系，在此基础上进行网络分析，计算网络时间，确定关键工序和关键线路，利用时差，不断改善网络计划，求得工期、资源与成本的综合优化方案，在计划执行过程中，通过信息反馈进行监督和控制,以保证预定计划目标的实现。

网络计划技术包括关键路线法(CPM)和计划评审技术(PERT)。它最早是来自于美国杜帮(DuPont)公司所开发的关键路线法。当时杜帮公司需建设一个大型化工厂,在该新建项目的管理中,不仅需要合理安排大量投资,同时面临同行业许多厂商的激烈竞争,特别需要该工程项目能及早完工,以便增强竞争能力。为此,他们采用关键路线法,为该项目的成功奠定了基础。1958年美国海军武器局特别规划室,独立地研究计划评审技术即PERT,并用于北极星导弹计划,其成效显著,工程由原计划十年缩短为八年。其后,PERT 就成为一种盛行的现代管理方法。本节主要讲述 PERT 方法。PERT 最初主要用于含有大量不确定因素的大规模研发项目,需要严格地针对项目中的时间要素,使用可能性时间估计来帮助确定一个项目在某个给定时间内完成概率;CPM 用于作业时间容易掌握的项目。但是任何活动时间都可以通过多花钱而被压缩,所以 CPM 被看成是一个在时间和成本之间权衡的方法。

网络计划技术的适用范围很广,特别适用于一次性的工程项目,其优点是可以缩短工程周期、降低成本、促进管理现代化和经济效益的提高。

2. 网络图的组成

网络图是计划任务及其组成部分相互关系的综合反映,是进行网络分析、计划和计算的基础。网络图有箭线式和结点式两种,这里只介绍箭线式网络图的有关知识。箭线式网络图由事项、活动和线路三部分组成。

(1)事项 事项又称为结点,是指某一项作业(或工序)的开始或结束,用"O"表示。在网络图中,第一个事项称为始点事项,表示一项计划的开始;最后一个事项称为终点事项,表示一项计划的结束。介于始点事项与终点事项之间的叫中间事项,它表示前项作业的结束,后项作业的开始。结点一般要编号,以便识别、检查和计算。编号可注明在圆圈内,顺序是从左到右,箭尾编号必须小于箭头编号,可以连续编号也可间断编号。

(2) 活动 指一项作业或一道工序。它是工艺、技术和组织管理上相对独立的作业,完成活动需要消耗一定资源和占用一定的时间。在网络图中,用箭线表示一项活动,箭头指向表示活动的流向,箭尾表示活动的开始,箭头表示活动的结束,从箭尾到箭头表示一项活动的过程。在箭线上方注明活动名称或代号,下方注明完成该项活动所需要的作业时间。在网络图中,有时需要引入虚活动,虚活动是指作业时间为零的一种活动,用虚箭线表示。它不消耗资源,也不占用时间。它的作用是把前后作业(或工序)联结起来,来表示作业之间的内在逻辑关系,指明活动的前进方向。

(3) 线路 指从网络图始点事项,沿着箭头的方向,到网络图终点事项为止的一条路径,它由一系列首尾相连的结点和箭线所组成。一个网络图一般有多条线路,其中生产周期最长的一条线路称为关键线路。

3. 绘制网络图的基本规则

(1) 在网络图中不允许出现闭合循环线路。箭线方向必须从左到右,不得逆向前进形成闭合回路。

(2) 箭线首尾必须有结点,不能够从一条箭线的中间引出另一条箭线来。

(3) 两相邻结点之间只允许有一条箭线。若在两个相邻结点之间有好几个作业需平行进行,则需要增加结点,引入虚活动。

(4) 在一个网络图中,只能有一个网络始点事项和一个网络终点事项,不能出现没有先行作业或后续作业的中间事项。在实际工作中,若出现上述情况,应用虚箭线把没有先行作业的中间事项同始点事项连接起来,把没有后续作业的中间事项,同终点事项连接起来。

4. 网络图的绘制方法

网络图的绘制方法有顺推法和逆推法。

(1) 顺推法　这种方法是从网络图的始点事项开始,依次确定每项作业的紧后作业(又称后续作业),直到网络图的终点事项为止。

(2) 逆推法　这种方法是从网络图的终点事项开始,依次确定每项作业的紧前作业(又称先行作业),直到网络图的始点事项为止。

例:某项工程任务经分解后,见表 4-3 所示,确定由 9 项作业构成,各项作业的代号、紧前作业及作业时间如下所示,则可画出网络图 4-5。

表 4-3　任务分解表

作业名称	紧前作业	作业时间(天)
A	/	4
B	/	6
C	A	6
D	B	7
E	B	5
F	C、D	9
G	C、D	7
H	E、F	4
I	G	8

依据网络图的绘制规则,绘制网络图一。

5. 网络时间参数的计算和关键线路的确定

编制网络计划,必须计算网络时间。网络计划的时间参数包括:各项活动的作业时间;各结点的最早开始时间和最迟结束时间;各项活动的最早开始与结束时间,最迟开始与结束时间;时差。在此基础上确定关键线路。

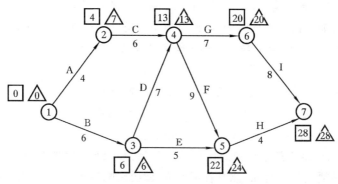

图 4-5 网络图一

(1) 各项活动作业时间的确定 作业时间是指完成一项活动所需要的时间,即该项活动的延续时间,正确确定作业时间是进行网络时间计算的基础和依据。确定各项活动的作业时间,一般采用经验估算法,条件充分也可采用统计分析法或类推比较法。用经验估算法确定作业时间,通常采用下列两种方法:

① 单时法,即单一时间估算法。这种方法是各项活动的作业时间只确定一个时间值,估计时应以完成各项活动的可能性最大的作业时间为准。

② 三点估算法,即三种时间估算法。这种方法在估计作业时时,预计三个时间值,即最乐观时间、最保守时间、最可能时间。最乐观时间是指在完全顺利的情况下,完成某项活动可能需要的最短时间,用 a 表示。最保守时间是在不顺利的情况下,完成某项活动可能需要最长的时间,用 b 表示。最可能的时间是指在正常情况下,完成某项活动最可能需要的时间,m 表示,如果从 $i-j$ 工序的作业时间用 t_{ij} 表示,则就有下列公式来进行计算。

$$t_{ij} = \frac{a + 4m + b}{6}$$

(2) 结点时间参数计算 结点的时间参数有两个:结点最早开始时间与结点最迟结束时间。

① 结点最早开始时间(ET)。指从该结点开始的各项作业最有可能开始工作的时间。在此之前不具备开工条件。在网络图中用"□"表示。结点的最早开始时间的计算公式如下

$$ET_j = \max\{ET_i + t_{ij}\}, \quad i<j$$

式中　ET_j——箭头结点 j 的最早开始时间；

　　　ET_i——箭尾结点 i 的最早开始时间；

　　　t_{ij}——作业 $i-j$ 的作业时间。

② 结点最迟结束时间(LT)。是指以该结点为终点的作业最迟必须完工的时间。此时若不完成，就会影响后续各工序的按时开工，在网络图中用"△"表示。结点的最迟结束时间计算公式如下：

$$LT_i = \min\{LT_j - t_{ij}\}, \quad i<j$$

式中　LT_i——箭尾结点 i 的最迟结束时间；

　　　LT_j——箭头结点 j 的最迟结束时间；

　　　t_{ij}——作业 $i-j$ 的作业时间。

例：某计划任务的网络图如图 4-6 所示。

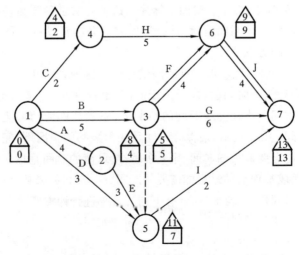

图 4-6　网络图二

根据结点的最早开始时间的计算公式,可求得各结点的最早开始时间,如图 4-6 中 □ 所示数值。

$ET_1 = 0, ET_2 = 4, ET_3 = 5, ET_4 = 2,$
$ET_5 = \max\{ET_1 + t_{15}, ET_2 + t_{25}, ET_3 + t_{35}\}$
$\quad = \max\{0+3, 4+3, 5+0\} = 7$
$ET_6 = \max\{ET_4 + t_{46}, ET_3 + t_{36}\} = \max\{2+5, 5+4\} = 9$
$ET_7 = \max\{ET_4 + t_{67}, ET_3 + t_{37}, ET_5 + t_{57}\}$
$\quad = \max\{9+4, 5+6, 7+2\} = 13$

结点的最迟结束时间见图 4-6 中 △ 所示数值。

$LT_7 = ET_7 = 13, LT_6 = \min\{LT_7 - t_{67}\} = \min\{13-4\} = 9$
$LT_5 = \min\{LT_7 - t_{57}\} = \min\{13-2\} = 11$
$LT_4 = \min\{LT_6 - t_{46}\} = \min\{9-5\} = 4$
$LT_3 = \min\{LT_6 - t_{36}, LT_7 - t_{37}, LT_5 - t_{35}\}$
$\quad = \min\{9-4, 13-6, 11-0\} = 5$
$LT_2 = \min\{LT_5 - t_{25}\} = \min\{11-3\} = 8$
$LT_1 = \min\{LT_4 - t_{14}, LT_3 - t_{13}, LT_2 - t_{12}, LT_5 - t_{15}\}$
$\quad = \min\{4-2, 5-5, 8-4, 11-3\} = 0$

(3) 作业起止时间的计算。

① 作业的最早开始时间(ES_{ij})

作业的最早开始时间是指作业最早什么时候可以开始,它等于代表该作业的箭尾结点的最早开始时间。可用下列公式来表示:

$$ES_{ij} = ET_i$$

② 作业的最早结束时间(EF_{ij})

作业的最早结束时间是指该作业最早什么时候可以结束,它等于代表该作业的箭尾结点的最早开始时间加上作业本身的作业时间;或等于该作业的最早开始时间加上作业本身的作业时间。可用下列公式来表示:

$$EF_{ij} = ET_i + t_{ij}$$

或

$$EF_{ij} = ES_{ij} + t_{ij}$$

③ 作业的最迟结束时间(LF_{ij})

作业的最迟结束时间是指该项作业最迟在什么时候结束,它等于代表该作业的箭头结点的最迟结束时间,可用下列公式来表示:

$$LF_{ij} = LT_j$$

④ 作业的最迟开始时间(LS_{ij})

作业的最迟开始时间是指该作业最迟应在什么时候开始。它等于代表该项作业的箭头结点的最迟结束时间减去该项作业本身的工作时间;或者等于该项作业的最迟结束时间减去该作业的本身工作时间,可用下列公式来表示:

$$LS_{ij} = LT_j - t_{ij}$$
$$LS_{ij} = LF_{ij} - t_{ij}$$

在上例的基础上,计算各项作业的起止时间,通常采用列表计算。计算结果见表4-4所示。

表4-4 网络参数计算表

作业代号	作业时间(天)	最早开始时间(天)(ES)	最早结束时间(天)(EF)	最迟开始时间(天)(LS)	最迟结束时间(天)(LF)	时差(天)(S_{ij})	备注
A	4	0	4	4	8	4	
B	5	0	5	0	5	0	*
C	2	0	2	2	4	2	
D	3	0	3	8	11	8	
E	3	4	7	8	11	4	
F	4	5	9	5	9	0	*
G	6	5	11	7	13	2	
H	5	2	7	4	9	2	
I	2	7	9	11	13	4	
J	4	9	13	9	13	0	*

* 为关键作业

(4) 时差。作业的时差是指在不影响整个工程按期完工的条件下,某些作业在开工时间安排上可以机动使用这一时间。时差又称为宽裕时间或缓冲时间。时差为计划进度的安排提供了机动性,时差也是决定网络图中关键线路的依据。作业的时差有总时差和自由时差。

① 总时差 S_{ij}。计算出各项作业的最早开始时间与最迟结束时间后,可以发现有的作业的最早开始时间与其最迟开始时间相等,而有的作业则不等。对于 ES_{ij} 与 LS_{ij} 不相等的作业,在开工时间的安排上,就有一定的机动性,其机动的时间幅度,即最迟开始时间与最早开始时间之差,称为总时差。用公式表示为:

$$S_{ij} = LS_{ij} - ES_{ij} \quad \text{或} \quad S_{ij} = LT_j - ET_i - t_{ij}$$

② 自由时差 r_{ij}。具有总时差的作业,如果用去了总时差的一部分,将使后续作业无法在最早开始时间开工,这类作业就不具备自由时差。反之,有些作业虽然用去了总时差的一部分或全部,却不妨碍后续作业在最早开始时间开工,这类作业是具有自由时差的作业。由此可见,自由时差是在不影响后续作业在最早开工时间开工的条件下,某项作业所具备的时差。其计算公式如下:

$$r_{ij} = ET_j - ET_i - t_{ij}$$

(5) 关键线路的确定　　总时差为零的各项作业所构成的线路,叫做工程项目网络图的关键线路。组成关键线路的各项作业的时间之和是所有其他线路作业时间之和的最长者。关键线路上各项作业时间之和就是结束点的最早开始时间。一个网络图可能具有不止一条关键线路,但是他们的总作业时间必须相等且等于 ET_n 或 LT_n。显而易见,整个工程项目的总工期也就是关键线路上的各项作业的作业时间之和。

6　网络计划的优化

网络计划的优化就是根据预定的目标,通过利用时差,不断改善网络计划的初始方案,在满足既定条件的要求下,寻求最优方案。网络计划优化的基本着眼点是找关键线路要时间,向非关键线路要资源。

网络优化的内容,主要有以下三个方面:

(1) 时间优化　　就是在人力、设备、资金等有保证的条件下,寻求缩短工程周期的措施,使其符合目标工期的要求。时间优化的具体措施可以有:①利用时差,从非关键线路上抽调部分人力、物力集中应用关键工序,缩短关键线路的延续时间;②分解作业,增加作业之间的平行交叉程度;③在可能的情况下,增加投入的人力及设备,采用新工艺、新技术等来缩短工期。

(2) 时间—费用优化　　是综合考虑工期与费用的关系,寻求最低的工期总费用来获得最佳工期的一种方法,工程总费用是直接费用和间接费用的总和。工程总费用最低点所对应的工期为最佳工期。

(3) 时间—资源优化　　是指在一定的资源条件下,使工程周期最短,或在工程有一定要求的条件下,通过资源平衡,求得工期与资源需要的最佳配合。

第四节　先进生产与运作方式

一、准时生产体系(JIT)

准时化生产方式(Just In Time)是在日本丰田汽车公司进一步扩大其生产规模,确立规模生产体制的过程中诞生和发展起来的。JIT 是一组活动的集合,它是将运作管理 5P——People(工人)、Plants(工厂)、Part(部件)、Processes(工业)、Planning Control system(计划控制系统)集成到能提供高质量产品和服务的流水生产中,其目的在于实现在原料、在制品及产成品保持最小库存的情况下进行大批量生产。"准时化"是基于"任何工序只在需要的时候,按需要的量生产所需要的产品或提供所需要的服务"的逻辑。生产产生于产品的实际需要。

JIT 意味着在必要的时候生产必要的产品,不要过量生产,超过所需要最小数量的任何东西都将被看成浪费,因为在现在不需要的事物上投入的精力和原材料都不能在现在使用。

JIT 的实现方法有:

(1) 适时适量生产 即在需要的时候,按需要的量生产所需要的产品或提供所需要的服务。它强调的是"准时"和"准量"。这是由"卖方市场"转变为"买方市场"后市场环境决定的。在目前供过于求的市场环境下,企业生产的产品数量必须能够对市场灵活反映,否则,生产过剩将会导致库存积压,造成人、财、物的浪费,JIT 的这种思想于传统的生产、库存观念截然不同。

(2) 弹性配置作业人数 即"少人化",是降低成本的一个重要方面,在市场需求动态多变、生产规模频繁变化、人工费用越来越高的今天更是如此。所谓的少人化,是根据生产量的变动,弹性地增减各生产线上作业人数,尽量用最少的人力完成较多的生产。弹性配置作业人数的关键在于能否将生产量减少了的生产线上的人员数减下来。"少人化"技术作为有别于传统生产系统中的"定员制"的一种全新的人员配置方式,具有两个意义:一是按照每月的生产量的变动弹性增减个生产线以及作业工序的作业人数,以通过保持合理的作业人数来实现成本的降低;二是通过不断地减少原由的作业人数来实现成本降低,又称"省人化"。

(3) 保证质量 JIT 与全面质量管理 TQC 无论在理论上还是在实践上都已经紧密地结合在一起。全面质量控制基于员工对自身工作负责的理论假定,将质量要求加入到过程运作的实践中,而并不是通过检查来确认质量。当员工对其工作负责时,JIT 的运行状态最佳,因为只有高质量的产品在系统中流动。一旦发现异常或不良产品可以自动停止设备运行机制,找出发生异常的原因并针对性地提出改善措施,从而防止不良产品重复出现或累积出现,避免了由此可能造成的大量浪费。当所有产品都合格时则不需要有额外库存存在,因此企业可以获得高质量和高效率。当然,高质量的零件与高水平的产品设计是分不开的,标准产品结构、尽量少的零件及标准化零件是 JIT 系统十分重要的组成部分。

二、计算机集成制造(CIM)

计算机集成制造(Computer Integrated Manufacturing)的产生是社会需求和技术进步共同作用的结果。一方面由于企业外部环境的变化,特别是市场的迅速变动引起企业对计算机集成制造的强烈需求;另一方面,科学技术的长足发展,特别是各种计算机辅助的单元技术的发展,成为计算机集成制造的技术来源,为 CIM 的产生提供了技术准备。

CIM 与 CIMS(Computer Integrated Manufacturing System)的概念。CIM 是把人的经营知识及能力与信息技术、制造技术综合应用,以提高制造企业的生产率和灵活性,因此将企业所有的人员、功能、信息和组织等诸方面集成为一个整体。CIMS 是计算机集成制造系统,就是在 CIM 思想指导下,逐步实现全过程计算机化的综合人机系统。无论其计算技术应用的广度和深度处于什么阶段,只要全局规划是明确的,确实按照 CIM 思想指导企业的体制改革和技术改革,就可称为 CIMS。

CIM 是组织现代化生产的一种哲理、一种指导思想,CIMS 则是 CIM 的实现。CIM 哲理只有一个,CIM 许多相关技术具有共性;而 CIMS 则因为企业不同,其形式与构成千变万化。可以说 CIM 各种哲理的具体实现都是 CIMS。

三、精益生产(LP)

精益生产(Lean Production)是一种生产管理的哲理,它的基本目标是消除企业生产活动各方面浪费的原因,包括员工关系、供应商关系、技术水平及原材料、库存的管理。精益生产方式与大量生产方式的最终目标是不同的。大量生产的工厂要求自己的产品"足够好",他们容忍庞大的库存量,认为要求过高是人力所不能及的,或者会导致不值得的更多花费。但是精益生产的工厂要求自己的产品"尽善尽美",必须"精益求精",必须不断降低成本,做到无废品、零库存、无设备故障等,而产品的品种又是多种多样的。这种理想境界永远达不到,但是人们的不断追求就会产生惊人的效果。

1. LP 的管理方式

精益生产方式中,精益求精的管理使得它在人员的利用、厂房的利用、时间的利用等方面都大大优于大量生产方式。在精益生产中,组织的关键特点有两个:

(1) 精益生产能够把最大量的工作任务和责任转移到生产线上的工人们身上。

(2) 具有一个处于在适当位置的一旦发现问题就能尽快追查并找出最终原因的检测缺陷系统。

2. LP 的生产操作与对工人的要求

生产操作是制造企业各项活动中比重很大的一项活动,首先考虑第一线操作工人的效率提高具有重要的意义。精益生产中常有以下做法:

(1) 减少以至于撤消非增殖的人员和岗位,彻底消除各种浪费。

(2) 实行总装线上工人的集体负责制。

(3) 对效率的看法不是单纯从局部设备在单位时间内生产零件多少来计算效率,而是从全局、从整体上来看效率。

(4) 实行与西方传统不同的劳资关系。精益生产中把人看作是生产中最宝贵的东西,是解决问题的根本动力。

3. LP 的协作形式

① 精益生产不是靠投标,而是根据长期的合作关系及一贯的表现选定协作厂。

② 协作关系的一个核心问题是利益分配。

③ 精益生产协作厂在交货方式上与大量生产也有很大的差

别。

④ 精益生产协作厂都参加了称为"协作厂协会"的组织。

四、敏捷制造(AM)

敏捷制造(Agile Manufacturing)一种能够对市场多变的需求作出敏捷的反应,从而很好地满足市场需求的制造组织和制造方式。

AM 的基本思想:

针对 21 世纪市场竞争的特点,制造企业不仅要灵活多变满足用户对产品多样性的要求,而且新产品必须快速上市。而且顾客需求的个性化发展对产品多样性的要求非常突出,每张订单可能只有一件或两件产品。然而厂家按订单生产时,希望其生产成本与批量无关。说得更具体些,希望生产一万件同一型号的产品,和生产一万种不同型号、每种只有一件的产品,所花费成本基本相同。而且上市时间将成为竞争的关键,要力争缩短。因此各种产品的生产系统必须是可重新编程、可重新组合、可连续更换的。这就是敏捷制造的思想基础。

思考练习题

1. 合理组织生产过程的基本要求。
2. 产品在生产过程中的移动方式有几种?
3. 影响企业生产能力的因素有哪些?
4. 根据下表信息,按要求进行计算:

工序代号	A	B	C	D	E	F	G	H	I	J	K	L	M
紧前工序	/	/	/	A	A	C	BEF	C	D	DG	H	H	IJ
工序作业时间(天)	3	5	6	10	9	6	4	7	2	4	5	4	5

要求:(1) 画出网络图。
(2) 计算各结点的最早开工时间和各结点最迟结束时间,并将其标在图上。
(3) 计算各工序的总时差,并确定关键工序和关键线路。
(4) 若 B 工序的作业时间延长 3 天,对总工期是否产生影响,为什么?

第五章 质量管理

质量管理是现代企业管理的一个重要组成部分,随着科学技术、现代生产技术和市场经济的不断发展以及管理科学化、现代化的要求,质量管理在现代企业经营管理中的地位和作用越来越重要,有关质量管理理论和方法的探索也越来越丰富和深化,质量管理学已经从管理中分离出来而成为一门新兴的独立学科。质量是企业素质的综合反映,对影响质量的因素进行全面、系统的管理,是企业质量管理的根本所在。目前,对质量进行系统管理的实施途径就是要建立企业的质量管理体系并使其有效地运行。ISO9000族标准为企业建立质量管理体系提供了一整套标准模式,使企业质量管理工作走上一个新台阶。本章以ISO9000族标准为依据,介绍质量管理的基本理论和方法。

第一节 质量管理的基本术语

术语是对某一专业领域内所应用的概念做准确和统一的描述,以便人们在该领域中对某些概念具有共同的认识,并奠定相互交流和理解的基础。鉴于质量领域中某些通用术语往往被赋予不同的解释,国际标准化组织为澄清通用质量术语的用法,使其科学化和规范化,以利于国际间的交流活动,于1986年经过ISO/TC176/SCI研究制订了ISO 8402质量术语标准。2000年进行了修订。该标准是关于质量和质量管理的术语标准。目的是明确在质量管理领域里采用的质量术语概念,并将其标准化。这是因为随着产品质量在国际贸易和人们经济活动中的地位日益提高,人们对质量的认识、实践和研究也在不断深入,基本术语的概念也相应扩大了含义。下面介绍 2000 版 ISO 9000 族标准中几个通用术语的概念。

一、基本术语

1. 产品:过程的结果

(1) 产品一般有四种通用的类别:服务、软件、硬件和流程性材料。服务通常是无形的,并且是在供方和顾客接触上至少需要完成一项活动的结果的,如运输、信息提供等。软件由信息组成,通常是无形产品并可以方法、记录或程序的形式存在,如计算机程序、字典等。硬件通常是有形产品,其量具有计数的特性,如机器设备、建筑物等。流程性材料通常是有形产品,其量具有连续的特性,如润滑油、水泥等。硬件和流程性材料经常被称之为货物。许多产品由不同类别的产品构成,服务、软件、硬件或流程性材料的区分取决于产品本身的主导成分,例如,数控机床的金属切削机构等组件是硬件,配有计算机软件,装有润滑油和切削液等流程性材料,还包括技术和维修服务等,但其主导成分是硬件,因此,数控机床为硬件产品。航空公司主要为乘客提供空运服务,但在飞行中也提供饮料、点心等硬件。

(2) 质量保证主要关注预期的产品及期望生产的产品,产品概念是广义的,预期产品既可以是交付给顾客的最终产品,也可以是生产过程中的半成品和外购件。对非预期产品即生产预期产品的过程中,伴随产生的废液、废气、废料等物质,有可能造成环境的污染,其不属于质量管理的范畴,它属于环境管理体系(ISO 14000 系列标准)的范畴。

2. 质量:指一组固有特性满足要求的程度。

(1) 质量不仅是指产品质量,也可以是某项活动或过程的工作质量,还可以是质量管理体系运行的质量。"固有的"指在某事或某物本来就有的,尤其是那种永久的特性,如螺栓的直径等,而不是人为赋予的,如产品的价格。"要求"是指明示的,通常隐含(即不言而喻)的或必须履行的需要或期望。对质量的要求除考虑满足顾客的需要外,还应考虑组织自身利益,提供原材料和零部件等的供方的利益和社会的利益等多种需求。如安全性、节约能源、环境保护等外部的强制要求。

(2) 要求不是固定不变的。随着技术的发展、生活水平的提高,人们对产品、过程或体系会提出新的质量要求,因此,应定期评定质量要求,修订规范,不断开发新产品、改进老产品,以满足已变化的质量要求。同时,质量具有"相对性能",不同国家、地区因自然环境条件、技术发达程度、消费水平、风俗习惯等不同,会对产品提出不同的要求。

(3) 在相对比较两个产品或体系质量的优劣时,应注意在同一"等级"的基础上进行比较。等级高并不意味着质量一定好,反之亦然。如豪华宾馆服务质量可能较差,而小旅馆服务质量可能很好。应注意"等级"含义。

(4) 质量要求具体反映为一组固有的"特性",如性能、寿命、可靠性、安全性、经济性、服务态度、舒适、美观等。不同类别产品,其质量特性包含的内容各有不同。

3. **质量管理**:在质量方面指挥和控制组织的协调活动。

质量管理是企业围绕着使产品能满足不断更新的质量要求而开展的策划、组织、计划、实施、检查和监督、审核等所有管理活动的总和。它是企业各级职能部门领导的职责,由企业最高领导负全责。在质量方面的指挥和控制活动,通常包括制定质量方针和质量目标以及开展质量策划、质量控制、质量保证和质量改进等。

4. **质量策划**:质量管理的一部分,致力于制定质量目标并规定必要的运行过程的相关资源,以实现质量目标。

组织在规定了质量目标后,就要考虑为达到质量目标应采取什么措施(必要的作业过程)和提供的必要条件(包括人员和设备等资源),并把相应活动的职责落实到相关部门或岗位上。这些活动都是质量策划活动。

5. 质量控制

质量控制是质量管理的一部分,致力于满足质量要求。

质量控制的工作内容包括专业技术和管理技术两个方面,应对影响各环节工作质量的人、机、料、法、环(5MIE)因素进行控制,分阶段验证。发现问题,查明原因,采取措施,减少损失。由于质量要求随着时间的进展而不断变化,为了满足新的质量要求,对质量控制又提出新的任务。因此,质量控制是动态的。

6. 质量保证

质量保证也是质量管理的一部分,致力于提供质量要求会得到满足的信任。

质量保证以保证质量为基础,进一步引伸到提供"信任"这一基本目的。要使用户(或第三方)能"信任",企业应加强质量管理,完善质量管理体系,对合同产品有一整套完善的质量控制方案、办法,并认真贯彻执行,对实施过程及成果进行分阶段验证,以确保其有效性。企业要使用户能了解企业的实力、业绩、管理水平等,使对方建立信心,相信企业提供的产品能达到所规定的质量要求。

7. 质量管理体系

其指在质量方面指挥和控制组织的管理体系。

质量管理体系是建立质量方针和质量目标并为实现这些目标的一组相互关联作用的要素的集合。它包括硬件和软件两大部分。组织在进行质量管理时,首先根据质量目标的要求准备必要的条件如人员素质、试验、加工等资源,然后设置机构,具体开展质量管理活动。这一有机整体就是组织的质量管理体系。

一个组织可以建立一个综合的管理体系,其内容可包含质量管理体系、环境管理体系和财务管理体系等。2000 版 ISO 9000 标准已考虑了与 ISO 14000 环境管理体系标准的协调,为组织综合管理体系的建立提供了方便。

8. 质量改进:质量管理的一部分,致力于增强满足质量要求的能力。

　　技术在不断发展,顾客和外部相关方的需求在不断变化,组织要在市场竞争的环境中求生存和发展,必须不断开发新产品,改进老产品,提高管理水平,实施持续的质量改进,提高各项质量活动的有效性和效率。

二、质量职能

1. 产品质量的形成过程

（1）质量螺旋　任何产品质量都有一个产生、形成和实现的过程,对于这个产品质量形成过程,国际著名质量管理专家朱兰博士用"质量螺旋"进行了描述,意思是指产品质量从市场调研开始,经过设计、开发、计划、采购、生产、控制、检验、销售、服务等环节,环环紧扣,互相促进。在使用中又产生新的想法,构成动力再开始新的质量过程,不断循环,产品质量水平呈螺旋式上升,每经过一次循环,产品质量就提高一步,循环不断,产品质量也就不断提高。质量螺旋曲线又称为朱兰螺旋线,如图 5-1 所示。

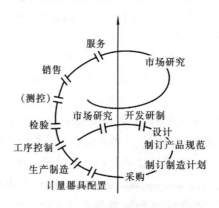

图 5-1　朱兰质量螺旋曲线

（2）质量环　产品质量形成过程的另一种表达方式是"质量

环"。质量环包括12个环节,如图5-2所示。质量环不是简单的重复循环,它与质量螺旋有相同意义,每循环一次,意味着产品质量就提高一步,循环不断,产品质量也就不断提高。可以把它看成是质量螺旋曲线的俯视图。质量环是指导企业建立质量管理体系的理论基础和基本依据。

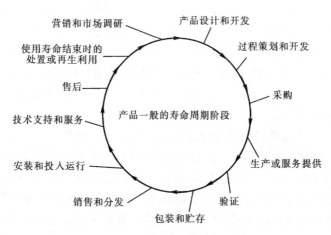

图5-2 质量环(对质量有影响的主要活动)

2. 质量职能

质量职能是指为实现产品满足顾客要求所进行的一系列与质量有关活动的总和的效能。

质量职能并非指某一单项质量活动的效能,而是指为了使产品具有一定适用性而开展许多质量活动所产生的综合效能。按照影响产品适用性形成的规律,直接影响产品质量的主要质量职能有:市场调研、开发设计、采购、工艺技术准备、生产制造、质量检验、销售、用户服务等。企业内的质量职能应由企业各职能部门分别承担,但质量职能不等于部门职能。根据不同企业的规模大小和机构设置的情况不同,质量职能及其活动的分配亦不相同,有些职能部门对产品质量无直接关系,但有间接关系,同样承担着一定的质量职能。如教育部门的主要质量职能是质量教育,财务部门的质量职能是质量经济性管理等,其他部门也都以各自的工作质量来保证产品质量。

三、质量管理的发展

质量管理这一概念早在20世纪初就提出来了,它是伴随着企业管理理论与实践的发展而不断完善发展起来的,至今已形成为一门独立的学科。从质量管理的发展历史可以看出,对于不同时期,质量管理的理论、技术和方法都在不断地发展和变化,并且有不同的特点。从一些工业发达国家来看,质量管理的发展大致经历了三个阶段。

1. 产品质量的检验阶段(20世纪20～30年代)

质量检验就是对生产的产品进行检验,看其是否符合质量标准的过程。这个阶段是在美国工程师泰勒(F. W. Taylor)提出的把计划职能和执行职能分开的基础上,为了保证各环节协调发展,检查计划的执行情况,强调产品检验职能应从制造过程中分离出来,由专职的检验人员进行产品的质量检验,以进行不合格品的质量把关。这阶段的质量管理特点就是按照标准规定,对成品进行检验,从成品中挑出不合格品,其任务只是"把关",即严禁不合格品出厂或流入下一工序,但不能预防废品和不合格品的产生,并且,该方式只注重结果,出现质量问题时责任不明确,另外,这种方式不适用于破坏产品的检验,如灯管、炮弹等。

2. 统计质量管理阶段(20世纪40～50年代)

1924年,美国贝尔(Bell)电话研究所的统计学家休哈特(W. A. Shewhart)博士运用概率论与数理统计的原理提出了"预防缺陷"的概念。他认为,质量管理除检验外,还应做到预防,解决的办法就是采用他提出的"6σ"控制图。与此同时,他的同事道奇(H. F. Dodge)和罗米格(H. G. Romig)联合提出,在破坏性检验情况下采用"抽样检验表",使质量管理的方法得以发展。但限于当时的经济形势和生产条件,该方法在实践中并没有得到普及和应用。二战期间,由于对大量生产(尤其是军需品)的需要,质量检验方法显示出其致命弱点,此时,客观上对这种新的质量控制方法就有了迫切需要。这种质量控制方法的关键在于通过使用从生产过程中取得的统计数据所绘制的控制图,分析产生不合格品的原因,对生产过程进行动态控制,这就是所谓的统计质量管理,简称 SQC。但由于该方法过分强调数理统计方法,忽视了组织管理工作和生产者的能动作用,当时质量管理被认为是少数数学家和学者的事,因而对统计质量管理产生了一种高不可攀、望而生畏的感觉,阻碍了这种方法的推广和发展。

3. 全面质量管理阶段(20 世纪 60 年代至今)

从 20 世纪 60 年代开始,随着生产和科学技术的发展,产品寿命周期迅速缩短,对产品质量的要求越来越高,特别是对产品的安全性、可靠性要求越来越高。面对激烈的市场竞争和日益高涨的保护消费者利益的呼声,美国通用电器公司的费根保姆(A. V. Feigeubaum)和质量管理专家朱兰(J. M. Juran)提出了"全面质量管理"(Total Quality Control,简称 TQC)的概念,将质量管理发展到了一个崭新的阶段。后来许多日本专家和学者也为此作出了巨大贡献。全面质量管理阶段的标志是把企业的经营管理思想、数理统计方法等管理手段和现代科学技术密切地结合起来,建立一套质量管理体系,以保证经济地生产出满足用户需要的产品。这个时期的质量,无论在深度上还是广度上均有所发展。近年,随着质量管理的国际化,质量管理的思想和体系不断深化,要求企业严格按 ISO9000 族标准开展质量管理活动。

全面质量管理是指:一个组织以质量为中心,以全员参与为基础,目的在于通过让顾客满意和本组织所有成员及社会受益而达到长期成功的管理途径。全面质量管理从过去的事后检验,以"把关"为主,转变为以预防、改进为主;从"管结果"转变为"管因素",即提出影响质量的各种因素,抓住主要矛盾,发动各部门全员参

加,运用科学管理方法和程序使生产经营所有活动均处于受控状态之中。其特点为:

(1) 全面的质量管理　即不仅要对产品质量进行管理,也要对工作质量进行管理,要对产品性能及其可靠性、安全性、经济性等进行管理;不仅要对物进行管理,还要对人进行管理。

(2) 全过程的质量管理　产品质量有一个产生、形成和实现的过程,全面质量管理的范围包括其全过程(即质量环的 12 个环节)。

(3) 全员参加的质量管理　即要求组织全体人员都参与全面质量管理工作。

(4) 全面运用各种管理方法　质量管理在长期实践中形成了多样化、复合型的方法体系,如 PDCA 循环、数理统计方法、新老七种工具等。要求全面综合地运用这些方法开展组织的质量管理工作。

(5) 提高全社会的效益　全面质量管理强调让顾客满意、本组织成员和社会收益,谋求长期的经济效益和社会效益,即要提高包括本企业效益在内的以质量成效为核心的整个社会的经济效益为宗旨,而不是仅仅追求本企业获得利润。

四、质量管理的八项基本原则

质量管理八项原则是在总结质量管理实践经验的基础上,用高度概括的语言所表述的最基本、最通用的一般规律,可以指导一个组织在长时期内通过关注顾客及其他相关方的需求和期望而达到改进其总体业绩的目的。它可以成为组织文化的一个重要组成部分。

原则一:以顾客为关注焦点。

以顾客为关注焦点是质量管理的核心思想。顾客是每个组织存在的基础,组织应把顾客的要求放在第一位,组织要明确谁是自己的顾客,调查顾客的需求是什么,研究怎样满足顾客的需求,同时注意潜在的顾客。组织必须时刻关注顾客的动向,顾客的潜在需求和期望,以及对现有产品的满意程度。目的是可以根据顾客要求和期望的变化做出改进,以取得顾客的信任,从而稳定地占有市场,并能根据市场的变化动向做出快速反应,进而更多地占有市场。

原则二:领导作用。

领导作为决策者在质量管理中起着举足轻重的作用。一个组织的领导者即最高管理者是"在最高层指挥和控制组织的一个人或一组人"。最高管理者要想指挥好和控制好一个组织,就要在考虑组织和所有者、员工、顾客、合作伙伴、行业、社会等各类相关方的需求后制定方针,做出规划,确定有挑战性的目标,使员工理解并动员他们去实现这个目标。通过其领导作用及所采取的各项措施,创造并保持一个能使全体员工充分参与和实现组织目标的良好的内部环境,确保质量管理体系有效运行。

原则三:全员参与。

员工是组织的根本,产品是员工劳动的结果,质量管理体系需要全体员工充分参与。所以要对员工进行质量意识、职业道德、以顾客为关注焦点的意识和敬业精神的教育,激发他们的积极性和责任感,让员工了解他们在组织中的作用及他们工作的重要性,为完成目标自己应该做些什么,然后给予机会提高他们的知识、能力和经验,使之能胜任相应工作,要使他们对组织的成功负有使命感和责任感,渴望参与持续改进并努力做出贡献。

原则四:过程方法。

以过程为基本单元是质量管理考虑问题的一种基本思路。

2000版ISO9000族标准采用以过程为基础的质量管理体系模式,如图5-3所示。

从图中可以看出,质量管理体系的四大过程:"管理职责"、"资源管理"、"产品实现"和"测量、分析和改进"彼此相连,最后通过体系的持续改进而进入更高的阶段。从水平方向看,顾客(和其他相

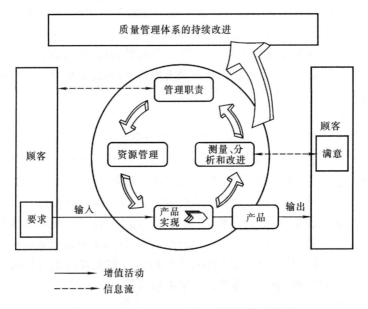

图 5-3　以过程为基础的质量管理体系模式

关方)的要求形成产品实现过程的输入,产品实现过程的输出是最终产品。产品交付给顾客后,顾客(和其他相关方)将对其满意程度的意见反馈给组织的测量、分析和改进过程,作为体系持续改进的一个依据。在新的阶段,"管理职责"过程把新的决策反馈给顾客(及其相关方),后者可能据此形成新的要求,不断循环,持续改进。利用该模式图,组织可以明确主要过程,进一步展开、细化,并对过程进行持续控制,从而改进体系的有效性。

原则五:管理的系统方法。

所谓系统,就是"相互关联或相互作用"的一组要素。系统方法实际上可包括系统分析、系统工程和系统管理三大环节,它从系统地分析有关的数据、资料或客观事实开始,确定要达到的优化目标;然后通过系统工程设计或策划为达到目标而应采取的各项措施和步骤,以及应配置的资源,形成一个完整的方案;最后在实施中通过系统管理而取得高有效性和高效率。在质量管理中采用系统方法就是要把质量管理体系作为一个大系统,对组成质量管理体系的各个过程加以识别、理解和管理,以达到实现质量方针和质量目标的目的。

原则六:持续改进。

持续改进是"增强满足要求的能力"的循环活动。市场是变化的,顾客会不断地提出新的要求和期望,如果组织不能随之持续改进,就会失去市场,失去顾客。另外,质量管理体系的充分性是相对的,从不够充分到比较充分,再到很充分也是持续改进的过程。只有坚持持续改进,组织才能不断进步。

原则七:基于事实的决策方法。

决策是组织中各级领导的职责之一,基于事实的决策方法就是指组织的各级领导在做出决策时要有事实依据,这是减少决策不当和避免决策失误的重要原则。数据是事实的形式,信息是有用的数据,组织通过对真实数据进行分析后获得信息。再通过合乎逻辑的分析,作出正确的决策。

原则八:与供方互利的关系。

组织的活动不是孤立的,一般都需要供方提供资源,形成"供方→组织→顾客"的供应链。供方向组织提供的产品将对组织向顾客提供的产品产生重要影响,因此处理好与供方的关系,影响到组织能否持续稳定地提供顾客满意的产品。在专业化和协作化日益发展、供应链日趋复杂的今天,与供方的关系还影响到组织对市场的快速反应能力。因此,组织要考虑短期利益和长远利益的平衡,营造一个清晰和公开的沟通渠道,与关键的供方共享必要的信息和利益,确定联合改进活动,激发、鼓励和承认他们的改进成果。这种"双赢"的思想,可以增强供需双方创造价值的能力,使成本和资源进一步优化,能够更灵活和快速一致地对变化的市场做出反应。

第二节　ISO 标准简介与质量认证

一、ISO9000 族标准产生的背景

任何标准都是为了适应科学、技术、社会和经济等客观因素发展变化的需要而产生的，ISO9000 族标准亦是如此。随着社会的发展，人们对质量的要求越来越高，用户越来越要求得到保证符合规范要求的产品。但由于技术的进步，产品品种越来越多，产品结构日趋复杂，也使越来越多的顾客无法凭借自己的能力判断所购产品的质量是否可靠。企业为了避免因产品质量问题而被追究的巨额赔款，在产品质量形成过程中迫切需要加强管理并由需方或第三方实施监督。还有，20 世纪 60 年代以来，世界贸易迅速发展（尤其是 20 世纪 90 年代以来，世界贸易增长率一直持续快于世界产出增长率）。为了发展国际贸易，一些国际性组织开始大量研究质量管理国际化问题，目的是使不同国家、企业间在贸易往来上具有共同的语言、统一的认识和共同遵守的规范。ISO9000 族标准就是在上述客观条件、要求以及质量管理理论和实践的基础上，由国际标准化组织 ISO 进行全面分析、研究和总结，最后于 1987 年正式发布的。它的产生很快得到世界各国组织的采用。目前已成为影响最大的质量管理方面的国际标准。1994 年国际标准化组织对该系列标准进行了初步修订。2000 年又在 1994 年版的基础上进行了彻底修订，形成 2000 版 ISO9000 族标准。我国等同采用了此标准。国家质量监督局于 2000 年 12 月 28 日正式发布了 GB/T19000—ISO9000《质量管理体系基础和术语》双编号系列国家标准。

二、ISO9000 族标准的制订

国际标准化组织（ISO）分别于 1986 年和 1987 年发布了 36 项

国际标准，通称为 ISO9000 系列标准或称为 1987 年版 ISO9000 系列国际标准。

ISO9000 系列标准发布后很快得到各国工业界的承认和推广，都以其作为质量体系认证的依据，1988 年我国等效采用该系列标准，国家标准编号为 GB/T10300，之后又于 1993 年改为等同采用。针对实施中出现的问题以及质量保证、质量管理理论和实践的发展，ISO/TC176 对上述标准进行了较大修订和扩展，由 ISO 发布了 1994 年版 ISO8402、ISO9000、ISO9001、ISO9002、ISO9003 和 ISO9004—1 等 6 个国际标准。通称为 1994 版 ISO9000 族标准。这些标准分别取代 1987 版的 6 项标准。1994 年发布 ISO9000 族国际标准修订版时，ISO/TC176 提出了"ISO9000 族"的概念，"ISO9000 族"是指由 ISO/TC176 制定的所有国际标准。ISO 在发布上述 6 项国际标准时，已陆续制定发布了其他 10 项指南性国际标准。这样 ISO9000 族国际标准已从 1987 年仅有的 6 项发展到 1994 的 16 项。ISO/TC176 完成了对标准的第一阶段的初步修订。

ISO/TC176 随后启动标准的修订战略的第二阶段工作，称之为"彻底修订"，1996 年在广泛征求标准使用者意见，了解顾客对标准修订的要求的基础上，通过比较各种修改方案，相继提出 2000 版 ISO9001 的标准结构和内容的"设计规范"和"ISO9001 修订草案"，1997 年在总结 1994 版标准中业已存在的质量管理八项原则的思想基础上，正式提出了质量管理八项基本原则，作为 2000 版 ISO9000 族标准的设计思想。同时，ISO/TC176 采取一种公开、科学、系统、注重实际的修订方式，以确保修订后的标准更科学、更合理、更适用。2000 年 12 月 15 日 ISO 正式发布了 2000 版 ISO9000 族标准。

三、质量认证

1. 质量认证的概念

"认证"是指由可以充分信任的第三方证实某一经鉴定的产品符合特定标准或规范性文件的活动。质量认证又称合格评定,由质量认证和机构人员认可这两部分组成,质量认证是合格评定的主体活动,它包含产品质量认证和质量管理体系认证。产品认证又包含合格认证和安全认证。机构人员认可包含校准和检验机构、检查机构或审核机构、认证机构、检查员/评审员资格等的认可。

(1) 质量认证包含产品质量认证和质量管理体系认证。

(2) 标准是认证的基础。无论实行哪一种认证制度,都要有适用的标准,国际上通用的是以 ISO9000 族标准为认证基础。

(3) 取得认证资格的证明方式是合格证书或合格标志。

(4) 质量认证是第三方从事的活动。通常把产品的生产企业称为"第一方",把产品的采购者称为"第二方","第三方"是独立于第一方和第二方之外的一方。在质量认证活动中,第三方是一个公正的机构,它与第一方和第二方都没有任何行政上的隶属关系和经济上和利害关系。

质量管理体系认证获准的表示是认证机构给予注册,并以企业名录形式公布。国际贯例规定质量管理体系认证不能替代产品认证,故质量管理体系认证合格不等于产品认证合格。

2. 质量认证的发展及意义

认证的最大特点是由第三方进行的证明活动。现代的第三方质量认证制度起始于英国,于 1903 年便开始使用第一个质量标准,即风筝标志,并于 1922 年按英国商标法注册,成为受法律保护的认证标志,至今在国际上仍享有较高的信誉。此后从 30 年代开始,质量认证得到了较快的发展,到 50 年代在工业发达国家中已基本普及,而其他发展中国家一般是从 70 年代开始实行质量认证制度的。随着时间的推移,质量认证制度本身也有了较大的发展,起初各认证机构仅对产品本身进行检验和试验,认证只能证明供方的产品设计符合要求,并不能担保供方以后继续遵守技术规范。之后,认证机构增加了对供方质量保证能力的检查和评定,以及获证后的定期监督,从而证明供方产品持续符合标准,至70年代,质量认证制度又有了新的发展,出现了单独对供方质量体系进行评定的认证形式。为了协调和推动认证工作,国际标准化组织在其后致力于质量认证工作,使认证工作又有了新的发展并要求按ISO9000族标准进行认证。

质量认证是国际上通行的制度。它是商品经济发展的产物,随着商品经济规模扩大和经济多元化、国际化,为提高产品信誉度,减少产品质量重复检验,消除贸易技术壁垒,维护供方、需方、用户、消费者的利益,产生了第三方认证。这种认证已发展为一种世界性趋势,形成世界范围的广泛国际认证。这种不受产、销双方经济利益支配,以公正、科学的工作态度为基础的第三方认证,已逐步树立起神圣的权威和良好的信誉,成为各国对产品和企业进行质量评价和监督的惯例。它有利于提高供方质量信誉,增强国际竞争力,保护消费者利益,并能使各组织的产品能更顺利地打入国际市场。

第三节 质量管理的基本方法

在建立了完善的质量管理体系的同时,组织质量管理工作还应采用一套科学的质量管理方法。这里介绍几种常用的质量管理方法。

一、PDCA 循环

PDCA 循环是质量管理的基本工作方法,也是做任何事情应遵循的规律,由于它是由美国质量管理专家戴明(W. Edwards Deming)博士首先提出的,所以又称 PDCA 循环为"戴明环"。PDCA 循环就是计划(Plan)、执行(Do)、检查(Check)、处理(Action)的简称,是全面质量管理工作必须经过的四个阶段。

1. PDCA 循环的工作内容

2000 版 ISO9000 族标准对 PDCA 循环在过程模式的应用表述如下:

(1) P——策划、计划 根据顾客的要求和组织的方针,为提供结果建立必要的目标和过程,包括四个步骤:①分析质量现状,找出存在的质量问题;②寻找主要问题发生的原因或影响因素;③找出主要大原因;④制定对策措施计划。

(2) D——实施、执行过程 只有一个步骤,即⑤按计划进行实施。

(3) C——检查 根据方针、目标和产品要求,对过程和产品进行监视和测量,并报告结果。也只有一个步骤,即⑥调查采取措施的效果。

(4) A——处置、处理 采取措施,以持续改进过程业绩。该阶段包括两个步骤:

⑦总结经验,巩固成绩,形成一定制度和标准;⑧提出遗留问题并转移到下一个循环处理,以达到持续改进的目的。

2. PDCA 循环的特点

(1) 大环套小环,相互衔接,互相促进 组织内的各环节和各部门乃至每个人、每件事情都存在 PDCA 循环,形成大环套小环,下一级循环是上一级循环的保证,而上一级循环是下一级循环的依据,如图 5-4 所示。

(2) 螺旋上升 PDCA 循环是螺旋式上升的,有人形象地称之为"爬楼梯",如图 5-4。PDCA 循环每转动一周就提高一步,意味着上升到一个新的高度,这样循环往复,质量问题不断得到解决,质量水平不断提高。

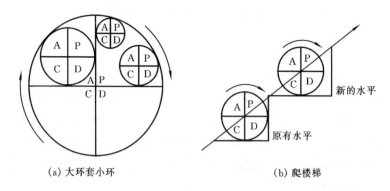

(a) 大环套小环　　　　　(b) 爬楼梯

图 5-4　PDCA 循环特点示意图

（3）关键在于"处置"阶段　"处置"一是要总结经验,肯定成绩,纠正错误,预防再犯,并把成功的经验标准化、制度化。二是把尚未解决的问题留到下一个循环解决,以持续改进过程业绩。它是十分关键的,起着承上启下的作用。

PDCA 循环是可以在组织过程中应用的动态循环,它与产品实现及其他质量管理体系过程的策划、实施、控制和持续改进密切相关。可通过在组织内各层次应用 PDCA 循环概念来保持和持续改进过程能力。对高层战略过程如质量管理体系策划或管理评审以及作为产品实现过程的简单运行活动都可同样应用 PDCA 循环。

二、排列图法

排列图法也叫帕累特法或 ABC 分类法,它是寻找主要质量问题或影响产品质量的主要因素的一种简便而有效的方法。排列图最早是意大利经济学家帕累特(V. Pareto)用来分析社会财富的分布状况的,他发现在西方发达国家,少数人占有大量财富,而多数人却只有少量财富。这些少数人左右着国家的经济命脉,即所谓的"关键的少数和次要的多数"现象。后来,美国质量管理专家朱兰博士把它用于质量管理,作为改善质量活动中寻找主要矛盾的一种方法。

1. 排列图的形式

排列图中有两个纵坐标,一个横坐标,若干个直方形和一条由左向右逐步上升的折线。左边的纵坐标为频数(如不合格品数),右边的纵坐标为频率(%)。横坐标为影响产品质量的各种问题,按其影响程度大小,从左至右顺序排列,直方形的高度表示某问题的影响程度。图中的折线通常也称曲线,表示各问题影响程度的累计百分数。

通常把这种累计百分数分为三类:一般前2～3项(累计频率约为70%左右),为A类因素,是主要原因或主要影响因素;累计频率约70%～90%为B类,是次要原因;累计频率约90%～100%为C类,是一般原因。其中,A类原因或影响因素应作为重点分析的对象,对其采取必要的控制措施,以求解决问题。

2. 排列图的作法

制作排列图,通常可按以下步骤进行,下面结合例题加以说明:

(1) 收集一定期间的数据,并按项目分类。

例:现收集了某厂某年1～3月份卷烟外观质量不合格品数990个数据,经分层整理后列成数据表5-1。

(2) 统计各项目的频数,计算其百分比及累计百分比,列于表5-1中。

(3) 作图(图5-5)。

(4) 在排列图的下方要注明排列图的名称、绘图时间、绘图者等。

表 5-1 卷烟外观质量不合格品数统计表

序号	项目	不合格品数频数个	累计不合格数累计频数	频率 %	累计频率 %
1	空松	458	458	46.3	46.3
2	贴口	297	755	30	76.3
3	切口	80	835	8	84.3
4	表面	55	890	5.9	89.9
5	短烟	35	925	4.5	93.4
6	过紧	28	953	2.9	96.3
7	其他	37	900	3.7	100
	合计	990		100	

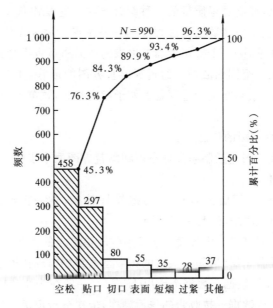

图 5-5 卷烟外观质量不合格品数排列图

3. 画排列图的注意事项

(1) 主要原因（A 类项目）一般只有 1~2 项，最多不超过 3 项。若出现主要原因过多，则有必要考虑重新分类。

(2) 纵坐标可以用"件数"或"金额"等来表示，原则以更好地找到"主要原因"为准。

(3) 若主要原因尚不明确，可针对该项目进一步进行分层，画出几个不同的排列图加以分析，以便发现主要问题或原因。

(4) 确定了主要因素并在采取措施后，为验证其实施效果，还要按原项目重新划出排列图，以进行比较。

三、直方图

直方图又称质量分布图，是对数据加工整理以判断过程质量变化情况，控制过程质量的一种统计方法。它是由很多直方形连接起来，表示质量数据离散程度的一种图形。因为在任何相同的工艺条件下，同一个操作者加工出来的产品质量也不会完全相同，总是在某个范围内波动。通过观察直方图的形状，并与公差标准要求对比，来判断生产过程是否处于稳定状态，预测生产过程的不合格品率。

1. 直方图的作法

作直方图包括制频数分布表和画直方图两个步骤。下面结合实例介绍。

例：某工厂加工 $\varnothing 8_{-0.05}^{-0.10}$ 的螺栓杆外径，从一批产品中抽取 100 件，实测数据见表 5-2 所示。

(1) 绘制频数分布表　这里频数即指出现的次数。把收集的数据分成若干组（区间），某组的频数是指数据出现在该组的次数。

① 收集数据。数据个数以 N 表示，一般在 100 个以上，本例收集 100 个数据。按收集的先后顺序，依次分行记录，把各行内最大和最小的数据用符号"大"或"小"标出（表 5-2）。

② 找出数据的最大值和最小值，计算极差 R。极差为测定值

中最大值与最小值之差。它是表示数据分布范围的特征值。求法是从数据表中各行的最大值与最小值里找出全部数据的最大值 L_a 与最小值 S_m。则 $R = L_a - S_m$。

本例中　　$R = 7.938 - 7.913 = 0.0025$

表 5-2　螺栓杆尺寸观测值(mm)

7.938 大	30	38	14 小	24	29	28	20	18	23
30 大	25	30	30	25	18	20	18 小	28	28
18	13S_m 小	25	26	28 大	24	22	23	15	19
25	25	25	25	27 大	20 小	22	27	23	25
23	27	27	27	23	22 小	23	29	31 大	22
30 大	20	24	25	29	22	25	30	26	18 小
20	25	30	26	23	20 小	29	30 大	25	22
29	28	30	35	30	38L_a 大	25	24 小	30	35
22	18 小	22	25	25	20	27	22	30 大	30
25	38 大	22	15 小	18	27	35	21	19	22

注：大——行中最大值　小——行中最小值

③ 分组。在极差范围内,把所收集的数据,划分成几个等间隔的组,首先确定组数 K,一般按表 5-3 所示经验值确定。

表 5-3 直方图分组数

数据个数 N	适当组数 K	一般使用组数 K'
50～100	6～10	
101～250	7～12	10
250～以上	10～20	

经验证明,组数太少会掩盖各组内数据的变动情况,组数太多会使各组高度参差不齐,从而看不出明显的规律。本例取 $K=10$ 组。

④ 计算组距(h)。h 为组与组之间的间隔,一般用下式确定

$$h = \frac{L_a - S_m}{K}$$

本例 $h = \dfrac{7.938 - 7.913}{10} = 0.0025 \approx 0.003$

⑤ 计算各组的上、下界限值。F 分组的组界值要比抽取的数据多一位小数,以使数据不致落入两组的组界。因此先取测量单位的 1/2,然后用最小值减去测量单位的 1/2,作为第一组的下界值,再加上组距,作为第一组的上界值。依次加到最大一组的上界值(即包括最大值为止)。

本例第一组的下界值为:

S_m — 测量单位 $/2 = 7.913 - 0.0015 = 7.9115$

第一组的上界值为:$7.9115 + 0.003 = 7.9145$

第二组的上界值为:$7.9145 + 0.003 = 7.9175$

依此类推,得各族上、下界限值。

⑥ 计算各组的中心值(x_i),中心值是每组中间的数值,按下式计算:

$$x_i = \frac{某组下界限值 + 某组上界限值}{2}$$

第五章 质量管理

本例第一组中心值 $x_1 = \dfrac{7.9115 + 7.9145}{2} = 7.9130$

第二组中心值 $x_2 = \dfrac{7.9145 + 7.9175}{2} = 7.9160$

⑦ 记录各组的数据,整理成频数分布表(表5-4)
⑧ 统计落入各组的频数(f_i)。
⑨ 计算各组简化中心值 u_i,将频数 f_i 最大一栏中的中心值记为 a(众数),用下式确定 u_i 值。

表5-4 频数分布表

组号	组距	中心值 x_i	频数记号	f_i	u_i	$f_i u_i$	$f_i u_i^2$
1	7.9115~7.9145	7.913	丁	2	-4	-8	32
2	7.9145~7.9175	7.916	丁	2	-3	-6	18
3	7.9175~7.9205	7.919	正正正一	16	-2	-32	64
4	7.9205~7.9235	7.922	正正正下	18	-1	-18	18
5	7.9235~7.9265	7.925 a	正正正正下	23	0	0	0
6	7.9265~7.9295	7.928	正正正丁	17	1	17	17
7	7.9295~7.9325	7.931	正正正	15	2	30	60
8	7.9325~7.9355	7.934	下	3	3	9	27

续表 5-4

组号	组距	中心值 x_i	频数记号	f_i	u_i	$f_i u_i$	$f_i u_i^2$
9	7.935 5 ~ 7.938 5	7.937	正	4	4	16	64
合计				100 $\sum f_i u_i$		8 $\sum f_i u_i$	300 $\sum f_i u_i^2$

即
$$u_i = \frac{x_i - a}{h}$$

本例　　　　　　　　$a = 7.925$

$$u_1 = \frac{7.913 - 7.925}{0.003} = -4, u_2 = \frac{7.916 - 7.925}{0.003} = -3$$

⑩ 计算频数与简化中心值的乘积 $f_i u_i$。

⑪ 计算频数与简化中心值平方的乘积 $f_i u_i^2$。

⑫ 计算平均值 $\bar{x}$

$$\bar{x} = a + h \left(\frac{\sum f_i u_i}{\sum f_i} \right)$$

本例　　　$\bar{x} = 7.925 + 0.003 \times \frac{8}{100} = 7.925\ 24$

⑬ 计算标准偏差 s。

$$s = h \sqrt{\frac{\sum f_i u_i^2}{\sum f_i} - \left(\frac{\sum f_i u_i}{\sum f_i} \right)^2}$$

本例　　　$s = 0.003 \sqrt{\frac{300}{100} - \left(\frac{8}{100} \right)^2} = 0.005\ 19$

（2）画直方图　以纵坐标为频数（或频率），横坐标为组距，画出一系列的直方形就是直方图，如图 5-6 所示。

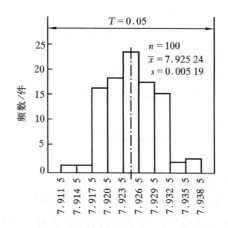

图 5-6 螺栓杆外径尺寸直方图

2. 直方图的观察分析

（1）观察分布状态

观察直方图的整体分布状态可判别它是正常型的，还是异常型的；是异常型的直方图，则应进一步区别它是哪一种异常，以便分析原因，采取相应的措施和对策（图 5-7(a)～(f)）。

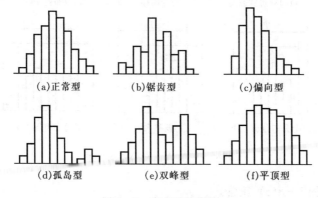

图 5-7 直方图的类型

图 5-7(a):正常,表示工序稳定。

图 5-7(b):异常,常由测量方法不当或测量不准确等造成。

图 5-7(c):异常,常由习惯等造成。

图 5-7(d):异常,常由原材料变化、不熟练工人替班等造成。

图 5-7(e):异常,多由于两组不同性质的数据未进行分层引起。

图 5-7(f):异常,常由刀具缓慢磨损、操作工人疲劳等缓慢因素造成。

(2) 与公差相比较

与公差相比较是在直方图上画出公差界限,用以观察产品质量分布是否符合公差界限的要求,同时也掌握生产过程所处的状态,如图 5-8(a)~(f)。

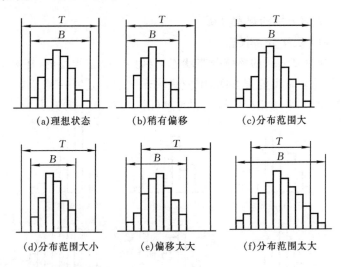

图 5-8 直方图与公差的关系

图 5-8(a):正常。

图 5-8(b):有出现废品的可能,应调整。

图 5-8(c):有出现废品的可能,应调整。

图 5-8(d):加不经经济。

图 5-8(e):有废品出现,应采取措施。

图 5-8(f):有废品出现,应采取措施。

四、控制图

控制图又叫管理图,是控制生产过程状态,保证过程加工质量的重要工具。应用控制图可以对过程状态进行分析、预测、判断、监控和持续改进。控制图是1924年由美国贝尔电话研究所的休哈特博士首先提出的。因为它的用法简单,效果显著,易于掌握,现已成为质量管理中很重要的一种统计分析工具。

控制图的基本模式,如图 5-9 所示。它的横坐标通常表示按时间顺序抽样的样本编号,纵坐标表示质量特性值或质量特性值的统计量。控制图一般有三条线,即控制中心线(CL)、控制上线(UCL)和控制下线(LCL),控制界限线是判断过程状态的标准尺度。

1. 控制图的原理

根据数据统计原理,若质量特性值服从正态分布,那么在$\pm 3\sigma$范围内包含了99.73%的质量特性值,也即在$\pm 3\sigma$的范围内几乎100%描述了质量特性值的总体分布规律,这就是所谓的"$\pm 3\sigma$"原则,通常控制图根据"$\pm 3\sigma$"原则确定控制界限,即

$$\begin{cases} UDL = \mu + 3\sigma \\ CL = \mu = \bar{x} \\ LCL = \mu - 3\sigma \end{cases}$$

2. 控制图的分类

控制图按质量特性值数据特点可以分为计量值控制图和计数值控制图两大类。

(1)计量值控制图。计量值控制图是利用样本统计量反映和控制总体数据特征的集中位置(μ)和分散程度(σ)的图形,它对系统性原因的存在反应敏感,具有及时查明并消除异常的明显作用。

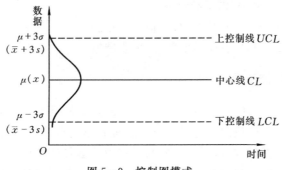

图 5-9 控制图模式

(2)计数值控制图。计数值控制图是以不合格品数、不合格品率为研究和控制对象,目的是分析和控制过程的稳定性,预防不合格品的发生,保证产品质量。

常用控制图的控制界限如表 5-5。

表 5-5 常用控制图的控制界限一览表

分类	控制图名称	统计量	控制界限
计量值控制图	$\bar{x}$—R 图	$\bar{x}$ 图	样本平均值 $\bar{x}$ 样本极差 R	$VL = \bar{X}(\mu)$ $CUL = \bar{x} + A_2\bar{R}$ $LCL = \bar{x} + A_2\bar{R}$
		R 图	样本极差 R	$UDL = \bar{R}$ $CL = D_4\bar{R}$ $LCL = D_3\bar{R}$
计数值控制图	p 图	不合格品率 p	$CL = \bar{p}$ $CUL = \bar{p} + 3\sqrt{\dfrac{\bar{p}(1-\bar{p})}{n}}$ $LCL = \bar{p} - 3\sqrt{\dfrac{\bar{p}(1-\bar{p})}{n}}$
	c 图	缺陷数 c	$CL = \bar{c}$ $UCL = \bar{c} + 3\sqrt{c}$ $LCL = \bar{c} + 3\sqrt{c}$

表中的 $A_1, A_2, B_3, C_4, D_3, D_4$ 为与样本数有关的系数,具体见表5-6。

表 5-6 控制图用系数表

样本大小 (n)	平均数控制图用			标准差控制图用				极差控制图用			
	A	A_1	A_2	B_1	B_2	B_3	B_4	D_1	D_2	D_3	D_4
2	2.121	3.760	1.880	0	1.843	0	3.276	0	3.686	0	3.267
3	1.732	2.394	1.023	0	1.858	0	2.568	0	4.358	0	2.575
4	1.500	1.880	0.729	0	1.808	0	2.266	0	4.698	0	2.282
5	1.342	1.596	0.577	0	1.756	0	2.089	0	4.918	0	2.115
6	1.225	1.410	0.483	0.026	1.711	0.030	1.970	0	5.078	0	2.004

3. 控制图的作法(均值—极差控制图)

$\bar{x}$—R(均值 — 极差)控制图是各种控制图中最重要、最常用的一种控制图,熟悉了这种控制图,其他控制图也就容易掌握了。$\bar{x}$控制图反映过程平均值即数据集中位置的变动,R图观察过程离散程度的变化,这种控制图能提供较多的技术信息,检出力也好,使用广泛,$\bar{x}$—R控制图的作法为:

(1)收集数据 从所管理的过程,收集近期至少100个数据。

(2)分组 将所收集到的数据分作 20~25 组。分组的一般原则是:尽量使同一组内的数据来自大体相同的生产条件,且无特殊要求时各组的数据个数相同。然后,将所有数据填入一张数据表。

(3) 计算各组的平均值 $\bar{x}$。

(4) 计算总平均值 $\bar{\bar{x}}$：总计各组的平均值 $\bar{x}$ 再除以组数 k，即得总平均值 $\bar{\bar{x}}$。

(5) 计算各组极差 R：$R=$ 组内最大值—组内最小值

(6) 计算各组 R 的平均值 $\bar{R}$。

(7) 计算控制界限。

(8) 记录控制界限：图的上方标 $\bar{x}$ 图的控制线，下方标 R 图的控制线。

(9) 按各组的 $\bar{x}, R$ 值，在图上打点。

(10) 记录有关事项。如数据收集日期、记录人、作图者等。

例：某工厂加工 5072 号轴，轴径的尺寸公差为 $\varnothing 50^{+0.020}_{+0.009}$ mm。现从车床加工工序中按时间顺序随机抽取 $n=4$ 的 25 组样本，其具体测量数据如表 5-7 所示。根据这些资料画出 $\bar{x}-R$ 控制图。

表 5-7 $\bar{x}-R$ 控制图数据表

组号	x_1	x_2	x_3	x_4	$\bar{x}$	R
1	15	17	13	17	15.5	4
2	17	16	19	15	16.8	4
3	15	17	16	15	15.8	2
4	17	14	17	15	15.8	3
5	15	19	17	15	16.5	4
6	16	14	18	14	15.5	4
7	18	13	17	13	15.3	5
8	16	13	14	17	15.0	4
9	14	13	17	15	14.8	4
10	16	15	17	14	15.5	3

续表 5-7

组号	x_1	x_2	x_3	x_4	$\bar{x}$	R
11	13	17	13	13	14.0	4
12	15	19	19	14	16.8	5
13	19	14	14	16	15.8	5
14	18	15	20	14	16.8	6
15	16	13	17	12	14.5	5
16	16	13	13	15	14.3	3
17	17	15	18	16	16.5	3
18	13	17	16	15	15.3	4
19	16	11	17	11	13.8	6
20	18	14	14	17	15.8	4
21	15	17	18	16	16.5	3
22	17	13	12	17	14.8	5
23	15	16	16	13	15.0	3
24	15	15	12	12	13.5	3
25	17	15	16	13	15.5	4
合计					385.2	100
平均					15.41	4.00

注：表中数据 $x_i = ($测量值$-50) \times 1\,000$。

解：计算总平均值 $\bar{x}$ 和极差平均值 $\bar{R}$。

$$\bar{x} = \frac{\sum_{i=1}^{k} x_i}{k} = \frac{15.5 + 16.8 + \cdots + 15.3}{25} = 15.41$$

$$\bar{R} = \frac{\sum_{i=1}^{k} \bar{R}_i}{k} = \frac{4+4+\cdots+4}{25} = 4.00$$

计算控制中心线及上、下界限值。

$\bar{x}$ 图：$CL = \bar{\bar{x}} = 15.41$（即 0.015 41 mm）

$\quad UCL = \bar{\bar{x}} + A_2 \bar{R} = 0.729 \times 4 \approx 18.33$（即 0.018 33 mm）

$\quad LCL = \bar{\bar{x}} - A_2 \bar{R} = 15.41 - 0.729 \times 4$

$\quad \approx 12.49$（即 0.012 49 mm）

R 图：$CL = \bar{R} = 4$（即 0.004 0 mm）

$\quad UCL = D_4 \bar{R} = 2.282 \times 4 \approx 9.13$（即 0.009 13 mm）

$\quad LCL = D_3 \bar{R}(—)$，取作 0。

画控制图，打点并记上有关事项，如图 5-10 所示。

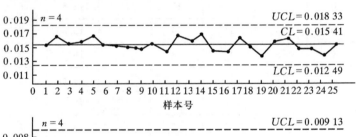

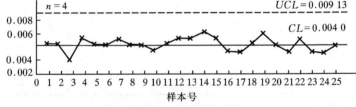

图 5-10　5072 号轴 $\bar{x}$—R 控制图

4. 控制图的判断

判断过程是否处于正常状态的基本标志是根据测量数据所描绘的圆点是否在控制界限以内，如果圆点超出控制界限，则说明过程存在异常原因，应加以调整。但有时虽然圆点全在界限以内，过程也会存在异常,例如控制图存在下列现象时过程也并非处于稳定状态：

(1) 圆点在中心线一侧连续出现7点以上；

(2) 圆点在中心线一侧多次出现,如连续11点中有10个点在中心一侧；

(3) 7个以上的圆点连续上升或下降；

(4) 圆点呈周期性变化。

以上情况如图5-11中(a)、(b)、(c)、和(d)所示。

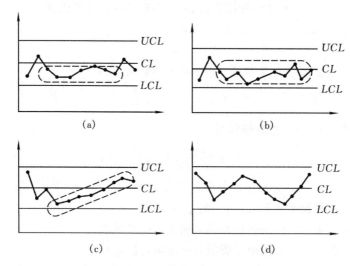

图5-11 工序质量异常的控制图

五、过程能力分析

1. 过程能力

过程能力是指稳定的正常条件即5MIE均受到完全的管理和控制时过程的实际加工能力,一般用6σ表示,这是因为根据3σ原则,在正态分布情况下6σ范围内包含了99.73%的质量特性值,过程能力定量表示为$B = 6\sigma$。

2. 过程能力指数 C_p

过程能力能否满足客观技术要求,需要进行比较衡量。过程能力指数就是表示过程能力满足产品质量标准程度的评价的指标,一般用 C_p 表示。

当样本的分布中心 μ 与公差中心 M 重合时,过程能力指数为

$$C_p = \frac{T}{6\sigma} = \frac{T_U - T_L}{6\sigma} \approx \frac{T_U - T_L}{6s}$$

式中　T——公差范围;

　　　σ——总体标准差(或用样本标准差 s 近似代替);

　　　T_U, T_L——公差上、下限。

$$T = T_U - T_L$$

当公差中心与实际分布中心不重合时,则:

$$C_{pk} = (1 - k)\frac{T}{6\sigma}$$

式中　k——相对偏移量。

$$k = \frac{\mu - \bar{x}}{T/2} = \frac{2\varepsilon}{T}$$

式中　ε——分布中心与公差中心绝对偏移量;$\varepsilon = |\mu - M|$。

过程能力指数 C_p 有三种基本情况:

① $C_p > 1$,表明过程能力能满足质量要求;

② $C_p < 1$,说明过程能力不能满足质量要求;

③ $C_p = 1$,过程能力刚刚满足加工质量要求,稍有偏差就会产生不合格品。

当质量特性值为单向偏差时,过程能力指数为

$$C_p = \frac{T_U - \mu}{3\sigma} \text{ 或 } C_p = \frac{\mu - T_L}{3\sigma}$$

例:某零件内径尺寸公差为 $\varnothing 20^{+0.025}_{-0.010}$ mm,从已加工的零件中随机抽取 100 件,得到 $\bar{x} = 20.011$ mm,$s = 0.005$ mm,求 C_{pk}。

公差中心 $M = \dfrac{T_U + T_L}{2} = \dfrac{20.025 + 19.990}{2} = 20.007\ 5\ \text{(mm)}$

已知分布中心为 $\bar{x} = 20.011$ mm

说明公差中心与分布中心不重合，偏移量为

$$\varepsilon = |M - \mu| = |20.0075 - 20.011| = 0.0035 \text{ (mm)}$$

$$k = \frac{\varepsilon}{(T_U - T_L)/2} = \frac{0.0035}{(20.025 - 19.990)/2} = 0.2$$

$$C_{pk} = C_p \cdot (1-k) = \frac{T_U - T_L}{6\sigma}(1-k)$$

$$= \frac{20.025 - 19.990}{6 \times 0.005} \times (1-0.2) = 0.933$$

所以该过程的过程能力不足，需要分析并改进过程状态。

第四节　质量成本管理

一、质量成本的基本概念

质量成本概念是由美国质量管理专家米兰、费根堡姆等人在20世纪50年代提出来的，首次把质量成本同企业经济效益联系起来。质量成本理论对我国的经济发展具有非常重要的意义，从20世纪80年代引入我国后，很多企业都积极开展了质量成本的推算与管理，对提高企业经济效益起到了非常重要的作用。

质量成本也称质量费用，它是指为了确保和保证满意的质量而发生的费用以及没有达到满意的质量所造成的损失，它是企业生产总成本核算的组成部分。

质量成本一般由两部分组成，即运行质量成本和外部质量保证成本，而运行质量成本又包括：①预防成本；②鉴定成本；③内部故障成本；④外部故障成本。其中，①②两项之和统称为可控成本，③④两项之和统称为损失成本或结果成本。

二、质量成本的构成

质量成本核算各项费用的构成如下：

1. 运行质量成本

(1) 预防成本　指用于预防不合格品与故障的发生所支付的费用，一般包括：质量计划费用、质量评审费用、质量培训费用、质量奖励费用、工资及附加费、质量情报信息费用、质量改进措施费等。

(2) 鉴定成本　指为评定产品是否符合质量要求而进行的试验、检验和检查等项目所支付的费用，一般包括：检验和试验费（含进货、工序、成品检验等）、计量服务费、质量审验费等。

(3) 内部故障成本　指产品在交货前因未能满足质量要求所造成的损失，一般包括：废品损失费、重新加工或返工损失费、停工损失费、质量事故损失费、处理费用、降低产量损失等。

(4) 外部故障成本　指产品在交货后因未能满足质量要求所造成的损失，一般包括：产品维护修理费、担保和退货费、折价费、责任赔偿费等。

2. 外部质量保证成本

在合同环境下，根据用户提出的要求，为提供客观证据所支付的费用，统称为质量保证成本，一般包括：

(1) 根据用户要求提供特殊附加的质量保证措施、程序、数据所支付的费用；

(2) 产品证实试验和评定的费用。

三、最适宜的质量成本

实践证明，质量成本的构成项目之间及质量成本与相关指数之间的相互关系，都客观地存在着一定的规律性。通过数据积累，经过系统地比较分析就能发现这些规律，从而确定适宜质量成本比率。为了确定适宜质量水平，首先要了解质量成本特性曲线，其理论模型如图 5-12 所示。

图 5-12 中，曲线 C_1 代表鉴定成本和预防成本，曲线 C_2 代表内、外部故障成本，曲线 C 代表质量总成本，即 C_1 和 C_2 的和，从图

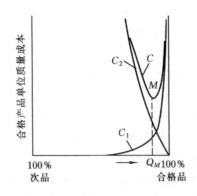

图 5-12　质量成本特性曲线理论模型图

5-13 中可以看出,内、外部故障成本随着质量水平的提高,由高向低以较快的速度下降;鉴定成本和预防成本在质量较差的水平上提高到与内部故障成本核算相当时,质量水平有较大幅度的提高,而鉴定成本与预防成本提高的幅度不很大;当质量水平进一步提高时,鉴定成本和预防成本增加的速度很快。这表明要提高产品质量,必须增加预防成本和鉴定成本,特别是预防成本的增加较多。上述 C_1,C_2 两条曲线的合成曲线 C 的最低点 M 所对应的合格率 Q_M 就是企业生产时应当控制的合格质量水平,即适宜的质量水平。M 点对应的质量成本就是适宜的质量成本,即最佳质量成本。现对质量成本曲线作进一步分析,从中找出最佳质量成本区域,质量成本模式的最佳区域如图 5-13 所示。

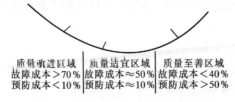

图 5-13　质量成本模式最佳区域图

图 5-13 的左边是质量改进区域,这一区域里的质量水平较低,一般内、外部故障成本占质量成本总额的 70% 以上,而预防成本低于总额的 10%,质量成本总额较高,应重点抓好质量改进工作,寻求预防措施,降低内、外部故障成本,最终达到降低质量成本的目的。中间区域为质量成本最佳区域,这一区域的特点是故障成本占质量成本总额的 50% 左右,而预防成本占总额的 10% 左右,这时如果用户认为质量水平已达到要求,改善质量又不能给企业带来经济效益,且此时的质量成本又最低,应重点控制原质量水平和质量成本,围绕保证质量成本处于最佳区域开展各项质量管理活动。右边区域为至善区域,这一区域产品的全格率较高,鉴定成本所占比例较大,此时在满足用户质量要求的前提下应首先研究和修订检验标准,加强预防,以降低鉴定成本。要使质量成本降低到最低限度,不能孤立地降低质量成本构成中的每项成本,必须分析各项成本之间的相互关系。质量成本的最佳区域的确定方法为:

(1) 在规定的时间内,在一定的生产技术条件下,先固定鉴定成本和预防成本,降低内、外部故障成本,直到其无法再降低时,内外故障成本核算就达到了最佳区域。

(2) 当内、外部故障成本达到了最佳区域,而检验标准、方法和手段基本良好,固定预防成本和故障成本,降低鉴定成本直到其无法再降低时,鉴定成本就达到了最佳区域。

(3) 在故障成本和鉴定成本达到了最佳区域后,降低预防成本,直到其无法再降低时,预防成本即达到了最佳区域。

思考练习题

1. 简述质量、质量管理、质量管理体系。
2. 何为质量管理的八项原则。
3. 如何建立质量管理体系。
4. 如何使质量管理体系有效运行。

5. 车床加工零件外径尺寸测定的 50 个数据表 5-8 所示，技术要求为 10.00±0.20mm，求：
   (1) 作频数分布表；
   (2) 画直方图；
   (3) 计算 $\bar{x}$；
   (4) 计算过程能力指数；
   (5) 估计过程不合格品率。

表 5-8　零件外径数据表

10.08	10.07	10.13	10.13	10.24
10.12	9.91	10.08	10.05	9.99
10.01	10.05	10.20	10.28	10.01
10.13	10.00	10.20	10.07	9.85
10.16	10.13	10.18	10.00	10.03
10.15	10.08	10.19	10.17	9.98
10.03	9.93	10.05	10.10	10.02
10.16	9.98	10.04	10.14	10.09
10.12	9.96	10.13	10.04	10.14
10.15	10.10	9.97	10.05	10.08

6. 设某零件外形尺寸测量值如表所示，请绘制 $\bar{x}$—R 控制图。

表 5-9　零件外形尺寸

样本号 \ 自然状态 测量值	8:30	9:30	10:00	11:00	12:00
	x_1	x_2	x_3	x_4	x_5
1	11.2	11.3	11.5	11.3	11.3
2	11.5	11.5	11.4	11.2	11.3

续表 5-9

样本号	自然状态 测量值	8:30 x_1	9:30 x_2	10:00 x_3	11:00 x_4	12:00 x_5
3		11.8	11.9	11.7	11.2	11.5
4		11.2	11.1	11.2	11.2	11.1
5		11.5	11.6	11.7	11.7	11.7
6		11.6	11.6	11.6	11.1	11.7
7		11.5	11.7	11.5	11.2	11.8
8		11.3	11.7	11.5	11.3	11.9
9		11.4	11.3	11.7	11.4	11.7
10		11.6	11.3	11.3	11.7	11.2
11		11.8	11.5	11.3	11.9	11.3
12		11.9	11.6	11.6	11.1	11.5
13		11.6	11.3	11.7	11.7	11.2
14		11.9	11.3	11.9	11.7	11.4
15		11.7	11.3	11.7	11.2	11.1

第六章 市场营销

第一节 市场营销概述

一、市场营销及相关的概念

1. 市场营销的定义

国内外学者对市场营销的定义有上百种,企业界对营销的理解更是各有千秋。美国学者基恩·凯洛斯曾将各种市场营销定义分为三类:一是将市场营销看作是一种为消费者服务的理论;二是强调市场营销是对社会现象的一种认识;三是认为市场营销是通过销售渠道把生产企业同市场联系起来的过程。这从一个侧面反映了市场营销的复杂性。本书采用著名营销学家菲利普·科特勒教授的定义:

市场营销是个人和群体通过创造并同他人交换产品和价值以满足需求和欲望的一种社会和管理过程。

根据这一定义,可以将市场营销概念具体归纳为下列要点:

(1) 市场营销的最终目标是"满足需求和欲望";

(2) "交换"是市场营销的核心,交换过程是一个主动、积极寻找机会,满足双方需求和欲望的社会过程和管理过程;

(3) 交换过程能否顺利进行,取决于营销者创造的产品和价值满足顾客需求的程度和交换过程管理的水平。

2. 市场营销的相关概念

(1) 需要、欲望和需求：

需要和欲望是市场营销活动的起点。所谓需要是指人类与生俱来的基本需要。如人类为了生存必然有对吃、穿、住、安全、归属、受人尊重的需要。这些需要存在于人类自身生理和社会之中，市场营销者可用不同方式去满足它，但不能凭空创造。

欲望是指想得到上述需要的具体满足品的愿望，是个人受不同文化及社会环境影响表现出来的对基本需要的特定追求。如为满足"解渴"生理需要，人们可能选择（追求）喝开水、茶、汽水、果汁、绿豆汤或者蒸馏水。市场营销者无法创造需要，但可以影响欲望，开发及销售特定的产品和服务来满足欲望。

需求是指人们有能力购买并愿意购买某个具体产品的欲望。需求实际上也就是对某特定产品及服务的市场需求。市场营销者总是通过各种营销手段来影响需求，并根据对需求的预测结果决定是否进入某一产品（服务）市场。

(2) 产品：

产品是能够满足人的需要和欲望的任何东西。产品的价值不在于拥有它，而在于它给我们带来的对欲望的满足。人们购买小汽车不是为了观赏，而是为了得到它所提供的交通服务。产品实际上只是获得服务的载体。这种载体可以是物，也可以是"服务"，如人员、地点、活动、组织和观念。当我们心情烦闷时，为满足轻松解脱的需要，可以去参加音乐会，听歌手演唱（人员）；可以到风景区旅游（地点）；可以参加希望工程百万行（活动）；可以参加消费者假日俱乐部（组织）；也可以参加研讨会，接受一种不同的价值观（观念）。市场营销者必须清醒地认识到，其创造的产品不管形态如何，如果不能满足人们的需要和欲望，就必然会失败。

(3) 效用、费用和满足：

效用是消费者对产品满足其需要的整体能力的评价。消费者通常根据这种对产品价值的主观评价和支付的费用来作出购买决定。如某人为解决其每天上班的交通需要,他会对可能满足这种需要的产品选择组合(如自行车、摩托车、汽车、出租车等)和他的需要组合(如速度、安全、方便、舒适、节约等)进行综合评价,以决定哪一种产品能提供最大的总满足。假如他主要对速度和舒适感兴趣,也许会考虑购买汽车。但是,汽车购买与使用的费用要比自行车高许多。若购买汽车,他必须放弃用其有限收入可购置的许多其他产品(服务)。因此,他将全面衡量产品的费用和效用,选择购买能使每一元花费带来最大效用的产品。

(4) 交换、交易和关系:

交换是指从他人处取得所需之物,而以自已的某种东西作为回报的行为。人们对满足需求或欲望之物的取得,可以有多种方式,如自产自用、巧取豪夺、乞讨和交换等。其中,只有交换方式才存在市场营销。交换的发生,必须具备五个条件:至少有交换双方;每一方都有对方需要的有价值的东西;每一方都有沟通和运送货品的能力;每一方都可以自由地接受或拒绝;每一方都认为与对方交易是合适或称心的。

交易是交换的基本组成单位,是交换双方之间的价值交换。交换是一种过程,在这个过程中,如果双方达成一项协议,我们就称之为发生了交易。交易通常有两种方式:一是货币交易,如甲支付 800 元给商店而得到一台微波炉;二是非货币交易,包括以物易物、以服务易服务的交易等。如某医生为一位律师体检而换得一份遗嘱。一项交易通常要涉及几个方面:至少两件有价值的物品;双方同意的交易条件、时间、地点;有法律制度来维护和迫使交易双方执行承诺。

(5) 市场营销者:

在交换双方中,如果一方比另一方更主动、更积极地寻求交换,我们就将前者称之为市场营销者,后者称为潜在顾客。换句话说,所谓市场营销者,是指希望从别人那里取得资源并愿意以某种有价值的东西作为交换的人。市场营销者可以是卖方,也可以是买方。当买卖双方都表现积极时,我们就把双方都称为市场营销者,并将这种情况称为相互市场营销。

3. 市场营销与企业的职能

迄今为止,市场营销的主要应用领域是企业。市场营销学的形成和发展,与企业经营在不同时期所面临的问题及其解决是紧密联系在一起的。

在市场经济体系中,企业存在的价值在于它能否有效地提供满足他人(顾客)需要的商品。因此,管理大师彼得·F·杜鲁克(Peter F. Drucker)指出,顾客是企业得以生存的基础,企业的目的是创造顾客,任何组织若没有营销或营销只是其业务的一部分,则不能称之为企业。"企业的基本职能只有两个,这就是市场营销和创新。"这是因为:

(1) 企业作为交换体系中的一个成员,必须以对方(顾客)的存在为前提 没有顾客,就没有企业。

(2) 顾客决定企业的本质 只有顾客愿意花钱购买产品和服务,才能使企业资源变成财富。企业生产什么产品并不是最重要的,顾客对他们所购物品的感觉及价值判断才是最重要的。顾客的这些感觉、判断及购买行为,决定着企业的命运。

(3) 企业最显著、最独特的功能是市场营销 企业的其他功能,如生产功能、财务功能、人事功能,只有在实现市场营销功能的情况下,才是有意义的。因此,市场营销不仅用"创造产品或服务的市场"标准将企业与其他组织区分开来,而且将营销作为企业的核心职能,不断促使企业将营销观念贯彻于每一个部门。

在现实中,许多企业尽管对市场营销及其方法颇为重视,但并未把它作为企业核心职能全面贯彻。如一些经理认为营销就是"有组织地执行销售功能"。他们着眼于用"我们的产品"寻求"我们的市场",而不是立足于顾客需求、欲望和价值的满足。事实上,市场营销并不等于销售。市场营销的核心是清楚地了解顾客,并使企业所提供的产品(服务)适合顾客需要。不做好这一工作,即使拼命推销，顾客也不可能积极购买。因此，企业尽管也需要做销售工作，但市场营销的目标却是要减少推销工作，甚至使得销售行为变得多余。

全面构建和贯彻面向市场（顾客）的企业职能，关系到企业能否生存和健康成长。

二、市场营销管理

市场营销管理是指为了实现企业目标，创造、建立和保持与目标市场之间的互利交换关系，而对设计方案进行的分析、计划、执行和控制。市场营销管理的任务，就是为促进企业目标的实现而调节需求的水平、时机和性质。市场营销管理的实质是需求管理。

根据需求水平、时间和性质的不同，可归纳出八种不同的需求状况。在不同的需求状况下，市场营销管理的任务有所不同。

（1）负需求 负需求是指绝大多数人对某个产品感到厌恶，甚至愿意出钱回避它的一种需求状况。在负需求情况下，市场营销管理的任务是改变市场营销，将负需求转变为正需求。

（2）无需求 无需求是指目标市场对产品毫无兴趣或漠不关心的一种需求状况。在无需求情况下，市场营销管理的任务是刺激市场营销，即通过大力促销及其他市场营销措施，努力将产品所能提供的利益与人的自然需要和兴趣联系起来。

（3）潜伏需求 潜伏需求是指相当一部分消费者对某物有强烈的要求，而现有产品或服务又无法使之满足的一种需求状况。在潜伏需求情况下，市场营销管理的任务是开发市场营销，即开展市场营销研究和潜在市场范围的测量，进而开发有效的物品和服务来满足这些需求，将潜伏需求变为现实需求。

（4）下降需求 下降需求是指市场对一个或几个产品的需求呈下降趋势的一种需求状况。在下降需求情况下，市场营销管理的任务是重振市场营销，使老产品开始新的生命周期，并通过创造性的产品再营销来扭转需求下降的趋势。

(5) 不规则需求　不规则需求是指某些物品或服务的市场需求在一年不同季节,或一周不同日子,甚至一天不同时间上下波动很大的一种需求状况。在不规则需求情况下,市场营销管理的任务是协调市场营销,使物品或服务的市场供给与需求在时间上协调一致。

(6) 充分需求　充分需求是指某种物品或服务的目前需求水平和时间等于预期的需求水平和时间的一种需求状况。这是企业最理想的一种需求状况。市场营销管理的任务是维持市场营销,千方百计维持目前需求水平。

(7) 过量需求　过量需求是指某种物品或服务的市场需求超过了企业所能供给或所愿供给的水平的一种需求状况。在过量需求情况下,市场营销管理的任务是降低市场营销。需要强调的是,降低市场营销并不是杜绝需求,而是降低需求水平。

(8) 有害需求　有害需求是指市场对某些有害物品或服务的需求。对于有害需求,市场营销管理的任务是反市场营销。降低市场营销与反市场营销的区别在于:前者是采取措施减少需求,后者是采取措施消灭需求。见表6-1所示。

表6-1　需求分类表

需求状况	需求特征	营销管理任务
负需求	绝大多数人不喜欢,甚至花费一定代价也要回避某种产品	改变性营销:试图使原来不喜欢某些事物的人变得喜欢。人们态度的改变取决于这种营销所申明的好处是否为个人所接受
无需求	目标消费者对于某些产品或服务不感兴趣或漠不关心的一种状态	刺激性营销:刺激人们对不了解的或无形取得产品的需求

续表 6-1

潜伏需求	当许多消费者对不存在于实际的某些东西有强烈的需求时,就形成了潜伏需求的状况	开发性营销:衡量潜在市场的范围,试图发展某种新产品或新的服务
下降需求	市场对一个或几个产品的需求呈下降趋势的情况	扭转性营销:企业通过各种方式企图重新建立人们对产品或服务的兴趣
不规则需求	在某些时候,需求低于供给能力,而在某些时候,供给低于需求能力	协调性营销:设法使产品的需求配合供给
充分需求	营销者对其营业额感到满意的状况	维持性营销:面对消费者偏好变动,竞争加剧的情况维持现有的需求水平。营销者必须维持或改进其产品的质量,不断地评估消费者的满足程度
过量需求	某产品或服务的市场需求超过企业所能供给或愿意供给的水平	低营销:暂时地或长期地减少市场对产品的需求
有害需求	市场对某些有害物品或服务的需求	反营销:试图移植市场对某种产品或服务的需求

三、营销哲学

市场营销管理哲学是指企业对其营销活动及管理的基本指导思想。它是一种观念,一种态度或一种企业思维方式。任何企业的营销管理都是在特定的指导思想或观念指导下进行的。确立正确的营销管理哲学,对企业经营成败具有决定性意义。

市场营销管理哲学的核心是正确处理企业、顾客和社会三者之间的利益关系。在许多情况下,这些利益是相互矛盾的,也是相辅相成的。企业必须在全面分析市场环境的基础上,正确处理三者关系,确定自己的原则和基本取向,并用于指导营销实践,才能有效地实现企业目标,保证企业的成功。

随着生产和交换日益向纵深发展,社会、经济与市场环境的变迁和企业经营经验的积累发生了深刻变化。这种变化的基本轨迹是由企业利益导向,转变为顾客利益导向,再发展到社会利益导向。图6-1显示了西方企业在兼顾三者利益关系上,营销管理观念的变化趋势。

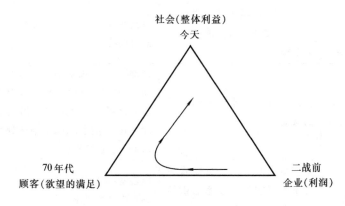

图6-1 企业营销管理观念的变化

西方企业一百多年来市场营销管理观念经历以企业为中心的观念、以顾客为中心的观念和以社会整体利益为中心的观念三个阶段。

1. 以企业为中心的市场营销管理观念

以企业为中心的市场营销管理观念,就是以企业利益为根本取向和最高目标来处理营销问题的观念。它包括:

(1) 生产观念(Producting Concept):

生产观念是一种最古老的营销管理观念。生产观念认为,消费者总是喜爱可以随处买到和价格低廉的产品,企业应当集中精力提高生产效率和扩大分销范围,增加产量,降低成本。以生产观念指导营销管理活动的企业,称为生产导向企业。其典型口号是:

"我们生产什么,就卖什么。"

生产观念在西方盛行于19世纪末20世纪初。当时,资本主义国家处于工业化初期,市场需求旺盛,整个社会产品供应能力则相对不足。企业只要提高产量、降低成本,便可获得丰厚利润。因此,企业的中心问题是扩大生产价廉物美的产品,而不必过多关注市场需求差异。在这种情况下,生产观念为众多企业接受。

除了物资短缺、产品供不应求的情况之外,还有一种情况也会导致企业奉行生产观念。这就是某种具有良好市场前景的产品,技术含量和生产成本很高,必须通过提高生产率,降低成本来扩大市场。如福特汽车公司1914年开始生产的T型汽车,就是在福特的"生产导向"经营哲学(使T型汽车生产效率趋于完善,降低成本,使更多人买得起)指导下创出奇迹的。到1921年,福特T型车(一种4缸,20马力的低价汽车)在美国汽车市场上的占有率达到56%。

生产观念是一种重生产、轻市场的观念。在物资紧缺的年代也许能"创造辉煌",但随着生产的发展、供求形势的变化,这种观念必然使企业陷入困境。如福特汽车公司在其T型车长足发展,并宣称"不管顾客需要什么颜色的汽车,我只有一种黑色的"之后不久,便陷入困境,几乎破产。

(2) 产品观念(Product Concept):

产品观念认为,消费者最喜欢高质量、多功能和具有某些特色的产品。因此,企业管理的中心是致力于生产优质产品,并不断精益求精。

持产品观念的公司假设购买者欣赏精心制作的产品,相信他们能鉴别产品的质量和功能,并愿意出较高价格购买质量上乘的产品。这些公司的经理人员常迷恋自己的产品,而不太关注市场是否欢迎。他们在设计产品时只依赖工程技术人员而极少让消费者介入。

产品观念和生产观念几乎在同一时期流行。与生产观念一样,也是典型的"以产定销"观念。由于过分重视产品而忽视顾客需求,这两种观念最终将导致"营销近视症"。如铁路行业以为顾客需要火车而非运输,忽略了航空、公共汽车、卡车以及管道运输的日益增长的竞争。计算尺制造商以为工程人员需要计算尺而非计算能力,忽视了袖珍计算器的挑战。只致力于大量生产或精工制造、改进产品,而忽视市场需要,其最终结果是产品被市场冷落,经营者陷入困境甚至破产。

(3) 推销观念(Selling Concept):

推销观念(或销售观念)认为,消费者通常有一种购买惰性或抗衡心理,若听其自然,消费者就不会大量购买本企业的产品,因而营销管理的中心是积极推销和大力促销。执行推销观念的企业,称为推销导向企业。其口号是:"我们卖什么,就让人们买什么。"

推销观念在美国盛行于20世纪30年代。这一时期,由于科技进步,科学管理和大规模生产的推广,商品产量迅速增加,整个社会已经由商品不足进入商品过剩,卖主之间的市场竞争日益激烈。1929年爆发的资本主义世界空前严重的经济危机,前后历时5年,堆积如山的货物卖不出去,许多工商企业纷纷倒闭,市场极度萧条。这种现实使许多企业家认识到,企业不能只集中力量发展生产,即使有价廉物美的产品,也必须保证这些产品能被人购买,企业才能生存和发展。

在推销观念指导下,企业相信产品是"卖出去的",而不是"被买去的"。他们致力于产品的推广和广告活动,以求说服、甚至强制消费者购买。他们收罗了大批推销专家,做大量广告宣传,夸大产品的"好处",对消费者进行无孔不入的促销信息"轰炸",迫使人们购买。

与前两种观念一样,推销观念也是建立在以企业为中心,"以产定销",而不是满足消费者真正需要的基础上的。

2. 以消费者为中心的观念

以消费者为中心的观念,又称市场营销观念(Marketing Concept)。这种观念认为,企业的一切计划与策略应以消费者为中心,正确确定目标市场的需要与欲望,比竞争者更有效地提供目标市场所要求的满足。

市场营销观念形成于20世纪50年代。战后,随着第三次科学技术革命的兴起,西方各国企业更加重视研究和开发,产品技术不断创新,新产品竞相上市。大量军工企业转向民品生产,使社会产品供应量迅速增加,许多产品供过于求,市场竞争进一步激化。同时,西方各国政府相继推行高福利、高工资、高消费政策,社会经济环境出现快速变化。消费者有较多的可支配收入和闲暇时间,对生活质量的要求提高,消费需要变得更加多样化,购买选择更为精明,要求也更为苛刻。这种形势,要求企业改变以往单纯以卖方为中心的思维方式,转向认真研究消费需求,正确选择为之服务的目标市场,并以满足目标顾客的需要并依其变动,不断调整自己的营销策略。也就是说,要从以企业为中心转变到以消费者(顾客)为中心。

执行市场营销观念的企业,称为市场营销导向企业。其座右铭是:"顾客需要什么,我们就生产供应什么。"市场营销观念改变了旧观念(生产观念、产品观念和推销观念)的逻辑。它要求企业营销管理贯彻"顾客至上"的原则,将管理重心放在善于发现和了解目标顾客的需要,并千方百计去满足它,使顾客满意,从而实现企业目标。因此,企业在决定其生产、经营时,必须进行市场调研,根据市场需求及企业本身的条件,选择目标市场,组织生产经营。其产品设计,生产,定价,分销和促销活动,都要以消费者需求为出发点。产品销售出去之后,还要了解消费者的意见,据以改进自己的营销工作,最大限度地提高顾客满意程度。总之,市场营销观念根据"消费者主权论",相信决定生产什么产品的主权不在于生产者,也不在于政府,而在于消费者,因而将过去"一切从企业出发"的旧观念,转变为"一切从顾客出发"的新观念,即企业的一切活动都围绕满足消费者需要来进行。

市场营销观念有四个主要支柱：目标市场、整体营销、顾客满意和盈利率。与推销观念从厂商出发，以现有产品为中心，通过大量推销和促销来获取利润不同，市场营销观念是从选定的市场出发，通过整体营销活动，实现顾客需求的满足和满意，来获取利润，提高盈利率。

树立并全面贯彻市场营销观念，建立真正面向市场的企业，是企业在现代市场条件下成功经营的关键。

市场营销观念是作为对上述诸观念的挑战而出现的一种新型的企业经营哲学。市场营销观念认为，实现企业各项目标的关键，在于正确确定目标市场的需要和欲望，并且比竞争者更有效地传送目标市场所期望的物品或服务，进而比竞争者更有效地满足目标市场的需要和欲望。从本质上说，市场营销观念是一种以顾客需要和欲望为导向的哲学，是消费者主权论在企业市场营销管理中的体现。如表6-2所示。

表6-2 市场营销观念分类

观念	规划顺序	重点	手段	目的	条件
生产观念	产品—市场	生产	生产效率	以量获利	卖方市场
产品观念	产品—市场	产品	高质产品	以质获利	卖方市场
推销观念	产品—市场	推销	广告、推广	以销获利	卖方-买方
市场营销	市场—产品	顾客需求	整体营销	需求满足获利	买方市场
社会营销	市场—产品	需求	统筹兼顾	各方需求满足	买方市场

3. 社会市场营销观念

从20世纪70年代起，随着全球环境破坏、资源短缺、人口爆炸、通货膨胀和忽视社会服务等问题日益严重，要求企业顾及消费者整体与长远利益即社会利益的呼声越来越高。在西方市场营销学界提出了一系列新的观念，如人类观念(Human Concept)，理智消费观念(Intelligent Consumption Concept)，生态准则观念

(Ecological Imperative Concept)。其共同点是认为企业生产经营不仅要考虑消费者需要,而且要考虑消费者和整个社会的长远利益。这类观念可统称为社会营销观念(Societal Marketing Concept)。

社会营销观念认为,企业的任务在于确定目标市场的需要、欲望和利益,比竞争者更有效地使顾客满意,同时维护与增进消费者和社会福利。

社会营销观念是对市场营销观念的补充与修正。市场营销观念的中心是满足消费者的需求与愿望,进而实现企业的利润目标。但往往出现这样的现象,即在满足个人需求时,与社会公众的利益发生矛盾,企业的营销努力可能不自觉地造成社会的损失。社会市场营销观念的基本观点是:以实现消费者满意以及消费者和社会公众的长期福利,作为企业的根本目的与责任。理想的市场营销决策应同时考虑到:消费者的需求与愿望;消费者和社会的长远利益;企业的营销效益。

第二节 市场分析

一、市场的概念

市场是商品经济的产物,自从人类有商品生产和商品交换以来,就有与之相适应的市场。市场是一个非常古老的经济范畴,它在人类历史上已存在了几千年。市场的概念不是一成不变的,而是随着商品经济的发展而变化,在不同历史时期、不同的场合,具有不同的含义。

最初,在商品交换尚不发达的时代,市场是指一定的时间、一定的地点买卖商品的场所。正如我国古代文献中所说的:"日中为市,致天下之民,聚天下之货,交易而退,各得其所。"这是对市场的最初描述,这一概念反映了以商品交换为市场活动中心内容及其表现的时间和空间,但没有反映出交换活动所体现的经济关系。

后来,随着社会分工和商品生产的发展,商品交换活动日益频繁和广泛,并成为社会经济生活中不可缺少的部分,市场也就无处不在。在当代社会,交换渗透在社会生活的各个方面,特别是随着现代科技发展起来的邮政通讯、交通运输以及日益壮大的金融信用,使得商品交换突破了时空上的限制,交换范围日益扩大,交换关系日益复杂,交换不一定就需要固定的时间和场所,因而市场就不仅是指商品交换的具体场所,而是指一定经济范围内商品交换活动所反映的各种经济关系和经济现象的总和。这种交换关系主要表现在供给与需求这两个相互联系、相互制约的方面,是二者的统一体。这是市场的一般概念。

市场营销学是研究卖方营销活动的,即研究作为供方的企业如何适应买方的需求,如何组织整体营销活动,如何扩大市场,以达到自己的经营目标。市场是指某种产品的现实购买者和潜在购买者需求的总和。在这里,市场专指买方,而不包括卖方;专指需求,而不包括供给。站在卖方营销的立场上,同行供给者即其他卖方都是竞争者,而不是市场。卖方组成行业,买方构成市场如图6-2所示。这里,买卖双方由四种流程相连:卖方将商品(服务)送

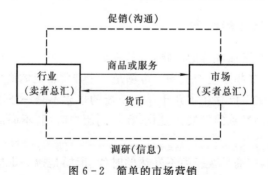

图6-2 简单的市场营销

达市场,并与市场沟通;买方把金钱和信息送到行业。图中,内环表示钱物交换,外环表示信息交换。因此,在营销学的范畴里,"市

场"往往等同于"需求",这两个概念经常被交替使用。

市场包含三个主要因素:具有某种需要的人,满足这种需要的购买能力和购买欲望。用公式表示为:

$$市场＝人口＋购买力＋购买欲望$$

市场的这三个因素是相互制约、缺一不可的,只有三者结合起来才能构成现实的市场,才能决定市场的规模和容量。只有人口既多,购买力又强,才能成为一个有潜力的大市场。但是,如果产品不适合需要,不能引起人们的购买欲望,对销售者来说,仍然不能成为现实的市场。因此,市场是上述三个要素的统一体,这三者缺一不可。

在社会主义市场经济中,市场同国民经济各个部门之间以及千千万万个消费者有着千丝万缕的联系,企业必须认真研究它、认识它,搞好企业的经营管理工作,促进市场繁荣,并利用市场求得企业自身的生存和发展。

二、市场的分类

市场分类的标准和方法很多,主要有以下几种:

1. 按交换对象区分

可分为商品市场、服务市场、技术市场、金融市场和信息市场等。

(1) 商品市场包括生产资料市场、工业消费品市场和农产品市场。交换的对象是有形的商品。

(2) 服务市场提供的是特殊的商品——服务,它具有不可储存和无法转售等无形特征,必须采取相应的营销措施。

(3) 技术市场中交换的是技术商品,它作为脑力劳动产品具有先进性和独占性。技术商品同其他有形商品一样,具有价值和使用价值,有时无形的技术和知识可物化在实物中,转化为有形存在的成果。

(4) 金融市场交易的对象是金融商品,即货币资金和有价证券等。在金融市场上买方购买的是货币的使用权。金融商品的价格为利息。金融市场是一个极其敏感的市场,与国内外政治、经济、文化等因素联系紧密,开展营销活动必须具有专门的金融知识,才能实行有效的管理。

(5) 劳动力市场和信息市场作为生产要素市场是市场体系中不可缺少的部分,在商品经济条件下,劳动力和信息作为企业重要的资源,其商品化的过程也是企业走向竞争的过程。

2. 按买方的类型区分

可分为消费者市场和组织市场。市场营销管理一般是从这一角度来考察分析市场的,这种分类方法便于研究目标市场的购买行为,进而有针对性地开展有效的营销活动。

3. 按活动范围和区域区分

可分为世界市场、全国性市场、地方市场等。

三、消费者市场分析

消费者市场是指所有为了个人消费而购买物品或服务的个人和家庭所构成的市场。消费者市场是现代营销理论研究的主要对象,是商品的最终归宿,研究影响消费者购买行为的主要因素及其购买决策过程,对于开展有效的市场营销活动至关重要。

1. 消费者市场的特点

(1) 人多面广,包括了生活中的每一个人;

(2) 需求复杂,经常变化;

(3) 零星购买和经常购买,购买次数频繁;

(4) 产品专用性不强;

(5) 需求弹性较大,受价格影响明显;

(6) 非专家购买,易受促销影响,产生购买冲动;

(7) 购买力经常流动。这种流动主要在不同地区间进行。

2. 影响消费者购买行为的主要因素

消费者在一定条件下作出的购买决策在很大程度上受到文

化、社会、个人和心理等因素的影响。

(1) 文化因素　文化是人类欲望和行为最基本的决定因素。低级动物的行为主要受其本能的控制,而人类行为大部分是从学习中得来的,在社会中成长的儿童通过其家庭和其他机构的社会化过程学到了一些基本观念。每一文化都包含着能为其成员提供更为具体的认同感和社会化较小的亚文化群体。

文化、亚文化及社会阶层等因素由于直接关系到人们的观念、习惯和偏好的形成,从而影响到消费者的购买行为,因此,营销者在制定营销方案时,首先必须了解掌握这些因素。

(2) 社会因素　消费者购买行为也要受到诸如参照群体、家庭、社会角色与地位等一系列社会因素的影响。参照群体对消费者购买行为的影响,表现在三个方面:

① 参照群体为消费者展示出新的行为模式和生活方式。

② 由于消费者有仿效其参照群体的愿望,因而消费者对某些事物的看法和对某些产品的态度也受到参照群体的影响。

③ 参照群体促使人们的行为趋于某种"一致化",从而影响消费者对某些产品和品牌的选择。

此外,参照群体的影响力还取决于产品、品牌以及产品的生命周期等。企业应善于运用参照群体对消费者施加影响,扩大产品销售。

家庭是社会组织的一个基本单位,对消费者购买行为有着重要影响。家庭购买决策大致可分为四种类型:丈夫决定型、妻子决定型、共同决定型和各自作主型。由于各地的生活习惯,妇女的就业状况,夫妻双方的工资及教育水平、家庭内部的分工以及产品的种类等方面的差异,使得家庭成员在购买决策中的影响力不同。因此企业在设计产品和拟定营销方案时,必须考虑家庭的购买决策中心,有针对性地进行营销活动。一个人在其一生中会参加许多群体,如家庭、俱乐部或其他各种组织。每个人在各个群体中的位置可用角色和地位来确定。每一角色都伴随着一种地位,这一地位反映了社会对它的总评价,而地位标志又随着不同阶层和地理区域而有所变化。不同的角色和地位其需求也不同,而这些都在某种程度上影响其购买行为。

(3) 个人因素 消费者的购买决策也受到个人特性的影响,特别受其年龄、职业、经济状况、生活方式、个性以及自我观念的影响。

① 不同年龄的人有不同的需要和偏好,这是毫无疑问的。人们在衣食住行各方面的消费需要,都随着自然年龄的变化而变化。除了自然年龄的不同阶段外,还要注意消费者心理生命周期的阶段。有些人心理上的年龄往往与他们的实际年龄不一致,如有些年轻人"少年老成",有些中老年人却充满青春的活力,因而他们的消费行为同他们的自然年龄相异,因此在企业的经营决策中应该考虑心理年龄对消费行为的影响。

② 一个人的职业也影响其消费方式。一般来说,营销者应当分析出哪种职业者对自己的产品和服务感兴趣,甚至可以专门提供适合于某种职业者的产品和服务,针对其需求特点进行营销活动。

③ 经济状况包括个人可支配的收入、储蓄、资产、借款能力及对开支和储蓄的态度等,也决定着个人和家庭的购买能力。

④ 个性是指一个人所特有的心理特征,它导致一个人对他所处的环境相对一致和持续不断的反应。一个人的个性可以用外向、内向、自信、顺从、实际、保守等性格特征来描述。与此相联系的是消费者的自我观念(或称自我形象)。营销者所设计的品牌形象必须与消费者个性和自我形象相吻合,才能受到消费者的认同。

⑤ 生活方式是一个人在世界上所表现的有关活动、兴趣和看法的生活模式。了解了一个人所处的社会阶层,只能推断出他行为的某些特征,但却无法了解其本人的具体特点。如果已知一个人的个性,就能推断其不同的心理特征,但对他的实际活动、兴趣和看法却知之不多,而研究生活方式就能把握一个人活动的全部

模式。

（4）心理因素　消费者的购买行为要受动机、知觉、学习以及信念和态度等主要心理因素的影响。

① 人的行为是由动机支配的，动机是由未满足需要引起的。当人产生某种需要又未能得到满足时，人体内便出现一种紧张状态，形成一种内在动力，即动机，促使人们采取行动满足需要。因此营销者必须根据消费者的需要，设置某些刺激物，激发足以引起消费者行为的动机，从而促进企业目标的实现。

② 处在相同激励状态和目标的情况下，由于对情况的知觉不同，可能会导致不同的行为。所谓知觉是指个人通过感觉器官对客观刺激的反应。它不仅取决于刺激物的特征，而且还依赖于刺激物同周围环境的关系以及个人所处的状况。人们之所以对同一刺激物产生不同的知觉，是因为人们通过感官对刺激物感知时要经历选择性注意、选择性曲解和选择性记忆三种知觉过程，随着感觉的深入，将感觉到的材料通过大脑进行分析综合，从而得到知觉。对同样的刺激不同人的知觉不同。了解掌握这一点，营销者在向消费者传递产品信息时，需要选用大量戏剧性和重复的手段，以便被消费者感知并认可。

③ 学习是指由于经验而引起的个人行为的改变。人类行为大都来源于学习。个人学习是通过驱动力、刺激物、诱因、反应和强化的相互影响而产生的。消费者一般在内在需要驱动下形成行为动机，对某种刺激作出反应，反应之后若满足其需要则该反应得到加强。对于营销者来说，可以通过把学习同强烈驱动力联系起来，运用刺激性暗示和提供积极强化等手段来建立对产品的需求。

④ 通过行为和学习，人们获得了自己的态度，它反过来又影响着人们的购买行为。所谓态度是指一个人对某些事物或观念长期持有的好与坏的认识上的评价、情感上的感受和行动倾向。态度能使人们对相似的事物产生相当一致的行为。一个人的态度呈现为稳定一致的模式，改变一种态度就需要在其他态度方面作重

大调整。

以上四方面因素是影响消费者购买行为的主要因素,营销者必须分析研究,以便更有效地为消费者服务。

3. 消费者的购买决策过程

(1) 参与购买的角色　人们在购买决策过程中可能扮演不同的角色,起不同的作用。按其在决策过程中的作用不同,可分为倡议者、影响者、决策者、购买者、使用者五种角色。营销者分清参与购买的不同角色,有针对性地开展活动,才能取得最佳效果。

(2) 消费者购买行为类型　消费者的购买决策随产品的复杂性、价值大小及购买情况不同而不同。较为复杂和花钱多的决策往往凝结着购买者的反复权衡和众多人的参与决策。消费者购买决策随其购买类型的不同而变化。阿萨尔根据消费者在购买过程中参与者的介入程度和品牌间的差异程度,将消费者购买行为划分为四种类型(如表6-3所示)。

表6-3　消费者购买行为类型

	高度介入	低度介入
品牌间差异很大	复杂的购买行为	寻求多样化的购买行为
品牌间差异极小	化解不协调的购买行为	习惯的购买行为

① 习惯性购买行为。对于价格低廉、经常购买、品牌差异小的产品,消费者在购买时介入程度最低,他们不需要经过搜集信息、比较评价的过程,只是出于习惯而购买。这类产品可用优惠价格、销售促进等方式鼓励消费者反复使用。

② 化解不协调的购买行为。有些产品品牌差异不大,消费者不经常购买,而购买时又有一定风险,因此,需要选择比较,如果合适,消费者才会决定购买。购买以后,消费者也许会感到有些不满意,产生不协调感。在使用过程中,他会主动了解更多情况,并寻求种种理由来减轻、化解这种不协调,以证明自己的购买是正确

的。针对这种情况,营销者应及时向消费者提供有关产品评价的信息,增强消费者的信心,保持消费者的满意感。

③ 寻求多样化的购买行为。有些产品的差异明显,但消费者并不愿花时间来估价,而是经常变换所购产品的品牌,寻求多样化的体验。品牌的选择变化常起因于产品的多品种。针对这种购买类型,营销者应保障供应,利用各种促销手段来鼓励消费者购买。

④ 复杂的购买行为。对于贵重的、不常买的、有风险且又非常有意义的产品,由于品牌差异大,消费者对此缺乏了解,因而需要一个学习过程,从而对产品产生某种看法,最后决定购买。对于这种购买行为,营销者应采取有效措施帮助消费者了解产品性能、特点,并介绍产品优势,从而影响购买者的最终选择。

(3) 购买决策过程 在复杂的购买行为中,购买者的购买决策过程由引起需要、搜集信息、评价方案、决定购买和买后行为五个阶段构成。

① 引起需要。购买者产生某种需要时,是其过程的开始。这种需要由内在刺激或外在刺激引起。营销人员应善于安排诱因,促使消费者对产品产生强烈需求,从而引起购买行动。

② 收集信息。消费者必须收集有关信息来支持自己的购买行为。其信息来源主要有家庭、朋友等个人来源;广告、推销商、展示会等商业来源;大众传播媒体、消费者评审组织等公共来源;自身处理、检查和使用产品的经验来源等。营销者必须利用各种渠道扩大对自己有利信息的传播,从而影响消费者。

③ 评价方案。消费者在收集信息的基础上对产品的性能、特点进行分析、评价。由于个人需求不同,对产品属性重要程度的认识也不同。通过评价,消费者会形成某种偏好,从而形成购买意图。

④ 决定购买。在消费者形成购买意图之后,并不意味着实际购买就会发生,这时别人的态度和意外情况会对购买行为有直接影响。对这种情况营销者应积极引导,减少消费风险,增强消费者

的信心,鼓励消费者购买。

⑤ 购后行为。消费者购买某种产品后会产生某种程度的满意或不满意。消费者的满意程度取决于消费者对产品的预期性能与产品使用中的实际性能之间的对比。若符合预期效果,则较满意;超过预期,则很满意;未达到预期,则不满意。购买后的满意程度决定了消费者是否重复购买这种产品,决定了消费者对这一品牌的态度,并且还会影响到其他消费者。因此,营销者在消费者购买前应适当地宣传产品的优点,并在售后进行周到服务,增加消费者的满意度。

通过分析,了解掌握影响消费者购买行为的因素、购买决策的全过程及其特点,就可以为目标市场设计有效的营销计划,实行有效的管理。

四、产业市场的购买行为

1. 产业购买的决策参与者

产业用品供货企业必须了解产业购买者的决策参与者,分析他们在购买决策过程中充当什么角色,起什么作用。所有参与购买决策的人员构成采购组织的决策单位,称之为采购中心。企业采购中心通常包括五种成员:

(1) 使用者 即具体使用欲购买的某种产业用品的人员。他们是最初提出某种产业用品意见的人,在确定产品品种、规格时起重要作用。

(2) 影响者 即在企业内部和外部、直接或间接影响购买决策的人员,如企业技术人员等。

(3) 采购者 即在企业中负责采购工作的有正式职权的人员。

(4) 决定者 即在企业中有批准购买产品的权力的人。在例行采购中,采购者常常是决定者,而在复杂的采购中,领导人常常是决定者。

(5) 信息控制者　即在企业内外部能控制信息传递给决定者、使用者的人员，如购买代理商、技术人员等。

并不是任何企业采购任何产品都必须有上述五种人员参与决策，企业采购中心规模大小与产品复杂程度成正比。营销者必须了解谁是主要的决策参与者，对其施加影响，以期达到企业的营销目标。

2．产业购买者的购买类型

产业购买者的购买情况大体有三种类型：

(1) 直接重购　即企业的采购部门根据过去和许多供应商打交道的经验，从供应商名单中选择供货企业，并直接重新订购过去采购的同类产业用品。对于这种惯例化购买，供应商应尽力保持产品质量和服务质量。对于其他未被选中的供应商则应试图从产品性能和价格上取得优势，增强营销能力，争取订货份额。

(2) 修正重购　即为了更好地完成采购任务，适当改变要采购的某些产业用品的规格、价格等条件，从而有可能重新选择供货商。

(3) 新购　即企业第一次采购某种产业用品。营销人员必须向顾客提供足够信息，帮助他们选择适合的产品。

3．影响产业购买者购买决定的主要因素

(1) 环境因素　即企业外部环境，如国家经济前景、市场需求、政治法律状况等。

(2) 组织因素　即企业自身的目标、政策、组织结构等。

(3) 人际因素　购买参与者在企业中的地位、职权、说服力及他们之间的关系，会对购买行为产生影响。

(4) 个人因素　即各个购买参与者的年龄、受教育程度、个性不同，对问题的感觉、看法各异，从而影响购买行为。

4．产业购买者购买过程的主要阶段

产业购买者购买过程的阶段多少取决于购买情况的复杂程度。在直接重购情况下，购买阶段最少，而在新购的情况下，要经过八个阶段。

（1）提出需要　采购过程始于企业内部有人对某种产品提出需要。需要可由内部刺激如内部生产需要等和外部刺激如展示会、广告等引起,需要促使采购人员提出采购意见。

（2）确定需要　即确定所需产品种类与数量。

（3）说明需要　即指定专家小组,对所需产品进行价值分析,作出详细技术说明,作为采购人员采购的标准。

（4）物色供应商　通过广泛收集信息、分析比较,选择合适的供应商。

（5）征求建议　即邀请选中的供应商提交详细的书面资料,包括产品说明书、价目表、以便获得更准确的信息。

（6）确定供应商　对供应商的产品质量、价格、信誉、及时交货能力、技术服务等方面进行综合评价,选择最佳供应商。

（7）选择订货程序　即发出订货单给选定的供应商,规定产品技术性能、数量、交货期限等,与供应商建立供货关系。

（8）检查合同履行情况　即检查评价供应商供货情况及使用者对产品的满意程度,决定是否重购。

综上所述,产业市场营销同消费者市场营销一样需要分析研究用户的需要和采购决策过程,了解其不同阶段的特点,才能拟定有效的营销方案。

第三节　市场调查与预测

一、市场营销调研

市场调查是指企业采用科学的方法,系统地收集、整理与分析研究有关企业经营的信息,从而掌握市场现状及其未来发展趋势的活动。通过市场调研,为企业指定产品计划和营销目标、决定分销渠道、制定营销价格、采取促销策略和检验经营成果提供科学依据;在经营决策的贯彻执行中,为制定营销计划提供依据,起到检验和矫正的作用。

1. 市场调查的内容

影响市场需求的因素很多,既有宏观的,又有微观的;既有内部的,又有外部的。企业在全面了解的基础上要做好以下几方面的调查:①顾客需求调查。②环境因素的调查。③企业自身条件调查。④竞争者调查等。

2. 市场调查的基本步骤

为了好、快、准地收集有关市场信息资料,市场调查必须依照一定的科学程序有步骤地进行。市场调研一般要经过以下几个阶段:

(1) 确定调查目标 市场调查是为了解决企业经营过程中遇到的问题而进行的。在确定调查目标之前,首先要对企业的生产经营活动现状进行全面分析研究,找出所要解决的问题,以便确定调查目标。

(2) 拟定调查计划 调查目标定好之后就要制定调查计划,使抽象目标具体化。计划的内容包括:调查目标和要求、对象和范围、时间和地点、方式和方法、调查表的设计以及调查人员的培训等等。

(3) 实施计划 在实施过程中,应按计划有组织地进行具体的调查,收集有关信息资料。同时对调查中出现的异常现象及时处理和调整。

(4) 整理分析资料 对收集的信息资料进行整理分析,包括资料的分类、统计和编辑等。对调查得来的资料,要检查误差,同时对有关信息的影响也应考虑进去。

(5) 撰写调研报告 调研报告是市场调查的最终结果,报告要求紧扣调研主题,客观、扼要地对有关情况进行描述或分析。

整个过程如图6-3所示:

图 6-3 市场调查阶段组成

3. 市场调查的方法

市场调查的方法有很多种，但常用的主要有以下几种：

(1) 询问法　即采取提出问题，向调研对象征求答案的形式搜集有关信息。它的主要形式有面谈、电话询问、邮寄问卷等几种形式。它的优点是有利于企业和用户之间的思想和感情交流；不足之处在于调查面窄，客观性差。

(2) 观察法　即调查者亲临现场，直接观察或利用必要手段间接观察被调查对象的行为或有关情况。该方法的优点是客观、真实；缺点是观察不到内在的情况。

(3) 市场实验　就是对需要调查的问题，选用适应的方式进行实验，从而根据实验结果取得市场信息。它的优点是客观性强，不足之处在于所需时间长、费用高，而且若选择实验方法不当，直接影响后续工作的效果。

二、市场预测的基本方法

市场预测就是在市场调查的基础上，利用一定的方法或技术，测算未来某时期内市场供求趋势和影响市场营销因素的变化，从而为企业的决策提供依据。市场预测主要包括市场需求预测、市场供给预测和价格预测。市场预测的方法很多，归纳起来可分为以经验判断为主的定性预测和以数学分析为主的定量预测两类。

1. 定性预测方法

主要是用来预测事件未来的性质及发展趋势和发展的转折点。它的优点是简单易行，一般不要先进的设备和高深的数学知识；缺点在于因缺乏客观标准，往往受预测者经验、认识的局限，而带有一定的主观片面性。因此，定性预测一般应用于资料库缺乏或不能用定量化方法进行描述和预测时，常用的有以下几种：

(1) 专家座谈法　即根据预测的不同目的和要求，召集有关专家座谈讨论，互相启发、集思广益，最终形成预测结果的方法。优点在于以面对面的方式组织若干专家，对同一预测对象从不同角度进行研究和讨论，有利于专家之间思想交流、取长补短；主要缺点在于，专家数量有限，从而易使预测结果缺乏普遍性，或预测过程受个别专家左右，其他成员不便畅所欲言。

(2) 特尔菲法　即通过函询征询各个专家的意见，首先由负责人将所要预测的问题及相关的背景材料寄给专家，请他们提出个人预测意见后寄回负责人，然后由负责人综合整理后再寄给专家进行个人预测，如此循环往复多次，得出比较一致的意见作为预测结论。这种方法的特点是各个专家不发生横向联系，彼此不见面，不知名，不知别人的意见是什么。其优点是便于发挥集体智慧，集思广益，又避免了因受他人意见特别是权威人士意见的影响而导致个人不能发表独立见解。

(3) 购买者意向调查法　在经营环境和条件既定的情况下，预测顾客可能购买些什么。在顾客购买意向非常明显时，此法优势特别明显。如向消费者提出："在将来 6 个月里，你打算购买电脑吗？"答案可有如下几种备选：肯定不买、不太可能、有点可能、很有可能、非常可能、肯定要买。当然，还要分析消费者的状况以及宏观情况等。然后生产企业就可根据这些情况组织经营活动。

2. 定量预测方法

是依据充足的统计资料，借用数学方法特别是数理统计方法，建立数学模型，用以预测经济现象的规模等数量表现方法的总称。应用定量预测方法，一般需要具有大量的统计资料和先进的计算手段。定量预测方法又可粗略地分为两大类，即时间序列预测方法和因果分析预测方法。

(1) 时间序列预测方法　时间序列是指将某种经济统计指标的数值按时间的先后顺序排列所形成的序列。如按月份或季度排列的产品销售量。时间序列预测法就是通过编制和分析时间序列,根据时间序列所反映的发展过程、方向和趋势加以外推或延伸,来预测下一时间可能达到的水平。许多事物的发展都存在延续性,这种延续性使时间序列预测方法具有广泛的应用基础。

时间序列预测法有许多具体的预测方法,如线性变化趋势、非线性趋势等等。对于不同的预测对象或预测对象的不同发展趋势,应采用不同的方法,配合不同的曲线。同时要注意,在长时期内保持固定发展趋势不变的时间序列是不存在的,也就是说,没有一种曲线模式可以长期配合一组序列。因而,必须不断调查研究新情况和新问题,根据最新资料去修正趋势线或趋势线的参数,并对预测结果进行必需的调查。

(2) 因果分析预测法 这是以事物之间的相互关联,相互依存关系为根据的预测方法,是在定性研究的基础上,确定影响预测对象的主要因素,从而根据这些变量的观测值建立回归方程,并由自变量的变化来推测因变量的变化。因果分析法的主要工具是回归分析技术,因此,此法又可叫回归预测方法。因果分析方法的主要依据是相关原则,事物之间的相关性越强,预测精度就越高,反之预测精度则较差。在应用回归模型进行预测时,还要研究事物之间相关性的稳定性,若不稳定,则应用回归模型就会有错。

不管是定性还是定量或是某一个具体的预测方法,都有其使用的前提和条件,在应用时,应根据具体情况加以选择,也可把其中的几个方法结合起来使用,这样可以弥补单一预测方法的不足,使预测的准确性有明显的提高。

第四节 市场细分与目标市场的选择

一、市场细分概念

市场细分的概念是美国市场学家温德尔·史密斯(Wendell

R. Smith)于20世纪50年代中期提出来的。市场细分是指根据市场需求的多样性和购买行为的差异性,将整个市场划分为若干具有相似特征的市场部分(称为子市场)。市场细分是企业确定目标市场、制定营销策略的前提和基础。

具体来看它的作用主要有:有利于分析市场机会、开拓新市场;有利于企业根据子市场的特点,集中人力、物力和才力,生产适销对路的产品;有利于制定和调整企业的营销策略。

二、细分依据和程序

1. 市场细分依据

市场需求千差万别,影响因素错综复杂。对市场细分没有一个固定的模式,各行业和企业可根据自身的特点和需要依据适宜的因素对市场进行划分,以求得最佳的营销机会。用来进行市场细分的主要依据如下:

(1)消费者市场细分的标准　消费者市场的购买者是为了个人或家庭的生活需要而进行非营利性购买的。由于该市场人数众多,构成复杂,因此,可以从多方面进行细分。

① 地理细分。即企业按消费者所在的地理位置以及其他地理变量(如城镇、地形、气候、交通状况等)来细分消费者市场。处在不同地理位置的消费者,他们对产品有不同的需要和偏好,对企业的营销策略也会有不同的反应。此外,市场潜量和成本费用也会因市场位置的不同而不同,企业应选择那些本企业能最方便为之服务的、效益最好的地理市场为目标市场。

② 人口细分。即将市场按人口统计变量如年龄、性别、家庭人数、收入、职业、教育、宗教、种族以及国籍等为基础划分为不同的群体。

③ 心理细分。即按照购买者社会阶层、生活方式或个性特点,将购买者划分为不同的群体。在分析影响消费者市场购买力的因素时,我们已经讲到上述三方面因素将对消费者的购买行为

产生重大影响,企业可以因此明显区分不同的需求。

④ 行为细分。即按照消费者购买和使用某种产品的时间、消费者的购买动机、使用者情况、消费者对某种产品的使用数量、消费者对品牌的忠诚程度、消费者待购阶段和消费者对产品的态度等行为变量来细分消费者市场。

(2) 产业市场细分的标准 产业市场细分的依据有些与消费者市场相同,如行为标准、地理标准等,但根据其特点还有其他一些标准。

① 最终用户。不同的最终使用者常常追求不同的利益,需要运用不同的营销组合,才能达到目的。例如,对橡胶轮胎市场来说,购买轮胎用作零部件的汽车制造商的需要是不同的,赛车的制造商比标准汽车的制造商需要轮胎的等级要高得多。

② 用户规模。即根据用户规模的大小来细分市场,对大用户和中小用户采取不同的营销策略。

在进行市场细分时,往往同时选用多个标准,同时从多个角度进行细分,从而有效识别需求。

无论采取何种因素、何种方式对市场进行细分,细分后的市场应该是一个有效的子市场,不然就没有任何意义。作为一个有效的子市场的评价标准应该是:差异性、可衡量性、可进入性、效益性和不同的反应率。如果满足上述几个标准,那么细分就是有效的。

2. 市场细分的程序

美国市场学家麦卡锡提出细分市场的一整套程序,这一程序的步骤为:

(1) 选定产品市场范围,即确定进入什么行业,生产什么产品。产品市场范围应以顾客的需求,而不是产品本身特性来确定。例如,某一房地产公司打算在乡间建造一幢简朴的住宅,若只考虑产品特征,该公司可能认为这幢住宅的出租对象是低收入顾客,但从市场需求角度看,高收入者也可能是这幢住宅的潜在顾客。因为高收入者在住腻了高楼大厦之后,恰恰可能向往乡间的清静,从而可能成为这种住宅的顾客。

（2）列举潜在顾客的基本需求。比如，公司可以通过调查，了解潜在消费者对前述住宅的基本需求。这些需求可能包括：遮风蔽雨，安全，方便，宁静，设计合理，室内陈设完备，工程质量好等等。

（3）了解不同潜在用户的不同要求。对于列举出来的基本需求，不同顾客强调的侧重点可能会存在差异。比如，经济、安全、遮风蔽雨是所有顾客共同强调的，但有的用户可能特别重视生活的方便，另外一类用户则对环境的安静、内部装修等有很高的要求。通过这种差异比较，不同顾客群体即可初步被识别出来。

（4）剔出潜在顾客的共同要求，而以特殊需求作为细分标准。上述所列购房的共同要求固然重要，但不能作为市场细分的基础。如遮风蔽雨、安全是每位用户的要求，就不能作为细分市场的标准，因而应该剔出。

（5）根据潜在顾客基本需求上的差异方面，将其划分为不同的群体或子市场，并赋予每一子市场一定的名称。例如，西方房地产公司常把购房的顾客分为好动者、老成者、新婚者、度假者等多个子市场，并据此采用不同的营销策略。

（6）进一步分析每一细分市场需求与购买行为特点，并分析其原因，以便在此基础上决定是否可以对这些细分出来的市场进行合并，或作进一步细分。

（7）估计每一细分市场的规模，即在调查基础上，估计每一细分市场的顾客数量、购买频率、平均每次的购买数量等，并对细分市场上产品竞争状况及发展趋势作出分析。

二、目标市场的选择

1. 目标市场的概念及选择标准

市场细分的目的在于有效地选择并进入目标市场。目标市场是指企业经过比较和选择确定作为服务对象的相应的子市场。目标市场可以包含一个、多个或全部子市场。企业在对整体市场进行细分之后,要对各细分市场进行评估,然后根据细分市场的市场潜力、竞争状况、本企业资源条件等多种因素决定把哪一个或哪几个细分市场作为目标市场。一般而言,企业考虑进入的目标市场,应符合以下标准或条件:

(1) 有一定的规模和发展潜力:

企业进入某一市场是期望能够有利可图,如果市场规模狭小或者趋于萎缩状态,企业进入后难以获得发展,此时,应审慎考虑,不宜轻易进入。当然,企业也不宜以市场吸引力作为唯一取舍,特别是应力求避免"多数谬误",即与竞争企业遵循同一思维逻辑,将规模最大、吸引力最大的市场作为目标市场。大家共同争夺同一个顾客群的结果是,造成过度竞争和社会资源的无端浪费,同时使消费者的一些本应得到满足的需求遭受冷落和忽视。现在国内很多企业动辄将城市尤其是大中城市作为其首选市场,而对小城镇和农村市场不屑一顾,很可能就步入了"多数谬误"的误区,如果转换一下思维角度,一些目前经营尚不理想的企业说不定会出现"柳暗花明"的局面。

(2) 细分市场结构的吸引力:

细分市场可能具备理想的规模和发展特征,然而从赢利的观点来看,它未必有吸引力。波特认为有 5 种力量决定整个市场或其中任何一个细分市场的长期的内在吸引力。这五种力量包括:细分市场内激烈竞争的威胁;新竞争者的威胁;购买者讨价还价能力加强的威胁;供应商讨价还价能力加强的威胁;替代品的市场竞争力加强的威胁。

(3) 符合企业目标和能力:

某些细分市场虽然有较大吸引力,但不能推动企业实现发展目标,甚至分散企业的精力,使之无法完成其主要目标,这样的市场应考虑放弃。另一方面,还应考虑企业的资源条件是否适合在某一细分市场经营。只有选择那些企业有条件进入、能充分发挥其资源优势的市场作为目标市场,企业才会立于不败之地。

2. 目标市场模式选择

公司在对不同细分市场评估后,就必须对进入哪些市场和为多少个细分市场服务作出决策。既确定其目标市场涵盖战略时,有三种选择:

(1)无差异性营销战略　是指企业不考虑各子市场的特性差异,而只注重各子市场需求方面的共性,把所有子市场看作一个大的目标市场,设计一种产品和指定单一的市场营销组合,力求在一定程度上适应尽可能多的顾客需求。

这种战略的优点在于有效地适用于广泛需求的产品,品种、规格、款式简单,并能够进行标准化的大量生产、大量分销,有利于大大降低生产、存货、运输、研究、促销等成本费用,并简单易行、便于管理。主要缺陷是它忽视了顾客需求的差异,单一产品以同样的方式广泛销售要使所有顾客满意,这几乎是不可能的,更何况顾客的需求还随时间的变化而变化。因此,大多数产品不宜采用,它只适合于那些具有同质性的产品。另外,企业一般是针对细分市场中最大的市场实行无差异市场营销,但这样会使最大的子市场内竞争日益加剧,较小的子市场需求将被忽视而得不到满足。由于较大的子市场内竞争异常激烈,因而往往是子市场越大,利润则越小,这种追求最大子市场的倾向叫做"多数谬误"。

(2)差异性营销战略　是指企业决定同时为几个子市场服务,设计不同的产品,并在定价、渠道和促销等方面都加以相应的改变,以适应不同子市场的需求。

这种战略的优点在于:企业的产品种类同时在几个子市场都具有优势,能大大增强消费者对企业的信任感,进而提高重复购买力。还可通过多样化的渠道和多样化的产品线进行销售,有利于扩大企业的销售总额。缺点在于会使企业生产成本和营销费用大大增加,因此实施这种战略要受到企业资源条件的限制,资源缺乏的中小企业难以实行。

(3) 集中性营销战略　是指企业集中全部力量,只选择一个或少数几个性质相似的子市场作为目标市场,开发一种理想产品,实行高度专业化生产与营销,试图在较少的子市场上占有较大的市场份额。

这种战略的优点是特别适合于那些资源有限的中小企业,或初次进入新市场的大企业。由于服务对象较集中,而且在生产和营销方面实行专业化,可以比较容易地在这一特定市场取得有利地位。如果子市场选择得当,可大大节省成本支出,获得较高的投资收益率。但是,实行这种战略有较大的风险性,因为企业将全部精力集中于一个或几个特定市场上,一旦目标市场情况恶化,或遇到强大竞争对手,就可能使企业陷入困境。

上述三种目标市场涵盖战略各有利弊,企业在选择时需综合考虑企业资源、产品的特性、产品的生命周期、市场的同质性及竞争对手的情况等,选择适合自身发展的策略。见图 6-4 所示。

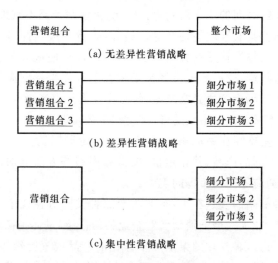

图 6-4　三种可供选择的目标营销战略

四、市场定位

在企业选定的目标市场上,往往还有竞争者的同种产品出现,甚至竞争产品已占据了市场有利地位。企业为了出奇制胜,就必须了解现有竞争者的实力、经营特点和市场地位等,从而确定本企业进入目标市场的相应的市场定位。

所谓市场定位,就是根据所选定目标市场上的竞争者现有产品所处的位置和企业自身的条件,从各方面为企业产品创造一定的特色,塑造并树立一定的市场形象,以求在目标顾客心目中形成一种特殊的偏好。

市场定位的实质就在于取得目标市场的竞争优势,确定产品在顾客心目中的适当位置并留下值得购买的印象,以便吸引更多的顾客。因此,市场定位是企业市场营销战略体系中的重要组成部分,对于建立有利于企业及其产品的市场特色,限定竞争对手,满足顾客的偏好,从而提高企业竞争力有重要意义。

企业市场定位的依据很多,可以以产品质量、价格或服务定位;也可以以消费者需求的不同心理定位,如舒适、典雅、豪华、朴素、实用、时髦等;或是根据竞争者定位情况采取抗衡性定位或回避性定位等。不管采用哪种定位方法,企业都必须准确选择本企业的相对竞争优势,并明确显示这一独特的竞争优势,将定位信息有效、准确地传递给消费者。

第五节　市场营销组合策略

一、产品策略

1. 产品及产品组合策略

(1) 产品的整体概念　所谓产品,是指能够提供给市场,用于满足人们某种欲望和需要的任何事物,包括实物、服务、场所、组织、思想和主意等。从产品整体概念来理解,产品包含核心产品、有形产品和附加产品三个层次。

① 核心产品。核心产品是指消费者购买某种产品时所追求的利益,是产品概念的最核心部分。消费者购买某产品,并不是为了占有或获得产品本身,而是为了获得能满足某种需要的效用或利益。比如,购买手表是为了计时,购买冰箱是为了冷藏和保鲜。

② 有形产品。有形产品是指核心产品借以实现的形式,通常表现为产品质量水平、外观、式样、品牌名称或包装等,产品的基本效用必须通过这些具体的形式才能得以实现。

③ 附加产品。附加产品是顾客购买有形产品时获得的全部附加服务和利益,包括提供信贷、免费送货、安装、售后服务等。

产品的三个层次告诉企业的经营者,企业在营销活动中应注意对产品的整体概念的理解。随着市场经济的不断发展,有形产品方面相同的产品之间的竞争越来越显著地表现为随同核心产品所提供的更具有差别优势的附加产品的竞争。

(2) 产品组合策略　在现代社会化大生产条件下,大多数企业都生产和销售多种产品。所谓产品组合是指某一企业所生产或销售的全部产品大类、产品项目的组合。产品大类是产品类别中具有密切关系的一组产品,又称产品线;产品项目是指某一品牌或产品大类内由尺码、价格、外观及其他属性来区别的具体产品。

产品组合有一定的宽度、长度、深度和关联性。产品组合的宽度是指一个企业有多少产品大类;产品组合的长度是指一个企业的产品组合中所包含的产品项目的总数;产品组合的深度是指产品大类中每种产品有多少花色、品种和规格;产品组合的关联性是指一个企业的各个产品大类在最终使用、生产条件、分销渠道等方面的密切相关程度。

企业在调整和优化产品组合时,依据情况不同,可选择如下策略:

① 扩大产品组合。包括拓展产品组合的宽度和加强产品组合的深度。当企业预测现有产品大类的销售额在未来一段时间内有可能下降时，就应考虑在现行产品组合中增加新的产品大类，或加强其中有发展潜力的产品大类；当企业打算增加产品特色，或为更多的细分市场提供产品时，则可选择在原有产品大类内增加新的产品项目。一般而言，扩大产品组合，可使企业充分利用资源，分散风险，增强竞争能力。

② 缩减产品组合。当市场不景气或原料、能源供应紧张时，就必须从产品组合中剔除那些获利很小甚至不获利的产品大类或产品项目，使企业集中力量发展获利多的产品。

③ 产品线延伸。产品线延伸是指全部或部分地改变公司原有产品的市场定位，具体有向下延伸、向上延伸和双向延伸三种。

向下延伸是指企业原来生产高档产品，后来决定增加低档产品。当高档产品市场竞争激烈或低档产品市场出现空缺时采用此策略。向上延伸是指企业原来生产中低档产品，后来决定增加中高档产品。

双向延伸指原定位于中档产品市场的企业形成了市场优势之后，决定向产品大类的上下两个方向延伸，一方面增加高档产品，一方面增加低档产品，扩大市场占有率。

2. 品牌与商标策略

品牌是指用来识别商品或劳务的名称、记号、图案、颜色及其组合，包括品牌名称和品牌标志两部分。品牌名称是指品牌中可以用语言称呼的部分。品牌标志是指品牌中可以被识别但不能用语言来称呼的部分。

商标是指已获得专用权并受法律保护的一个品牌或一个品牌的一部分。

企业经常采用的品牌与商标策略包括：

(1) 品牌化策略　即决定是否给其产品规定品牌名称。这首先取决于产品的特点。对于选择性强的产品，如果没有品牌名称，就不方便购买。一般来说,对于不是以生产企业而是以规格划分质量的同质产品,如电力、钢材等产品,消费者习惯上不认商标。按实物、样品选购的服装、家电、玩具等产品标明厂名,对消费者负责。

(2) 品牌归属策略　即企业决定使用自己的品牌还是将产品卖给中间商后使用中间商的品牌将产品再卖出去。当企业在新的市场上推销产品而产品商标短时期内难以建立声誉时,先采用有一定影响的中间商的商标或同时使用中间商和生产者的商标,待产品有一定市场后再单独使用生产者的商标。这种策略在国外广为应用。

(3) 家族品牌策略　指企业决定所有产品使用一种商标还是不同产品使用不同的商标。统一商标可节约费用,新产品也可借原有商标信誉迅速打开销路,但当任何一种产品质量波动时也会给其他产品带来不良影响。产品采用不同商标的营销费用大,但便于发展高、中、低档各种类型的产品,减少市场风险。

3. 包装策略

包装的作用主要是保护商品,便于运输、携带和保存,此外可以向消费者传递信息,介绍商品,并起到美化商品、促进销售的作用。

包装的策略主要有以下几种:

(1) 相似包装策略　即企业生产的各种产品在包装上采用相似设计,体现共同特征。这样能节约设计成本,促进新产品销售,但也存在个别产品质量下降而影响全局的问题。

(2) 差别包装策略　即各种产品都有自己的包装设计,体现各自特色。

(3) 组合包装策略　即将相关产品配套放在同一包装物内一起出售,如系列化产品包装。这样可方便顾客购买,有利于新产品销售。

(4) 复用包装策略　即包装内产品用完之后,包装物本身还可作他用,通过给消费者额外利益而扩大产品销售。

(5)附赠品包装策略　即在包装上或包装内附赠奖券或实物,以吸引消费者购买。

4. 产品生命周期理论

(1)产品生命周期的概念　产品生命周期是指从产品试制成功投入市场销售开始,到被淘汰出市场所经历的市场循环过程,包括投入期、成长期、成熟期和衰退期四个阶段。如下图6-5所示:

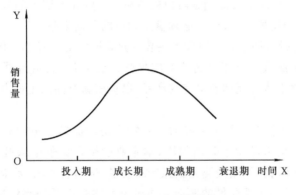

图6-5　产品生命周期曲线

决定和影响产品生命周期长短的主要因素有市场需求、市场竞争以及新技术的发展等。

(2)产品生命周期各阶段的特点为:

① 投入期。此阶段只有少数企业生产该产品。生产工艺尚不成熟,工人劳动熟练程度低,废品率高,广告推销费用也高,因而产品成本较高。而此时用户对产品不十分了解,产品尚未被多数人所接受。因此,这阶段销售量和利润都较少,甚至可能亏本。

② 成长期。产品销售量迅速增长。这是由于顾客开始了解该产品,购者日增。另一方面,产品设计已基本定型,生产工艺已基本确定,设备已经齐备,形成了较强的生产能力,成本大幅度下降,企业开始盈利,但竞争者也日益增加。

③ 成熟期。此时市场已基本饱和,新的需求不多,顾客购买产品往往是由于更换旧产品的需要。产品已完全定型,生产技术已经成熟,成本可进一步降低,利润水平较高。由于该产品较长时间内有盈利,生产企业增多,竞争十分剧烈。

④ 衰退期。产品的销售量和利润都迅速下降。产品在技术上和经济上都趋于老化,市场上已有同类新产品出现,老产品逐渐无人问津,最后退出市场。

(3) 产品生命周期各阶段的策略　企业在判明产品处于生命周期哪个阶段的基础上,必须确定相应的营销策略。

① 投入期。这一阶段的主要特点是顾客对产品不了解,销售量少、利润低。企业营销策略应加强广告宣传,灵活选择销售渠道,根据消费者反馈意见完善产品,以提高新产品的生命力和竞争力。

② 成长期。这一阶段的主要特点是产品销售量和利润都增长很快,但市场竞争开始加剧,本企业能否在竞争中取胜还不肯定。企业营销策略应当是狠抓产品质量,争创名牌,但要特别防止只求数量而忽视质量的倾向。同时争取建立广泛的销售渠道,努力提高市场占有率,使企业在竞争中处于有利地位。

③ 成熟期。这一阶段的主要特点是销售量大,利润较高,但市场竞争白热化。企业营销策略的重点是尽量延长这种产品可以获利的时期,巩固和加强企业产品的竞争地位。具体措施是改进产品,增加功能,扩大用途或发展变型产品,满足不同需求以开拓市场。在价格上适当降低,以吸引新顾客。

④ 衰退期。这一阶段的主要特点是产品已经老化,销售量和利润迅速下降。企业营销策略应设法吸引晚期采用型的顾客,或者有计划地逐步减产撤退,开发新产品,代替老产品。

(4) 产品生命周期理论的意义

① 为企业制定灵活的经营策略提供了理论依据。产品生命周期理论告诉我们,产品在市场上的活动过程可以分为四个阶段,

各阶段的特点有很大的不同,企业要针对各阶段的特色来制定相应的经营策略,才能提高企业的经济效益。

② 为开发新产品及新产品投入市场的时机提供了理论依据。由于科学技术的进步,产品生命周期普遍呈缩短的趋势。二战之前,工业产品的生命周期是 30 年左右,之后,欧美各国产品的生命周期缩短到 10 年,目前,某些机电产品缩短的更多,只有 3~5 年。因此,企业必须有不断创新的精神,不断地开发新产品,否则就会失去生命力与生存条件。

③ 揭示了延长产品生命周期的可能性和重要性。一般说来,延长产品生命周期的方法有:开发新市场、扩展产品的用途、改进产品、降价出售、加强售后服务工作等。

④ 为组织多种产品的生产经营、优化产品组合提供了依据。现代企业不应该只生产经营单一的产品项目,必须搞多种产品的经营,同时还必须重视优化产品组合。

二、定价策略

价格是影响产品销售的最直接、最重要的因素之一。合理确定企业产品的价格对增强企业竞争能力、提高利润水平有重要作用。

1. 影响定价的因素

企业不能随心所欲地制定价格,定价必须具有一定依据。影响定价的因素主要有三个方面:

(1) 成本 产品成本是产品价格的下限。产品价格必须能够补偿产品生产、分销和促销的所有费用,并补偿企业为产品承担风险的代价。因此成本是影响定价的一个重要因素,企业必须通过降低成本以期降低价格、扩大销售。如果企业产品成本高于竞争者,该产品在市场上就会处于不利地位。

(2) 市场需求 产品最高价格取决于产品的市场需求,而需求又受价格和收入变动的影响,因价格和收入等因素而引起的需求的相应的变动率就叫需求弹性。正因为价格会影响市场需求,所以企业所制定的价格高低会影响企业产品的销售,因此企业定价必须掌握某产品需求的价格弹性。当市场上没有替代品或没有竞争者,购买者对较高价格不在意或即使提价也难很快改变消费习惯的情况下,需求往往缺乏弹性。如果不具备上述条件,应采用适当价格,以刺激需求,促进销售。

(3) 竞争产品的最高价格取决于市场需求,最低价格取决于该产品的成本费用,在这一幅度内,企业如何定价,则取决于竞争者同种产品的价格水平。企业必须采取适当方式,了解竞争者所提供的产品质量和价格,可以与竞争产品比质比价,更准确地制定本企业产品价格。同时对竞争者价格及其他策略的变动要及时掌握,并作出明智的反应。

2. 定价方法

定价方法主要有三大类:以成本为基础的定价方法、以需求为导向的定价方法、以竞争为依据的定价方法。

成本定价法具体包括成本加成定价法和目标定价法,需求定价法具体包括认知价值定价法和需求差别定价法,竞争定价法具体包括随行就市定价法和密封投标定价法。

(1) 以成本为基础的定价方法

① 成本加成法。即按照产品的总成本确定价格,常用平均单位成本加上若干百分比利润(加成的含义就是一定比率的利润)。

成本加成定价公式为:单位产品价格=单位产品总成本×(1十加成率)

例如,某手表厂生产某品牌石英表单位成本为120元/只,加成率为50%,则每只手表价格为120×(1+50%)=180元。

零售企业往往以售价为基础进行加成定价。其加成率的衡量方法有两种:一是用零售价格来衡量,即加成(毛利)率=毛利(加成)/售价;二是用进货成本来衡量,即加成率=毛利(加成)/进货成本。

成本加成定价法之所以颇受企业界欢迎，主要原因：一是成本的不确定性一般比需求少，将价格盯住单位成本，可以大大简化企业定价程序，而不必根据需求情况的瞬息万变而作调整。二是只要行业中所有企业都采取这种定价方法，则价格在成本与加成相似的情况下也大致相似，价格竞争也会因此减至最低限度。三是许多人感到成本加成法对买方和卖方讲都比较公平，当买方需求强烈时，卖方不利用这一有利条件谋取额外利益仍能获得公平的投资报酬。成本加成定价法的缺陷是忽视了需求弹性。

② 目标收益法（目标定价法）。是根据总销售收入（销售额）和估计的产量（销售量），来确定目标收益率，制定价格。目标收益法的缺陷是：企业必需以预计销量倒推价格，但价格却又恰恰是影响销量的重要因素。因而就可能出现达不到预计销量，实现不了预期目标收益的情况。

(2) 以需求为导向的定价方法

① 理解价值定价法（认知价值定价法）。就是企业根据购买者对产品价值的认知（"值多少钱"）来制定价格。现实购买中，顾客往往是根据对价值的认知和感受而不是产品的实际成本去决定同意付出的价格。认知价值定价与现代市场定位观念相一致。企业在为其目标市场开发新产品时，在质量、价格、服务等各方面都需要体现特定的市场定位观念。因此，首先要决定所提供的价值及价格；之后，企业要估计在此价格下所能销售的数量，再根据这一销售量决定所需要的产能、投资及单位成本；接着，管理人员还要计算在此价格和成本下能否获得满意的利润。如能获得满意的利润，则继续开发这一新产品，否则，就要放弃这一产品概念。

认知价值定价有两个关键。一是对顾客的认知价值做出正确的估计和判断。企业如果过高地估计认知价值，便会定出偏高的价格；如果过低地估计认知价值，则会定出偏低的价格。为准确把握市场认知价值，必须进行市场营销调研。二是用营销手段中的各种非价格因素对顾客的认知价值做出有效引导。如利用产品形象、促销活动和网点选择等,对顾客施加影响,使他们形成既定的"认知价值"。

② 需求差别定价法(差别取价法)。主要是根据消费者不同的需求强度、不同的购买力、不同的购买地点、不同的购买时间等方面的差异来确定不同价格。

(3) 以竞争为依据的定价方法

① 随行就市定价法。指企业按照行业的平均现行价格水平来定价。在以下情况下往往采取这种定价方法:一是难以估算成本;二是企业打算与同行和平共处;三是如果另行定价,很难了解购买者和竞争者对本企业的价格的反应。不论市场结构是完全竞争的市场,还是寡头竞争的市场,随行就市定价都是同质产品市场的惯用定价方法。

② 密封投标定价法。是买方引导卖方通过竞争确定成交价格的一种方法。买方公开招标,卖方密封投标参与比价。这种价格是供货企业根据对竞争者的报价的估计制定的,而不是按照供货企业自己的成本费用或市场需求来制定的。供货企业的目的在于赢得合同,所以它的报价应低于竞争对手(其他投标人)的报价。

特别注意:供货企业不能将其报价定得低于边际成本,以免使其经营状况恶化。如果企业报价远远高出边际成本,虽然潜在利润增加了,但却减少了取得合同的机会。

3. 价格修订

依据成本、需求和竞争等因素决定了产品的基础价格之后,还需要根据产品的生产地点、经销地点、顾客、付款方式等因素,对基础价格进行不断的修订。

(1) 地区定价:

决定对不同地区的顾客,实行怎样的价格。通常有四种做法:原地交货定价,即不同地区不同价格;统一交货定价,即在全国范围内不论远近,运费平均计算;分区定价,即同一价格区同一交货价格;运费减免定价等。

(2) 折扣与折让定价：

企业为了鼓励顾客及早付清货款、大量购买、淡季购买，还可以酌情降低其基本价格。这种价格修订叫做折扣和折让。价格折扣和折让主要有现金折扣、数量折扣、职能折扣、季节折扣、折让等。

(3) 差别对待定价：

差别对待定价又叫价格歧视，指企业按照两种或两种以上与成本无关的差异价格来销售同一种产品，以适应顾客的不同需要，从而扩大销售，增加收益。常见的有不同顾客不同价格、不同花色（款式）不同价格、不同地点不同价格、不同时间不同价格、不同用途不同价格等。

(4) 新产品定价：

一般来讲，新产品定价有两种策略可供选择。一为撇脂定价，即高价策略。它是指在新产品投入市场时，将其价格尽可能定高，以便在最短的时间里攫取最大的利润。企业所以能这样做，是因为购买者常常是非内行非专家。二为渗透定价，即低价策略。它与撇脂策略相反，是将投入市场的新产品价格定得尽量低，使新产品迅速为顾客接受，迅速打开和扩大市场，在价格上取得竞争优势。

(5) 心理定价：

利用价格对顾客心理的影响来定价。企业利用消费者仰慕名牌商品或名店的心理来制定商品的价格，故意把价格定成整数或高价；定价时保留小数点后的尾数，使消费者产生价格较廉的感觉，还能使消费者留下定价认真的印象，从而使消费者对定价产生信任感。

三、分销策略

在现代市场经济条件下，生产者与消费者在时间、地点、数量、品种、信用、产品估价和所有权等多方面存在着差异和矛盾。企业产品生产出来后,必须通过一定的渠道,经过适当物流过程,才能在适当的时间、地点,以适当的价格供应给广大消费者或用户。因此,采取何种分销渠道将产品安全、及时地送到消费者手里,是企业应当研究的重要问题。

1. 影响企业分销渠道设计的因素

(1) 产品条件

① 产品的价值。指商品的单位价值的大小。一般情况下产品单位价值的大小与市场营销渠道的宽窄、长短成反比例关系。

② 产品的时尚性。凡产品的式样或款式变化比较快的,一般宜采取少环节的短渠道。

③ 产品的易腐易毁性。指不易储、不易运的产品经营。易腐的鲜活产品应尽量缩短营销渠道,迅速把产品出售给消费者。

④ 产品的体积与重量。体积过大或过重的产品,应采用少环节的短渠道。

⑤ 产品的技术与服务要求。凡技术性较强而又需提供售前、售中、售后服务的商品,企业应该尽量直接卖给消费者。

⑥ 产品的季节性。季节性越强的商品,越适宜采用稍长一些的渠道结构。反之,则适宜使用短渠道。

⑦ 产品的生命周期。对处在试销阶段的新产品,企业可组织自己的推销队伍,通过试销门市部、专营店等各种形式与消费者直接见面。处在饱和阶段(或叫成熟期)的产品,以间接渠道销售的居多。

⑧ 产品的用途。用途广泛、通用的、标准的商品,可用间接销售渠道,而专用性强的商品,如专用设备、特殊品种和规格,以及特殊用途的产品,以采取直接销售渠道结构为好。

(2) 市场条件

① 目标顾客的类型。即目标顾客是生活资料的消费者,还是生产资料的用户。

② 潜在顾客的数量。潜在的顾客多,市场大,需要中间商为

之服务；潜在的顾客少，则可由厂家直接供应。

③ 目标顾客的分布。目标顾客集中，企业有条件采用直接式渠道销售。反之，对于目标顾客分布得很分散的企业，往往采用间接式渠道。

④ 购买数量。主要指消费者或用户一次购买商品的数量，常称为"批量"。购买批量大的，可以采用直接销售渠道结构，客户购买批量小的，则利用中间商销售最有利。

⑤ 竞争状况。要根据竞争企业采取的营销渠道策略而制订相应的渠道策略，以争取竞争中的有利位置。

此外，还要考虑消费者购买不同产品时接近渠道的习惯。

(3) 企业自身条件：

① 企业的规模和实力。规模大、资金力量雄厚的企业，往往愿意自己对渠道的控制程度高些，或者要求渠道短些。而规模小、资金力量不强的企业，往往须依靠中间商为企业提供销售服务。

② 企业的声誉与市场地位。对生产企业或经营企业来说，声誉越高，选择的余地就越大，选择的实力就越强；相反的，声誉不高或没有地位的企业，选择的余地就比较小。

③ 企业的经营管理能力。如果领导管理经验丰富、经营推销能力强，职工的业务素质高，选择营销渠道的主动性就大，决策权也大；否则渠道的选择权就小了。

④ 控制渠道的要求。凡企业在营销中需要对渠道时刻控制的，不宜采取长渠道、宽渠道结构。企业如有较强的销售能力，最宜把产品直接出售给消费者或用户，或者选择较短的渠道结构。

此外，还应考虑企业的产品组合、市场营销组合的状况。

2. 分销渠道的类型

(1) 渠道长度

渠道长度的含义：就是中间机构层次的数目，也就是产品从厂家到消费者手中所经过的环节的多少。

根据中间环节的多少可将其分为零级渠道、一级渠道等。如

图 6-6 所示。

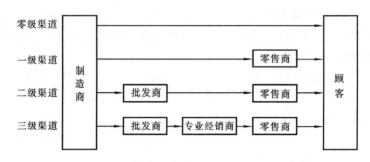

图 6-6　分销渠道长度

（2）渠道宽度：

渠道宽度的含义：指渠道使用同类中间商的数量。同一层次或环节的中间商多，渠道就较宽；反之，渠道就较窄。

分销渠道宽度主要有以下三种类型可供选择：

密集型分销：通过较多的中间商，扩大市场覆盖面，或快速进入一个新市场。这种策略适用于价格低廉、无差异性的日用消费品，或生产资料中普遍使用的标准件小工具等的销售。

选择型分销：委托部分中间商经销。重心是维护企业、产品的形象和声誉，巩固市场地位。这种渠道策略大都适用于一些选择性较强的日用消费品和专用性较强的零配件以及技术服务要求较高的商品的经营。

独家型分销：一定时间、一定地区，选择一家经销商。通常双方订有协议——经销商不得经营竞争者的产品，企业也不得向其他中间商供应产品。这种策略，一般适用于新产品、名牌产品以及有某种特殊性能和用途的产品。

3. 渠道设计的主要内容

（1）确定销售网络的长度。

（2）确定销售网络的宽度。

（3）明确网络成员的权利和义务。

4. 分销渠道的管理

(1) 选择渠道成员。

(2) 激励渠道成员。

(3) 处理渠道冲突（包括渠道的水平冲突和垂直冲突）。

(4) 渠道的评估及改进。企业在设计好一个良好的营销渠道系统后，为适应市场需求的变化，还必须在对整个渠道系统或部分渠道进行评估的基础上，随时对营销渠道系统加以修正和改进。

四、促销

1. 促销概述

(1) 促销的概念　促销是通过市场传播，传递企业或产品的存在及其性能、特征等信息，帮助顾客认识产品带给他的利益，从而达到引起顾客注意、使其产生兴趣并采取购买行为的过程。促销的实质是卖方与买方之间的信息沟通。

(2) 促销的作用：

① 传递信息，提供情报。

② 突出特点，诱导需求。

③ 指导消费，扩大销售。

④ 滋生偏爱，稳定销售。

(3) 促销决策的步骤：

① 找出目标接收者。即认定企业欲加以影响的人是哪些。

② 确定沟通目标。不同情形下企业的沟通包括不同的目标：注意、认识、喜欢、偏好、信念、购买。

③ 信息的设计。一个理想的信息应能得到被影响者的注意、保持其兴趣、激发其欲望及使其付诸行动（AIDA 模式）。具体信息的设计，需主要解决四个问题：说什么（信息内容）、如何逻辑地说（信息结构）、如何以符号的方式来说（信息格式）以及由谁来说（信息来源）。

④ 选择沟通渠道。信息沟通渠道通常分为两大类：人员沟通

渠道；非人员沟通渠道。

⑤ 制定促销预算。常用的方法有以下几种：量力支出法、促销额百分比法、竞争对等法、目标与任务法。

⑥ 确定促销组合。

(4) 促销组合的概念　所谓促销组合，就是企业根据产品的特点和营销目标，综合各种影响因素，对各种促销方式的选择、编配和运用。促销组合是促销策略的前提，在促销组合的基础上，才能制定相应的促销策略。因此，促销策略也称促销组合策略。促销的主要方式主要有人员推销、广告、宣传、销售促进（销售推广）等四种方式。

(5) 促销组合和促销策略的制定应考虑的因素：

促销组合和促销策略的制定，其影响因素较多，主要应考虑以下几个因素。

① 促销目标。它是企业从事促销活动所要达到的目的。在企业营销的不同阶段和适应市场营销活动的不断变化，要求有不同的促销目标。无目标的促销活动收不到理想的效果。因此，促销组合和促销策略的制定，要符合企业的促销目标，根据不同的促销目标，采用不同的促销组合和促销策略。

② 产品因素。主要包括：

ⅰ 产品的性质。不同性质的产品，购买者和购买目的就不相同，因此，对不同性质的产品必须采用不同的促销组合和促销策略。一般说来，在对消费品促销时，因市场范围广而更多地采用拉式策略，尤其以销售促进和广告形式促销为多；在对工业品或生产资料促销时，因购买者购买批量较大，市场相对集中，则以人员推销为主要形式。如图 6-7 所示。

ⅱ 产品的市场寿命周期。促销目标在产品市场寿命周期的不同阶段是不同的，这决定了在市场寿命周期各阶段要相应选配不同的促销组合，采用不同的促销策略。

ⅲ 市场条件。市场条件不同，促销组合与促销策略也有所不

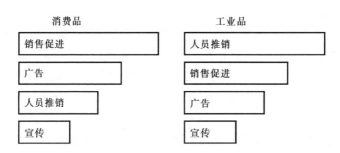

图 6-7 促销工具在消费品和工业品销售中的相对重要性

同。从市场地理范围大小看,若促销对象是小规模的本地市场,应以人员推销为主;而对广泛的全国甚至世界市场进行促销,则多采用广告形式。从市场类型看,消费者市场因消费者多而分散,多数靠广告等非人员推销形式;而对用户较少、批量购买、成交额较大的生产者市场,则主要采用人员推销形式。此外,在有竞争者的市场条件下,制定促销组合和促销策略还应考虑竞争者的促销形式和策略,要有针对性地不断变换自己的促销组合及促销策略。

ⅳ 促销预算。企业开展促销活动,必然要支付一定的费用。费用是企业经营十分关心的问题,并且企业能够用于促销活动的费用总是有限的。因此,在满足促销目标的前提下,要做到效果好而费用省。企业确定的促销预算额应该是企业有能力负担的,并且是能够适应竞争需要的。为了避免盲目性,在确定促销预算额时,除了考虑营业额的多少外,还应考虑到促销目标的要求、产品市场寿命等其他影响促销的因素。

2. 广告

(1) 定义 广告是由明确的发起者以公开支付费用的做法,以非人员的任何形式,对产品、服务或某项行动的意见和想法等的介绍。

(2) 广告的设计原则 广告的设计应具有的原则有:① 社会性原则;② 针对性原则;③ 感召性原则;④ 简明性原则;⑤ 艺

性原则。

(3) 广告媒体的选择 广告媒体的种类:①印刷品广告:如报纸广告;杂志广告。②电子媒体广告:如电视广告;广播广告;网络广告。③户外广告;④邮寄广告;⑤POP 广告;⑥其他广告。

(4) 广告费用预算 广告费用预算可有以下 4 种不同的选择方案:

① 销售百分比法:根据过去经验,按计划销售额的一定百分比确定广告费用。好处是简便易行,缺点是实际操作中过于呆板,不能适应市场变化。

② 目标任务法:明确广告目标后,选定广告媒体,再计算出为实现这一广告目标应支出的广告费用。这种方法在实际操作中难度较大,因为,广告目标很难以数字来精确计算。

③ 竞争对抗法:它是根据竞争对手的广告宣传情况,来决定自己的广告费用支出的一种方法。

④ 倾力投掷法:企业在不能测定广告目标和广告效果的情况下,常常采用有多少费用就做多少广告的办法,它的风险比较大。

⑤ 广告效果评估。广告效果的评估就是指运用科学的方法来鉴定所作广告的效益。广告效益包括三方面:一是广告的经济效益,指广告促进商品或服务销售的程度和企业的产值、利税等经济指标增长的程度;二是广告的心理效益,指消费者对所作广告的心理认同程度和购买意向,购买频率;三是广告的社会效益,指广告是否符合社会公德,是否寓教于销。

3. 人员推销

(1) 定义 人员推销是指企业通过派出销售人员与一个或一个以上可能成为购买者的人交谈,作口头陈述,以推销商品,促进和扩大销售。

(2) 人员推销的工作任务

① 积极寻找和发现更多的可能的顾客或潜在顾客。

② 把关于企业产品和服务方面的信息传递给现有的及潜在

的顾客。

③ 运用推销技术,千方百计推销产品。

④ 向顾客提供各种服务,如向顾客提供咨询服务,帮助顾客解决某些技术问题,安排融资,催促加快办理交货等。

⑤ 经常向企业报告访问推销活动情况,并进行市场调查和收集市场情报。

(3) 人员推销决策　就是企业根据外部环境变化和内部资源条件设计和管理销售队伍的一系列经济过程,包括如下几个方面:

① 建立人员推销在企业市场营销组合中的地位,为销售人员制定出适当的销售活动组合。

② 根据企业资源条件和销售预算等确定销售队伍的规模。

③ 根据顾客、产品和销售区域分配资源和时间。

④ 对销售活动(任务)进行组织激励和控制。

人员推销决策的内容尽管很多,但大体上可以分为以下两种:战略决策,包括销售队伍的大小、区域设计和访问计划等;管理决策,包括对销售人员的招募、挑选、培训、委派、报酬、激励和控制等。

4. 销售促进

(1) 销售促进的定义　所谓销售促进,是指企业运用各种短期诱因,鼓励购买或销售企业产品或服务的促销活动。企业的销售促进决策包括确定目标、选择工具、制定方案、预试方案、实施和控制方案,以及评价结果等内容。

销售促进目标是由基本的市场营销沟通目标推衍出来的,而后者又是由产品的更基本的市场营销目标推衍出来的。销售促进的特定目标将依目标市场的不同而有所差异。

(2) 销售促进的工具　选择销售促进工具,必须充分考虑市场类型、销售促进目标、竞争情况以及每一种销售促进工具的成本效益等各种因素。

① 企业使用于消费者市场的销售促进工具。如果销售促进

目标是抵制竞争者的促销,则可设计一组降价的产品组合,以取得快速的防御性反应。如果企业产品有明显的竞争优势,目标在于吸引消费者率先采用,则产品样品可作为有效的销售促进工具。企业可以向消费者赠送免费样品或试用样品。

② 零售商使用于消费者市场的销售促进工具。零售商关心的是顾客的光顾、购买以及吸引更多的人进入店中,销售促进工具的选择便以此目标为中心。折价券、特价包、赠奖、交易印花、购(售)点陈列、商品示范表演、竞赛、兑奖、游戏等在零售业最常用。

折价券就是给持有人一个凭证,他在购买某种商品时可凭此券免付一定金额的钱。

特价包就是向消费者提供低于正常价格的销售商品的一种方法,其做法是在商品包装或标签上加以附带标明。

赠奖就是以相当低的价格出售或免费赠送商品,作为购买特定商品的刺激。它有三种主要形式:一是随附赠品;二是免费邮寄赠品,即消费者交出买过这种商品的包装、标签或其他证据,商店就免费给他寄去一个商品;三是低价赠奖,即以低于正常零售价的价格出售给需要此种商品的消费者。

交易印花是顾客通过购买而得到的一种特殊类型的赠奖。

竞赛、兑奖和游戏是让消费者、中间商或推销人员有某种机会去赢得一些东西。

③ 企业使用于中间商的销售促进工具。企业为取得批发商和零售商的合作,可以运用购买折让、广告折让、陈列折让、推销金等销售促进工具。购买折让是指购货者在规定期限内购买某种商品时,每买一次就可以享受一定的小额购货折让。

④ 企业使用于推销人员的销售促进工具。企业常运用销售竞赛、销售红利、奖品等销售促进工具直接刺激推销人员。

(3) 销售促进方案的内容

① 诱因的大小。市场营销人员必须确定使企业成本/效益效果最佳的诱因规模。

② 参与者的条件。销售促进决策的另一个重要内容，就是决定参与者的条件。

③ 促销媒体的分配。必须决定如何将促销方案向目标商场贯彻。

④ 促销时间的长短。市场营销人员还要决定销售促进时间的长短。如果时间太短，一些顾客可能无法重购，或由于太忙而无法利用促销的好处。如果促销时间太长，则消费者可能认为这是长期降价，而使优待失去效力。

⑤ 促销时机的选择。

⑥ 促销的总预算。

（4）效果的评价　企业可用多种方法对销售促进结果进行评价。评价程序随着市场类型的不同而有所差异。企业在测定对零售商促销的有效性时，可根据零售商销售量、商店货档空间的分布和零售商对合作广告的投入等进行评估。企业可通过比较销售绩效的变动来测定消费者促销的有效性。

测定销售促进效果的另一种方法，是在目标市场中找一组样本消费者面谈，以了解有多少消费者还记得促销，他们认为如何，有多少人从中获得利益，促销对他们以后的品牌选择行为有何影响。这种方法常用来有选择地研究某种销售促进工具对消费者的影响。

5. 促销宣传

（1）促销宣传的定义　促销宣传指的是企业为实现销售指标，在所有媒体上免费获得编排的版面和播放时间，供企业顾客或可能顾客读、看、听的各种活动。

宣传可以这样来理解：

① 企业围绕一个可销售的实体制造事件和新闻，撰写有价值的新闻报道，争取在报刊、广播、电视等媒体上刊登、播映，供广大目标公众读、听、看，以推销这种实体。

② 企业无须为占用报刊版面、播映时间而支付费用。

(2) 宣传的优势与特性　宣传能使公众留下难忘的印象,而广告则很难做到这一点,即使做到了,所花费的成本也不会那么低。

宣传具有如下特性:
① 高度真实感。
② 没有防御。
③ 戏剧化表现。
(3) 宣传决策的主要内容
① 确定宣传目标;
② 选择宣传的信息与工具;
③ 实施宣传方案;
④ 评价宣传效果。

第六节　市场营销理论的新发展

一、营销组合理论

市场营销组合是现代营销学中一个十分重要的概念。1960年杰罗姆麦卡锡提出了著名的"4P'S"组合理论,这一传统理论在西方已有 30 年的历史。针对现代世界经济的区域化和全球化发展,国际市场竞争激烈,许多国家政府干预加强和贸易保护主义再度兴起,出现封闭市场的新形势,市场营销理论又有了新的发展。菲利普科特勒于 1984 年提出了一个新的理论,他认为企业能够影响自己所处的市场营销环境,而不应单纯顺从和适应环境。因此,除了市场营销组合的"4P'S"之外还应再加上两个"P",即"权力"(Power)和"公共关系"(Public Relations),成为"6P'S"。也就是说,要运用政治力量和公共关系,打破贸易壁垒,为企业的营销开辟道路。他把这种新的思想称为"大市场营销"。

企业实施大市场营销战略必须探测权力结构,对各方实力进行评估对比,与权力集团和利益集团取得联系与合作,从而实现营销目标。

除了大市场营销理论之外,美国的一些营销学者针对当前买卖双方的矛盾,提出从顾客的角度出发来研究营销理论。该理论提出了以消费者的欲望和需求(Consumer)、消费者的欲望与需求的满足成本(Cost)、购买者的方便性(Convenience)和顾客与企业的沟通(Communication)为四个因素的营销组合的新构想,称为"4C'S"理论。该理论认为企业应重新把消费者置于核心地位,研究他们的需求和欲望,并且要了解产品消费欲望的满足成本——主要指生产成本、消费者购物的时间成本及精力成本等,运用现代化的邮购业务、电话、电脑、信用卡等工具,尽量降低成本,方便消费者购买。同时要加强与消费者的对话与交流,及时了解其需求变化并迅速提供优质的产品和服务。

菲利普科特勒归纳说:"4P反映的是销售者关于能影响购买者的营销工具的观点;从购买者的观点来看,每一种营销工具都是为了传递顾客利益。"他还认为4P与4C有着一一对应的关系,即:Product-Customer;Price-Cost;Place-Convenience;Promotion-Communication。那么按科特勒的观点,4P应向顾客提供的价值就是相应的4C。

二、关系营销理论

关系营销理论是由美国营销学者巴巴拉·杰克逊于1985年最先提出的。关系营销的基本观点是,企业要在盈利的基础上,建立、维持和促进与顾客和其他伙伴之间的关系,以实现参与交易各方的目标,从而形成一种兼顾各方利益的长期关系。关系营销观念从根本上改变了传统营销关于市场营销的关键在于交易的狭隘认识,打破了传统营销观念长期垄断企业营销活动的局面,为建立适应现代市场需求的崭新营销指导思想开辟了更加广阔的领域。关系营销是市场营销者与顾客、分销商、经销商、供应商等建立、保持并加强合作关系,通过互利交换及共同履行诺言,使各方实现各自目的的营销方式。与顾客建立长期合作关系是关系营销的核心内容。与各方保持良好的关系要靠长期承诺和提供优质产品、良好服务和公平价格,以及加强经济、技术和社会各方面联系来实现。关系营销可以节约交易的时间和成本,使市场营销宗旨从追求每一笔交易利润最大化转向追求各方利益关系的最大化。

关系营销所涉及的市场,除了顾客群外还涉及供应商市场、劳动力市场、影响者市场及内部市场等多方面。

为了与庸俗的拉关系、相互利用、进行非正当交易活动等区别开来,弗兰克索尼堡提出了关系营销的十条准则,即:①诚恳守信、坦诚相待;②互相尊重、和谐一致、富有人情;③共存共荣,双方从合作关系中获得成功与利益;④在建立合作关系之前就要有明确的奋斗目标;⑤深入了解对方的文化背景,做到知己知彼;⑥经常沟通,及时解决问题,消除误会;⑦致力于长期合作,强调合作关系的建立而不是基于短期利益;⑧双方都要为最佳合作状态而努力;⑨双方共同决策,不可强加与人;⑩力求关系的长期延续。企业应在把握这十条准则的基础上,与顾客和其他方面建立长期有效的合作关系。

三、整体营销理论

随着经济全球化和竞争的不断加剧,以菲利普科特勒为代表的一些美国营销学者于19世纪90年代提出了整体营销观念。认为企业要从长远利益出发,其市场营销活动应囊括构成其内外部环境的所有重要行为者,他们是供应商、分销商、最终顾客、职员、财务公司、政府、同盟者、竞争者、传媒、一般公众。可以将他们称之为关系利益人。整体营销观念认为:应和顾客及其他的关系利益人进行双向沟通,而非单向传播;应和关系利益人建立良性互动等。

四、绿色营销

从 19 世纪 80 年代以来,在组织管理领域出现了一股思潮,即组织管理过程当中必须考虑环境保护的因素,由此导致营销过程必须把控制污染作为企业营销活动的指导原则。在这种情势下,市场导向的环境管理注重于两个方面。一方面,商业导向的营销由于把人类带入了一个浪费的消费者社会(Throwaway consumer society)而倍受指责。营销需要新的导向以把消费者社会转换为可持续的社会(Sustainable society)。另一方面,一些发展起来的营销方法被认为是有用的工具,以促进社会朝着环境导向变化。绿色营销(或环境营销)被认为能够改变顾客的看法,提供新的竞争方向,以及通过创新的环境途径来获得市场认可。在此情形下,绿色营销有义务避免环境污染,以及在营销活动的各个环节减少污染。绿色营销的目标是通过开发竞争优势和保护社会利益以永久性地满足现实潜在顾客的需要,从而达到企业的目标。绿色营销的规划包括五个步骤:

分析现在或将来有可能影响企业的有关环境问题,接下来评估机会、风险、优势和劣势;拓展企业的经营哲学和目标,形成环境的原理和目标(技术层面的);提出和评估各种可能的方案,识别目标群体,并为绿色营销观念寻找正确的定位和竞争优势;修改和整合利用营销工具,以便在横向和纵向竞争中把绿色营销原理用于实践;监督和规范环境导向的营销活动,以作为生态监督计划的一部分。

五、内部营销

内部营销的概念是作为服务营销研究的一部分而提出来的。在 20 世纪 70 年代早期,当时 Rathmell(1974)写了第一本讨论服务营销的书《Marketing in the Service Sector》,服务营销的有关话题就一直是学者们关注的焦点。过去 20 年以来,服务营销获得了迅猛发展,其中一个子领域就是内部营销。此后,内部营销在服务管理、工业营销和关系营销的文献中都有所论及。虽然内部营销这个词是在 20 世纪 70 年代后期引入的,但作为一个概念则是在 20 世纪 80 年代形成的。内部营销的一个中心因素就是内部顾客。这个词原先是出现在服务领域,其含义是通过销售职位使其对职员有吸引力。这一思想被几位学者所发展。Gronggroo 把这一现象叫做内部营销产品。他认为内部营销产品包括职位和工作环境,以激励员工作为"兼职营销者"对管理层的顾客导向和好的互动营销绩效的需要做出积极的回应,同时吸引和挽留好的员工。内部营销被认为是一个管理战略,其重点是如何发展有顾客意识的员工。

六、网络营销

从某种意义上来说,网络营销的发展可以说是源远流长。最早叫做电子营销(Electronic Marketing),即通过一种或多种电子途径或媒介将产品或服务从销售者手中送到购买者手中。最早的媒介是 19 世纪时使用的电报。此后,随着电话、收音机、电视和电缆的大量出现和使用,电子媒介成为营销的主要力量。近几年来,越来越多的企业采用网络作为它们的营销工具。网络的独特地方在于它既是市场,又是媒介。这意味着它一方面扮演着以计算机为媒介的市场,通过这个市场购销双方可以相互接触;另一方面它又扮演着媒介的作用,实施和实现诸如营销、销售和分销的功能等,从而使得网络具有多渠道的作用。

随着互联网的应用,电子营销开始被一个新概念所取代——网络营销。不过现在还有不同的叫法,有叫在线营销、网络营销或互联网营销。网络营销被定义为通过网上活动来建立和维持顾客关系,以促进思想、产品和服务的交换,从而满足购买者和销售者的目标。

思考练习题

1. 请结合我国企业实际,举例说明企业经营哲学的演变。
2. 什么是市场细分?市场细分的意义何在?
3. 简述整体营销的概念及其对企业营销工作的指导意义。
4. 简述产品生命周期各阶段的特点及相应的营销策略。
5. 如何看待我国家电行业的价格战?
6. 营销渠道和分销渠道有何区别?

第七章 财务管理

财务管理是企业管理的重要组成部分。它是研究如何筹集资金和运用资金,怎样科学地配置资产和降低财务风险,从而为所有者取得最大财富的一门学科。本章主要介绍筹资管理、流动资产管理、固定资产管理和财务分析。

第一节 财务管理概述

一、财务管理的对象

企业财务管理的对象是企业的资金运动及其引起的企业与各方面的经济关系。

1. 企业资金的运动

企业资金可分为固定资金和流动资金。固定资金是用于劳动资料等方面的资金,其实物形态称为固定资产。固定资金的运用形式表现为损耗价值的转移和补偿。在使用中,它只是部分地流通自身的价值,即把价值按照损耗程度逐渐地、部分地转移到产品价值中去,通过产品的销售逐渐得到补偿。

流动资金主要是用于劳动对象等方面的资金,其实物形态表现为原材料、在制品、成品、应收款、现金等。流动资金的实物形态称为流动资产。在生产经营过程中,劳动对象的使用价值一次就全部转移到产品价值中,当产品销售后,就全部以货币形态收回。流动资金从一种形态变为另一种形态,称为资金的运动。从货币形态顺次变为物资储备、在制品、产品各种不同形态,又回到货币形态的运动过程称为资金的循环。流动资金连续不断地循环形成了资金的周转,企业对循环结束的货币资金要进行分配,补偿生产经营过程中的各项耗费,并形成税金、利润、资本公积金等。

流动资金的周转可分为三个过程。供应过程:企业用货币购买原材料,流动资金从货币形态转化为物资储备形态。生产过程:企业将原材料投入生产,以货币支付工资和其他生产费用,工人用设备对原材料进行加工,设备的磨损价值转移到产品成本中去,最终创造了新的价值。在这一过程中,流动资金从原材料、工资、生产费用等形态转化为产品形态。销售过程:企业通过销售产品而获得货币收入,流动资金从产品形态转化为货币形态,然后又开始新的循环。

财务管理的主要对象就是处于周而复始运动中的企业资金。研究企业资金的运动规律,对于提高企业财务管理水平和改善财务状况有着十分重要的意义。企业生产经营的过程也就是资金运动的过程,因而,企业资金的运动状况也就可以反映供、产、销各项工作进行的状况。例如,成品资金占用过多,反映了销售不畅;预付款超过定额标准,说明采购不力;而在制品资金占用过高,则揭示了生产过程中存在着问题。资金是企业的血液,资金的有序、健康地运动是企业发展和兴旺发达必不可少的条件。

2. 企业财务关系

由资金运动而产生的企业与各方面的经济关系称为企业财务关系。企业财务关系是企业法人作为财务主体在进行财务活动中所形成的各种经济利益关系。财务关系的内容和本质特征是由经济体制所决定的,在社会主义市场经济条件下,企业财务关系主要有以下几个方面:

(1) 企业同其所有者之间的财务关系 它是各种财务关系中最本质的财务关系。这种关系是企业所有者对企业投入资金并参与企业收益分配的投资与分配关系。企业所有者主要有四类:即政府、法人机构、个人和外商。所有者将资金的使用权赋予企业，企业运用投资者的资金从事符合所有者利益的经营活动，实现利润后应按出资比例或合同章程的规定，向其所有者分配利润。

（2）企业同其债权人之间的财务关系　这主要指企业向债权人借入资金，并按借款合同按时向债权人支付利息和归还成本金所形成的经济关系。企业的债权人主要有企业债券的持有人、贷款机构、商业信用提供者和其他贷款给企业的机构或个人。企业与债权人之间的关系是一种借贷关系，这种关系的基础是企业信誉和偿债能力。

（3）企业与企业之间的财务关系　企业开展生产经营活动，就要与其他企业发生交往和资金往来，由此就形成了企业之间的财务关系。其主要内容包括企业之间相互提供产品或劳务而形成的资金结算关系以及企业之间由于发展横向经济联合而形成的联营合作关系等。

（4）企业内部各部门之间的财务关系　企业对于从不同来源的不同性质的资金，必须分别使用和管理，这就形成了生产经营活动同基本建设，福利事业单位之间的结算关系，生产车间之间相互提供产品和劳务也要进行计价结算，这就形成了各部门之间的财务关系。

（5）企业与职工之间的财务关系　这主要是指职工向企业提供劳务和企业向职工支付劳动报酬而形成的经济关系。这种关系体现了企业和职工在劳动成果上的分配关系，应遵循各尽所能，按劳分配，兼顾企业与职工物质利益的原则，处理好企业与职工的经济关系。

（6）企业与国家之间的财务关系　这主要是指企业要按税法规定向国家交纳税金的关系，这种关系还体现在企业必须购买国库券。正确处理这两者关系的原则是兼顾双方的利益，企业一方面要按时纳税，另一方面要积极争取在税收方面的优惠政策。

二、财务管理的概念与目标

财务管理是指根据国家的财经政策和法规,对企业资金运动过程进行预测、组织和控制,并正确处理企业与各方面的财务关系,以求取得最佳经济效益的一项经济管理工作。从财务管理的定义中可以看出,财务管理的对象是企业资金运动及其所产生的经济关系;所使用的方式是企业管理中的基本方式;而财务管理的目的是追求最佳经济效益。从资金运动的过程来看,财务管理主要包括资金筹集、资金运用、资金耗费、资金分配等管理内容。

财务目标是企业进行财务管理所要达到的目的,是评价企业财务活动是否合理的标准,也是财务管理理论方法体系赖以建立和发展的基础。财务目标可分为基本目标和具体目标两个层次,基本目标是指整个企业财务管理所要达到的目标,它决定着具体目标,决定着整个财务管理的发展方向,是企业财务管理工作的起点和终点。财务管理的基本目标等同于企业的整体目标,可表述为:以企业经济效益最大化为基点,实现股东财富最大化,兼顾其他主体的利益,合理配置社会资源。

财务管理的具体目标是对基本目标的具体化,表明财务管理工作在一些主要方面应该达到的目的。具体目标可表述为:提高企业盈利能力、支付能力和经营能力。盈利能力是指企业因销售产品、提供劳务或对外投资然后产生的效益。支付能力是指企业持有现金及现金等价物应付紧急资金需要和偿还债务的能力。经营能力是指企业财务资源的使用效率和增值能力。明确财务管理的目标,是搞好财务工作的前提。在基本目标的主导下,企业要合理利用稀缺的资源,为整个社会多创造财富,争取尽可能高的投资报酬率,让投资者感到满意,并要将经营风险和财务风险控制在合理限度之内。

三、财务管理的任务

企业财务管理是依照国家的财经政策的法规,遵循财务管理的原则,组织企业财务活动,处理各种经济关系的一项综合性管理工作。财务管理的任务主要有以下四个方面:

(1) 筹集资金　企业要进行生产经营活动,必须先筹集到一定数量的资金。资金有不同的来源,不同来源的资金其使用的条件和效果不同。因此,筹集资金不仅要从数量上和时间上满足生产经营的需要,而且还要考虑企业资金结构的合理性,所承担的风险和资金成本的高低等因素,从中选择最有利的筹资方案。企业财务部门应当积极参与企业的经营决策,根据实际生产经营任务和资本市场的情况,正确预测所需资金的数额,按最有利的条件,从多种渠道筹集资金,及时满足生产经营的需要。

(2) 合理地使用资金　在资金数量一定的条件下,如果加以科学、合理的规划,就可以加速资金周转,提高资金利用效果,那么就能够用相同数量的资金,生产更多的产品,实现更多的利润。财务部门应协同其他生产经营部门,千方百计地减少资金占用量,降低资金消耗,加速资金周转,提高企业的盈利能力。严格遵守国家规定的成本开支范围,使产品成本能够正确反映资金消耗,并且得到应有的补偿。

(3) 分配经营所得　在分配企业经营所得时,要坚持按劳分配和按权益分配相结合的原则,正确处理所有者、企业、职工三者之间的财务利益关系。企业所有者投入了资金,承担了经营风险,理应享有满意的投资回报;企业经营者和广大职工付出辛勤的劳动,也应该得到合理的报酬。另外,还要注意利润分配和生产发展之间的协调。不合理的分配政策可能会给企业带来严重的后果,企业不仅会因此失去发展后劲,甚至会影响到企业的生存。

(4) 实行财务监督　财务监督是通过财务收支对企业经济活动所实行的监督。要制定财务管理制度,合理规定费用的开支标准,实行"量入为出"的理财原则。根据财务预测,编制用以控制和评价经营效益的指标体系。对各项日常收支进行严格的审查和控制,消除不合理和不合法的收入与支出,维护财经纪律,杜绝贪污和浪费现象,保证资金的安全和完整。

应当指出,财务管理的上述各项任务是互相关联、互相补充的。用好资金,可以保证生产的顺利进行,并可降低成本和增加利润。生产经营决定分配,分配又影响生产和职工的积极性。财务管理在为生产经营服务和进行分配的过程中形成大量的资金活动,同各方面有着广泛的货币联系,这又为财务监督建立了基础。通过财务监督又能促进企业加强管理,更好地服务于生产和进行分配。

第二节 筹资管理

资金筹集是指企业向企业外部的机构或个人和从企业内部筹措和集中生产经营所需资金的财务活动。无论是新建企业,还是扩大生产规模,都需要筹集资金,因此,筹资是企业资金运动的起点和基本环节。

一、企业筹集资金的渠道和方式

1. 筹集资金的渠道

筹资渠道是指企业取得资金的来源。改革开放以来,我国企业资金来源发生了显著变化,尤其是横向经济联合的发展和资本市场的建立,使企业资金来源更加多样化。目前,企业资金来源渠道一般有以下几种:

(1)国家财政资金 国家财政资金历来是国有企业的主要资金来源,在各种资金来源中占有重要地位。国家财政资金有广阔的来源和稳固的基础,今后,也将是企业筹资首先应考虑的渠道。

(2)银行信贷资金 银行对企业贷款是企业重要的资金来

源,银行贷款能灵活适应企业的各种需要,且有利于加强宏观控制,它是企业资金的主要供应渠道。

(3) 其他企业投入资金 指其他法人单位投入企业的资金。随着企业间相互持股的开展,企业与企业之间的资本连接和资金融通日益广泛,这种资本纽带方式有利于促进企业之间的经济联系,所以这种资金来源渠道得到广泛利用。

(4) 个人资金 是指城乡居民手中暂时闲置未用的资金。这种个人资金来源渠道已经逐渐成为企业筹资的重要渠道。对上市公司来说,社会公众提供的资金在资本构成中占有重要地位。

(5) 利用外资 外资的来源主要有外国政府贷款、外国商业银行贷款、外国企业资金和国际金融机构贷款。吸收外资不仅可以满足我国建设资金的需要,而且能够引进先进技术和管理经验,所以,我们应该进一步开拓外资渠道,积极吸引外商投资。

2. 筹集资金的方式

筹集资金的方式是指企业取得资金的具体形式。企业对各种渠道来源的资金,可以采用不同的方式加以筹集。目前企业筹集资金的方式主要有以下几种:

(1) 财政拨(贷)款 财政拨(贷)款是指财政部门代表国家对企业的投资。这种投资又分为两种方式:一种方式是作为企业的资本金投入,国家将以企业所有者的身份参与企业的利润分配,不收取投资利息;另一种方式是对企业贷款,国家只收取贷款利息,不参与企业利润分配。

(2) 长期借款 长期借款是指企业向金融机构或其他单位借入的偿还期在一年以上或超过一年的一个营业周期的借款。企业要借长期借款必须符合金融部门的借款条件和办理必要的手续。要签订借款合同,并按规定合理使用借款;借款到期,应根据借款合同规定按期归还。如果借款企业逾期不归还借款,贷款部门可以从借款企业的存款户中扣还贷款本息并处于罚金。

(3) 发行企业债券　企业债券是指企业发生的在一定时期内支付利息并在到期时还本的有价证券,是持券人拥有企业债权的凭证。企业发行债券通常是为建设与发展筹措大笔长期资金。债券融资的优点主要是数量大,期限长,利率较低,并有税收方面的好处;缺点是增加了财务风险,有时发行债券的条件较为苛刻。

(4) 租赁　租赁是指固定资产的出租与承担,是出租者按合同规定将企业需要的设备租给企业,并向企业收取一定的租金的融资活动。对企业来说,相当于取得一笔贷款用以购置设备,是一种筹资行为;而对出租者来说,相当于对企业进行了一种债权式的投资。

(5) 商业信用　商业信用是指企业之间在商品交易中以延期付款或预付方式进行购销活动所形成的借贷关系,是企业之间相互提供的一种短期融资行为。目前,我国企业之间利用商业信用的形式主要有应付账款、商业汇票、票据贴现和预收货款等。随着市场经济的发展,商业信用也将不断发展,将会成为企业筹集短期资金的有效方式。

(6) 发行股票　股票是由股份有限公司发行的,表明股东拥有公司股份和权益的凭证。股份公司通过发行股票,将社会闲散资金集中和运用,并把一部分消费资金转化为生产资金,它是企业筹集长期资金的一个重要途径。股票持有者为企业的股东,我国目前有国家股东、法人股东和个人股东。通过发行股票筹措到的资金是企业的权益资本。企业可以永久性占用,不存在还本问题,但要根据企业盈利情况向股东发放股息。

以上我们简要地介绍了筹资渠道和筹资方式,这两者之间有着密切的关系,同一渠道的资金通常可以采用不同的方式取得,而同一筹资方式又往往可适用于不同的筹资渠道。因此,企业在选择筹资渠道和筹资方式时,既要考虑其特点,又要注意两者之间的配合。

二、资金成本

1. 资金成本的概念

资金成本是指企业为筹集和使用资金而付出的代价,包括筹资过程中发生的筹资费用和使用资金过程中支付的使用费用。筹资费用在筹资时发生,与占用期没有直接联系,可看作是资金成本的固定费用。资金使用费用一般和占用期限有联系,可看作资金成本的变动费用。

一般情况下,资金成本指标用资金成本率来表示。因为筹资规模不同将导致资金成本总额不同,使资本成本失去可比性,因此,为了便于分析比较,资金成本常用相对数来表示。通常所说的资金成本,实际上是资金成本率,它等于资金使用和筹集资金净额的比率。资金成本率(一般称为资金成本)的计算公式如下

$$K = \frac{D}{P(1-F)}$$

式中 K——资金成本率;

   D——资金使用费用;

   P——筹集资金总额;

   F——筹资费比率。

在具体运用这一公式时,要根据筹资方式和资金性质的不同,分别确定公式中各个量的数值。若是长期借款或是发行企业债券,D 表示每年的利息费用;若是发行股票,D 表示每年支付的股息。筹资费比率 F 随筹资规模的大小而变动,筹资额越大,F 值越小,筹资额越小,F 值越大,一般情况下 F 值为 2%~6%。

例:某纺织厂发行企业债券 1 500 万元,期限 5 年,年利率 11.5%,发行费用为 3%,则资金成本为:

$$K = \frac{1\,500 \times 11.5\%}{1\,500 \times (1-3\%)} = \frac{172.5}{1\,455} = 11.86\%$$

2. 资金成本的作用

企业都希望以最低的代价获得所需的资金,因此,分析资金成本可以帮助企业评价和选择筹资方案,确定资金结构以及最大限度地提高筹资效益。具体的说,资金成本有以下几点作用:

(1) 资金成本是选择资金来源,拟定筹资方案的依据 不同资金来源,其成本的高低和支付的方式也有所不同,企业的综合资金成本率就会发生变动。企业为了以最低的资金成本获得所需的资金,就必须分析各种资金来源的资金成本的高低,合理地加以配置,选择合适的筹资方案。

(2) 资金成本是评价投资项目是否可行的重要尺度 在评价投资方案是否可行的标准上,一般是以项目本身的投资收益率与其资金成本进行比较,如果投资项目的预期收益率大于资金成本,则是可行的;反之,如果预期投资收益率小于资金成本,则为不可行。因此,资金成本是企业用以评价投资项目是否可行的标准之一。

(3) 资金成本是衡量企业经营业绩的重要标准 资金成本作为一种投资报酬,是企业最低限度的投资收益率。企业为了补偿使用资金的成本,就必须实现这一最低的投资收益率。因此,资金成本可以促使资金使用者充分挖掘资金的潜力,节约资金的占用,提高资金的使用效益。

三、筹资结构优化分析

筹资结构是指权益资本和债务资本之间的比例关系。这一比例关系会影响到企业的财务费用、财务风险和权益收益率。增大债务资本的比重可以提高权益收益率和每股收益,但同时也增加了财务费用和财务风险。筹资结构优化分析就是要确定一个合理的资产负债比率,在控制财务风险的前提下,提高每股收益。

权益资本是指通过发行普通股所筹措到的资本。债务资本是指通过发行企业债券或向银行申请贷款而形成的资本。当企业面临是采用股票还是债券融资的筹资决策时,其决策依据是每股收益大者为最优化方案。在实践中,$EBIT-EPS$ 分析法为常用的分析工具。$EBIT$ 是息税前收益,指支付利息和所得税之前的收益;EPS 是每股收益,EPS = 净收益/总股本。$EBIT-EPS$ 法的计算过程是:先求普通股和债券筹资的无差别点,再根据实际的 $EBIT$ 来决定采用哪种筹资方案。无差别点是指使两个方案的 EPS 相等的 $EBIT$ 值,用 $EBIT^*$ 表示。EPS 的计算公式为

$$EPS = \frac{(EBIT-I)(1-T)}{N}$$

式中　　I——债务利息;

　　　　T——企业所得税率;

　　　　N——普通股数。

无差别点的计算公式为

$$\frac{(EBIT^*-I_1)(1-T)}{N_1} = \frac{(EBIT^*-I_2)(1-T)}{N_2}$$

求出 $EBIT^*$ 后,若企业实际 $EBIT < EBIT^*$,应发行股票筹资,若 $EBIT > EBIT^*$,应发行债券。$EBIT-EPS$ 法的决策依据是,备选筹资方案中 EPS 最大的方案为最优方案。假定某企业原有资本为:普通股1 500万股,每股净资产2元,共3 000万元,长期负债2 700万元,年利率8%。$EBIT$ 为 1 000 万元,所得税率为 15%。企业现要筹资3 000万元,有两个方案:

(1) 发行1 500万股普通股,每股发行价2元;

(2) 发行3 000万元公司债,年利率10%。

用 $EBIT-EPS$ 法进行决策。本例中,$I_1 = 2 700 \times 8\% = 216$ 万元,$N_1 = 1 500 + 1 500 = 3 000$ 万股;$I_2 = 2 700 \times 8\% + 3 000 \times 10\% = 216 + 300 = 516$ 万元,$N_2 = 1 500$ 万股,将这些数字代入公式:

$$\frac{(EBIT^*-216)(1-15\%)}{3\ 000} = \frac{(EBIT^*-516)(1-15\%)}{1\ 500}$$

$EBIT^* = 816$ 万元,因为 $EBIT > EBIT^*$,所以用发行公司

债筹资。用 EPS 验证决策是否正确:$EPS_1 = [(1\,000 - 216) \times (1 - 15\%)]/3\,000 = 0.22$ 元;$EPS_2 = [(1\,000 - 516) \times (1 - 15\%)]/1\,500 = 0.27$ 元。EPIT-EPS 法的实质是只有当投资方案的 EBIT 足够大时,即 $EBIT > EBIT^*$,才能采用债券筹资,否则只能采用股票融资。若前例中的 EBIT 为 600 万元,则应采用方案一。

此时,股票筹资优于债券筹资。

$EPS_1 = [(600 - 216) \times (1 - 15\%)]/3\,000 = 0.11$ 元;

$EPS_2 = [(600 - 516) \times (1 - 15\%)]/1\,500 = 0.05$ 元。

合理的筹资结构不仅可以提高 EPS,还可以降低筹资成本,并使企业价值达到最大。

第三节 资金运用管理

一、流动资产管理

1. 流动资产概述

流动资产是指企业可以在一年或超过一年的一个营业周期内变现或运用的资产,包括货币资金,有价证券,应收款和预付款,存货等。占用在流动资产上的资金称为流动资金。流动资产是企业进行生产经营的必备条件,在生产经营的每个环节都需要一定数量的流动资产,某一环节流动资产投入不足,必须引起生产经营活动的中断。流动资产的数量及构成情况还反映了企业的支付能力和短期偿债能力。由于流动资产存在于企业生产经营活动的全过程,流动资产的管理对提高整个企业的经营管理水平、提高资产使用效率和改善财务状况,具有重要意义。流动资产管理在企业财务管理中占有重要地位,企业财务经理一般要花 50%~60% 的工作时间从事流动资产的管理。与固定资产相比,流动资产具有以下特点:

(1) 流动性　马克思在分析资本循环时指出："资本作为整体是同时地、在空间上并列地处在它的各个不同阶段上。但是，每一个部分都不断地依次由一个阶段过渡到另一个阶段，由一种职能形式过渡到另一种职能形式，从而依次在一切阶段和一切职能形式中执行职能。因此，这些形式都是流动的形式，它们的同时并列，是由于它们的相继进行而引起的"。流动资产在企业再生产过程中循环方式是各种占用形态的统一，研究这种循环方式，有助于合理地配置各种占用形态，提高流动资产的使用效果。

(2) 波动性　流动资产在使用中由于供、产、销和其他因素的影响，占用数量有高有低，起伏不定，具有波动性。研究流动资产的波动性，有利于企业综合考虑资金来源和需求量大小，合理按排资金的供需平衡。

(3) 流动资产的循环与生产经营周期具有一致性　企业生产经营周期完成一期，流动资产也完成一次循环，二者在循环上具有一致性。财务部门要协助有关职能部门，合理地组织生产经营过程，加速流动资产的周转。

2. 存货管理

对多数企业来说，存货往往是占用资金最多而变现能力较差的流动资产项目，对存货的管理直接关系到资产的确定和企业收益能力的大小。为了使存货的品种、数量及占用的资金既能保证正常的生产经营需要，又不因占用过多而形成积压，必须对存货进行严格的管理。随着信息技术和现代物流管理的发展，存货管理也有了新的内容和现代化的手段，存货数量和资金占用额都呈下降的趋势。

(1) 存货的概念和种类　存货是指企业在生产经营过程中为生产或销售而储存的各种资产，包括原材料、燃料、在制品、半成品、产成品以及包装料、低值易耗品、外购商品等。企业存货的目的在于保证生产经营能够正常进行，防止停工待料而给企业带来缺货造成的损失，在通货膨胀情况下存货能使企业获得物价上涨的利益。企业有时为了获得价格折扣,降低进货成本,往往大量采购,这也是存货的一个原因。企业保持一定数量的存货,具有许多益处,但过多的存货会加大资金的占用量,有时会使企业资金周转困难,陷入困境。

按照在生产经营过程中所处的位置不同,存货可以分为三类:原材料和其他材料,在制品和半成品、产成品。

储存和及时提供原材料,是企业生产得以正常进行的物质前提。为了保证生产的顺利进行,企业必须储备一定量的原材料,它能够在生产不均衡和市场供求发生较大波动时,起到缓冲的作用。

在产品是原材料到产成品的生产过程中的中介部分,不管是哪一种生产类型,总要经过多道工序才能完成产品的制造。为了保证生产的连续性和均衡性,在每道工序之间,总要储备一定量的在产品,在两大生产部门之间还设有半成品库,用来储存半成品。在保证生产正常进行的前提下,企业应尽量减少在产品资金的占用。

企业出于成本和效益两方面的考虑,都是采用批量投产,批量完工。产品销售也是按批量进行,所以企业都设有成品库,保持一定量的成品库存,这既满足了顾客批量采购的需要,又可应付市场的临时需求。

(2) 存货成本　由于各种原因,企业必须要保持一定数量的存货,为保持存货而付出的代价称为存货成本,存货成本一般包括以下几项内容:

① 采购成本　采购成本是由存货的购买价格、运杂费以及其他费用构成,其中购买价格是主要部分。采购成本的高低取决于采购数量和购买单价,用公式表示就是:采购成本＝采购数量×购买单价。从企业生产角度来看,一定时间内采购数量是一个固定数,这个固定采购量必须要满足,否则就会影响正常生产。因此,实际上采购成本主要受购买单价的影响。影响购买单价的因素一个是供应商之间的价格竞争,另一个是采购批量的大小。一般地

说,采购批量大,就可以享受价格折扣,从而使单价降低,但采购批量还要受其他因素的制约,也必定有个限额,不可能过大。

② 订货成本 订货成本是指为订购存货而发生的成本,包括手续费、差旅费、邮电费等。每次的订货费用基本上的可看作是不变的。因此,在一定时期内,需求量若固定不变,订货次数多,订货成本就高,而订货次数少,订货总成本就低。企业要想降低订货成本,就应该设法扩大每次采购的数量,从而减少总的订货次数。

③ 储存成本 储存成本是指存货在储备过程中发生的仓库保管费、保险费、占用资金的利息等费用。储存成本与平均存货量的多少有关,在一定时期内,存货的储存成本等于平均存货量乘以单位储存成本。因此,企业要降低储存成本,就应该压缩采购数量,增加采购次数,从而降低平均存货量,达到降低储存成本的目的。

(3) 经济订购量法 通过对存货成本的分析可看出,储存成本随订购次数的增加以及采购批量的减少而降低;订货成本则相反,随订购次数的减少以及采购批量的增大而降低。为了使总的存货成本达到最小,就要确定一个最经济采购批量。所谓经济批量是使总存货成本为最小的订货量,按此订货量订货,可使订货成本和储存成本之和达到最低。需要指出的是,这里所说的总的存货成本是指订货成本和储存成本之和,不包括采购成本。

设 Q—— 每批订货数量;

    D—— 某种存货的全年需用量;

    J—— 每次订货费用;

    M—— 单件存货的年储存成本。

就可求得经济批量公式为

$$Q = \sqrt{\frac{2DJ}{M}}$$

例:红星纺织厂每年需购进棉花1 000吨,每次订货费用为2 000元,每吨棉花的年储存成本为50元。则经济订购批量为

$$Q = \sqrt{\frac{2DJ}{M}} = \sqrt{\frac{2 \times 1\,000 \times 2\,000}{50}} = 283(吨)$$

需要注意的是,上述经济批量模型是在一种比较理想的假定条件下建立的,如存货的全年需要量是不变的;每次的订货费用是固定的;单位储存成本和单位采购价格也是固定不变的,等等。而事实上在企业的经营活动中却常常发生与上述"假定"相反的情况,因此,企业在运用该模型时还需根据实际情况灵活掌握。

3. 应收账款管理

(1) 应收账款的概念　应收账款是企业对外销售产品而形成的尚未收回的被购买方所占用资金,它是未来货币资金收入的重要来源,是企业流动资产的重要组成部分,是企业的债权。从营销的角度来看,应收账款是企业使用商业信用促销的产物。在市场经济条件下,扩大商业信用是企业扩大销售的有力措施,也是提高企业竞争力的重要因素。企业通过为客户暂时提供所购商品的资金,就可以使那些手头没现金的顾客成为销售对象。随着经济的发展,企业间的竞争也日趋激烈,商业信用的使用面越来越广,因此,应收账款的管理日益重要。

企业将资金投资于应收账款,虽然可以扩大销售,但如果应收账款投资过多,并且不能在短期内收回,将会影响企业正常的资金周转,极有可能使企业遭受坏账损失的经营风险,所以应加强对应收账款的管理。应收账款数额的大小取决于企业信用销售的数量和平均收账期,它们之间的关系可用下式表示:

应收账款总额＝每日信用销售额×平均收账期

例:某企业的每日信用销售量为 500 件,单价为 80 元,平均收账期为 15 天,则应收账款总额＝80×500×15＝600 000 元。

(2) 信用政策　信用政策又称为应收账款政策,是企业财务政策的重要组成部分。它是企业给予客户先付货而后收款的结算优惠,这种优惠实质是企业对客户的一种短期融资。企业应收账款管理的重点,就是制定合理的信用政策。这主要包括信用标准、信用条件和收账方针三部分内容。

① 信用标准　信用标准是指企业在赊销时同意给予顾客商业信用的最低标准。换句话说,信用标准是客户在购物时能够享受企业商业信用所应具备的条件。企业信用标准定得过高,即信用条件过于苛刻,虽然能减少应收账款资金占用额和坏账损失,但也会将大量信用条件一般的客户拒之门外,从而影响了企业的销售规模;但如果信用标准定的过于宽松,则会使大量品质较差的客户享受到企业的商业信用,从而增大坏账损失的风险,所以企业在确定信用标准时要全面综合地考虑问题,经常性地对客户进行信用评估和信用等级分析,及时修正信用标准的宽严程度。

企业在评估客户的信用状况时,可用"5C 评价法",即品德(character)、能力(capacity)、资本(capital)、担保(collateral)和外部环境(condition)。企业应通过各种渠道,收集客户在这五个方面的信息,运用打分法对客户的信用状况进行评估,然后制定出信用标准。

② 信用条件　信用条件是指企业在销货时为客户规定的付款条件,包括信用期限、折扣期限和现金折扣。信用期限是企业规定客户推迟付款的最长时间;折扣期限是客户可以享受现金折扣的付款期限;现金折扣是鼓励客户提前付款所给予的价格优惠。例如,信用条件"2/10,n/30"表示客户可以在 30 天付款,如果能在 10 天付款,可以享受 2% 的现金折扣。这里,30 天为信用期限,10 天为折扣期限,2% 为现金折扣。

③ 收账方针　收账方针指的是企业为催收已过期的应收账款所采用的程序和方法。一般情况下,当客户不能按时付款时,企业应先确定一个容忍拖欠的期限,超过这个期限后,可采取必要的催收行动。企业首先可给客户发出一封语气婉转的通知付款的信件,如无效,可连续发出几封语气越来越严厉的催收信,再不行,就可进行电话催讨,或者派专职收账人员上门要账。采用上述方法后,客户拖欠的账款若仍收不回来,可交由账款催收机构来处理,

万不得以情况下诉诸于法庭。

（3）账龄分析　是指债务人所欠账款的期限。账龄分析是通过了解应收账款的账龄，对不同期限账款分别加以管理的一种方法。一般是把各项应收账款按期限长短分成若干区段，计算各区段上应收账款的金额，并计算出各区段中应收账款占总额的比重，以便检查企业现有应收款中有无拖欠情况，以及拖欠时间长短和拖欠金额大小。通过账龄分析，针对不同情况，按照企业有关政策予以催收或处理。

表7-1资料全面显示了企业应收账款的占用情况。有70%的应收账款还未到期限，对这部分账款应密切注意，尽量防止过期拖欠；18%的应收账款逾期在近一个月，应加紧催收；12%的账款逾期2~3个月，这部分账款应引起企业的足够重视，采取有力措施追回，确实无法追回的，应按规定作坏账损失处理。

表7-1　应收账款账龄分析表

账龄	金额（元）	比重（%）
未到期	350 000	70
过期1~30天	90 000	18
过期30~60天	40 000	8
过期60~90天	20 000	4
过期90天以上	0	0
合计	500 000	100

二、固定资产管理

1. 固定资产概述

（1）固定资产的概念　固定资产是指使用年限和单位价值在规定的标准以上，并在使用过程中保持实物形态的资产，包括房屋及建筑物、机器设备、运输设备、工具、器具等。固定资产是企业进行经营活动的主要劳动资料，是企业重要的物质技术基础。在实际工作中,并非所有的劳动资料都列为固定资产,而是根据管理的需要将其分为固定资产和低值易耗品。现行财务制度规定,凡符合下列条件的劳动资料,列为固定资产:

① 生产经营用的资产中,使用年限超过一年的房屋、建筑物、机器、设备、器具、工具等列为固定资产;

② 非生产经营用的主要设备及物品,单位价值在 2 000 元以上,使用期限超过两年的列为固定资产。不具备以上条件的劳动资料均列为流动资产。

(2) 固定资产的特点　固定资产的特点,主要表现在它的价值转移和价值补偿上。固定资产能多次参加生产过程而不改变其实物形态,但其价值则按照固定资产的损耗程度分次地、逐渐地以折旧的形式转移到产品价值中去。固定资产的价值运动有以下特点:

① 投资的一次性和回收的多次性。企业购置固定资产的投资往往是一次性的,并且投资额较大,而固定资产在其使用寿命期内被不断地重复使用,逐渐磨损,其价值一部分、一部分地分次转移到产品价值中,并通过产品销售而得到补偿,即固定资产投资的收回是分次逐步实现的,往往需要较长的时间。

② 价值补偿和实物更新分别进行。固定资产的价值是随着固定资产的损耗逐渐转移,随着产品的销售逐渐补偿。而固定资产的实物更新,则是在原有的固定资产不能或不宜使用时,才利用平时积累的货币准备去实现的。这表明固定资产的价值补偿和实物更新在时间上是分离的。

③ 循环周转速度慢。固定资产的价值完成一次循环需要较长的时间,同流动资产相比周转速度较慢。这是因为固定资产的循环周期是由其使用年限决定的,使用年限越长,它的循环周期就越长。普通机床使用年限一般为 5～10 年;而房屋、建筑的使用年限则可达 30 年以上。固定资产的使用年限还受许多因素的制约,如固定资产的使用情况、使用条件、维修保养等。因此,企业在确定资产折旧年限时,应综合考虑各项因素,合理选择折旧方法。

(3) 固定资产计价　　固定资产计价就是对固定资产价值进行合理的确定。其计价正确与否,对于固定资产的评估和折旧的计提,有重要的影响。固定资产有经以下三种计价方法：

① 原始价值。固定资产原始价值又称固定资产原值,它是指固定资产在建造或购入过程中所发生的所有费用支出,包括购建价格、运杂费用、安装费用等。按照原始价值计价方法确定固定资产的价值,可以反应企业原始投资数额大小和企业规模情况。

② 净值。固定资产净值是指固定资产原值扣除累计折旧之后的余额,它反映企业固定资产的现有价值。采用净值法进行固定资产计价,可以了解企业固定资产的新旧程度,便于进行固定资产的更新,是进行财务分析的重要依据。

③ 重置价值。重置价值又称重置完全价值,它是指在当前市场情况和生产条件下,购置、重建与原固定资产基本相同的固定资产所需的全部费用。对使用时间较长,因技术进步等因素影响,其原有价值已有较大变动的固定资产,应按重置价值估算,以免过分脱离现实价值。采用重置价值,可以比较实际地反映企业现有固定资产的规模,有利于在统一的价格水平上,考查企业各时期的装备水平。

(4) 固定资产管理的内容　　随着我国现代化建设的不断发展,企业拥有的固定资产将越来越多,技术性能会越来越先进,固定资产在企业全部资产中的比重也将越来越大。因此,加强固定资产的管理,提高固定资产的利用率,加速固定资产的更新改造,是企业财务管理工作的一项重要任务。

① 进行固定资产的预测分析。正确预测固定资产需要量,是搞好企业固定资产管理的一项基础工作,也是固定资产管理的首要环节。企业应根据生产经营的任务和规模,采用科学的方法测算各类固定资产的需要量,并加以合理配置,以尽可能少的固定资产满足企业生产经营的需要。

② 正确计提固定资产折旧。固定资产在使用过程中发生的

价值损耗,必须通过计提折旧的方式加以合理补偿。正确计提折旧,应在遵守国家财务制度规定的前提下,综合考虑影响固定资产价值的各种因素,合理确定折旧年限,并根据固定资产的使用状况选择合适的折旧方法。企业提取的折旧,是固定资产更新的资金来源,应加以有效地使用和管理。

③ 合理使用固定资产。固定资产是进行生产的主要物质技术条件,企业应充分有效地使用固定资产,定期对固定资产的构成、利用率、完好率以及固定资产的利用效果等指标进行分析,以便发现问题,找出原因,采取改进措施。财务部门还应配合设备部门,搞好老设备的挖潜、改造、革新工作,使其得到充分的利用。对经济上不宜继续使用的设备,应予以淘汰,并做好善后清理工作。

④ 保证固定资产的完整无缺。固定资产是企业的重要物资,保证固定资产的完整无缺,是固定资产管理的基本任务。为此,企业应该做到一切固定资产都有物、有卡、有账,并及时准确地反映各种固定资产的增减变动、使用和结存情况。财务部门应编制固定资产目录,建立、健全固定资产竣工验收、调拨转移、清理报废等各项管理制度。要坚决同一切盗窃、破坏国家财产和违反财经纪律的行为斗争。

2. 固定资产折旧

定期计提固定资产折旧是财务管理的一项重要工作内容。固定资产折旧是企业计算产品成本的重要因素,折旧计算的正确与否,直接关系到企业的成本利润,因此,应予以充分的重视。

(1) 固定资产折旧的概念　固定资产由于使用或其他原因发生损耗,这部分损耗的价值逐渐转移到产品成本中,并从产品销售收入中逐步收回相应的货币资金。固定资产损耗价值的补偿方式称为折旧,它包括固定资产损耗价值量的计算、转移、收回和补偿等全部内容。固定资产损耗价值量,包括有形损耗和无形损耗两部分。有形损耗的价值,是指固定资产因使用和自然力的作用而损耗的价值;无形损耗的价值,是由于技术进步和新的效率更高的设备的出现,使固定资产贬值或提前报废而损失的价值。不论是哪种类型的损耗价值,都应给予合理的补偿。正确计提固定资产折旧,是实现固定资产的价值补偿,实物更新和保证企业再生产过程顺利进行的必要条件。

(2) 固定资产折旧的方法　常用的折旧方法有直线法、工作量法和加速折旧法。我国工业企业,一般采用直线法和工作量法;特殊行业的企业,经财政部批准,可以采用加速折旧法。由于不同折旧方法计算的结果不同,为了使各个时期财务指标具有可比性,折旧方法一经确定,一般不应经常变动。

① 直线法。直线法又称使用年限法,它是按固定资产的预计使用年限将其价值平均分摊到各年,即每年提取的折旧额是相等的。其计算公式如下:

$$年折旧率 = \frac{1-预计净残值比率}{折旧年限}$$

$$年折旧额 = 固定资产原值 \times 年折旧率$$

净残值率一般可确定在 3%~5% 之间,在实际工作中企业可根据资产的实际情况,取低于 3% 或高于 5% 的数值。直线法适用于常年均衡使用的固定资产,纺织行业和其他制造业一般都采用直线法计算折旧。

例:某种设备预计使用 10 年,净残值率定为 3%,设备原值 150 000 元,年折旧额计算如下

$$年折旧率 = \frac{1-3\%}{10} = 0.097$$

年折旧额 = 150 000 × 0.097 = 14 550 (元)

② 工作量法。这是将固定资产的价值平均分配到单位工作量中求计提折旧的方法。每单位工作量所计提的折旧额是相等的,但每年的折旧额一般是不相等的。该法是先计算出单位工作量折旧额,然后根据每年的实际工作量计算年折旧额。工作量法适用某些大型设备和施工机械。交通运输企业可根据行驶里程和

单位里程折旧额来计提折旧。其计算公式如下：

$$单位工作量折旧额=\frac{固定资产原值(1-预计净残值率)}{预计总工作量}$$

$$年折旧额=年工作量×单位工作量折旧额$$

③ 加速折旧法。加速折旧法是一种在固定资产使用年限内先多提，后逐渐少提折旧的方法。采用这种方式，可使固定资产价值在使用年限的早期快速得到补偿，使企业能很快收回固定资产投资，减少无形磨损的损耗，降低固定资产的投资风险。常用的加速折旧法有余额递减法、年限总额法和双倍余额递减法等。这里仅介绍双倍余额递减法。

双倍余额递减法是不考虑残值，按每年递减的固定资产账面净值与两倍的直线法折旧率计算折旧的一种方法。其计算公式如下

$$年折旧率=\frac{2}{预计使用年限}×100\%$$

$$年折旧额=固定资产净值×年折旧率$$

例：某种设备原值 200 000 元，残值 6 000 元，折旧年限 6 年，则

$$年折旧率=\frac{2}{6}×100\%=33\%$$

各年折旧额见表 7-2。

表 7-2 折旧计算表　　　　　　　　　　单位：元

年度	折旧额	累计折旧额	年末净值
1	66 000	66 000	134 000
2	44 220	110 220	89 780
3	29 627	139 847	60 153
4	19 850	159 697	40 303
5	13 300	172 997	27 003
6	21 003	194 000	6 000

第四节 财务分析

一、财务分析概述

财务分析是指对企业财务状况、资金运用能力和经营成果所做的分析，它是财务管理的重要方法，其分析结果也是评价企业管理水平和做出经营决策的依据。财务分析所使用的资料主要是财务报表，包括资产负债表、收入表、财务状况变动表和现金流量表。财务报表提供了大量的财务指标和数据，分析者运用各种分析工具和技术，将这些数据加工处理，就可得到有关企业财务状况的有用信息，并做出相应的决策。

财务分析对企业的不同利益相关者来说都是十分重要的。企业管理者通过财务分析可以了解企业的优势是什么，存在哪些不足，需要采取哪些改进措施，从而提高企业的经营管理水平。对投资者而言，了解企业过去的经营业绩，掌握企业目前的财务状况以及预测未来的发展趋势，尤其是深刻了解企业的盈利能力，对制定正确的投资决策是至关重要的。绝大多数企业都是负债经营的，企业财务状况好坏同债权人息息相关。银行要观注企业的短期偿债能力，以确保贷款的按时归还；长期债券持有人则要关心企业的经营方向和长期偿债能力，以确保利息按时支付和到期时本金的足额偿付。政府部门也需要对企业进行财务分析，一方面政府要了解企业在经营中面临哪些困难，并据此制定相应的政策，如调整税收政策和利率，为企业营造一个良好的经营环境。另一方面政府做为国有企业的所有者，要关心国有资产的保值、增值，并在需要的时候以满意的价格转让国有资产。

表7-3和表7-4给出了某公司的损益表及资产负债表，作为财务分析的案例。

表7-3 损益表　　　　　　　单位:万元

项目	2005年度	2004年度	2003年度
一、主营业务收入	2 500	1 970	1 570
减:主营业务成本	2 237	1 760	1 400
主营业务税金及附加	50	35	28
二、主营业务利润	213	175	142
加:其他业务利润	60	40	50
减:营业费用	25	20	18
管理费用	40	50	38
财务费用	50	20	18
三、营业利润	188	125	118
加:投资收益	20	−10	−8
营业外收入	30	17	28
减:营业外支出	10	50	20
四、利润总额	198	82	118
减:所得税	65	27	39
五、净利润	133	55	79

表7-4 资产负债表　　　　　单位:万元

项目	2005年度	2004年度	2003年度
货币资金	95	45	15
应收账款	80	50	50
预付账款	90	95	65
存货	320	300	240
流动资产合计	585	490	370

续表 7-4

项目	2005 年度	2004 年度	2003 年度
固定资产原值	1 100	950	890
减：累计折旧	390	300	210
固定资产净值	710	650	680
资产总计	1 295	1 140	1 050
短期借款	440	350	340
应付账款	200	180	160
其他应付款	80	38	23
流动负债合计	720	568	523
长期借款	225	172	206
负债合计	945	740	730
股东权益	350	400	320
负债和股东权益合计	1 295	1 140	1 050

二、财务分析的方法

1. 趋势分析法

趋势分析是对不同时期财务指标的变动趋势及变化原因所做的分析。趋势一般可分为增长趋势、减少趋势和波动趋势。在进行趋势分析时至少应有两期以上的数据，并应注意数据的可比性。描述变动趋势的指标有变动额和变动率。变动额是一个绝对数据指标，它等于报告期数减去基期数。变动率是一个相对指标，表明变化的幅度。两个指标的计算公式如下：

$$变动额 = 报告期数 - 基期数$$

$$变动率 = 变动额/基期数 \times 100\%$$

根据所选基期的不同，可分为定基变动幅度和环比变动幅度。

定基指基期固定不变,以后每期的指标都按这一基期计算;环比是指每一期指标都按上一期指标计算。表 7-5 和表 7-6 给出了案例中的收入及利润的变动趋势。

表 7-5　主营收入变动趋势分析表

基期＼变动指标	变动额(万元)		变动率(%)	
	2005 年	2004 年	2005 年	2004 年
固定基期	930	400	59.24	25.48
环比基期	530	400	26.90	25.48

表 7-5 显示,近两年来公司呈现出较好的发展趋势,2005 年主营收入比上年增加了 530 万元,增幅达 26.9%,这属于环比分析;如果是定基分析,2003 年为固定基期,主营收入的变动额为 930 万元,增幅达 59.24%。

在进行趋势分析时,仅分析一项指标是不够的,需要同时分析相关指标,才能得出有意义的结果。例如,案例的主营收入增长良好,表明公司的生产规模和市场份额都在扩大,但却无法显示公司盈利水平的变化及成本的增减,这就需要对成本指标和利润指标做进一步分析。

表 7-6　主营利润变动趋势分析表

基期＼变动指标	变动额(万元)		变动率(%)	
	2005 年	2004 年	2005 年	2004 年
固定基期	71	33	50	23.24
环比基期	38	33	21.71	23.24

表 7-6 显示,从固定基期角度看,2005 年主营利润的增幅小于收入,环比分析也有类似情况,其原因可能是产品售价降低或成本上升。

2. 共同比分析法

共同比分析是将某一关键性项目设定为 100%,而将其余项目换算成对该项目的百分比,以显示各项目的相对重要性。例如,可以将总资产定为 100%,其余各项目分别计算百分比,就可得知资产中的重要因素,在调整资产结构时就可有的放矢,抓住重点。在资产负债表中,关键性项目是总资产或负债与权益总额。表 7-7 给出了公司的共同比损益表,在损益表中关键性项目为主营收入。

表 7-7 共同比损益表

项目	2005 年度(%)
主营收入	100
减:主营成本	86
税金	1.9
主营利润	8.2
加:其他业务利润	2.3
减:三项费用	3.3
营业利润	7.2
加:投资收益	0.8
营业外收入	1.2
减:营业外支出	1.6
利润总额	7.6

表 7-7 显示,主营成本占主营收入的 86%,表明公司的成本管理水平有待提高;利润总额占主营收入的 7.6%,在降低成本的同时,公司应改进产品质量,争取提高售价,从而提高产品的利润率。

3. 比率分析

比率分析是财务分析中运用最广的一种分析工具。财务报表中有许多性质不同的项目,将两个不同的项目组合在一起,计算其比值,就可得到反映企业财务状况的指标,每一项指标仅能反映财务状况的某一方面,因此要计算多项财务指标,以反映公司财务状况的全貌。财务比率可以是百分数,比率或倍数。在第三部分中我们将介绍财务比率的具体运用。

三、财务分析的内容

1. 偿债能力的分析

偿债能力是指企业偿还长短期债务的能力,若偿债能力不足,企业有可能陷入财务困境,严重者甚至破产。反映短期偿债能力的比率有流动比率和速动比率,公式如下:

流动比率＝流动资产/流动负债

速动比率＝速动资产/流动负债

速动资产＝流动资产－存货

公司一般用流动资产支付流动负债,因此流动比率应大于 1,理想值在 2 左右。由于存货的变现力比较差,将存货扣除后就是直接可以用来偿债的资产,称为速动资产。并可计算速动比率,速动比率只要大于 1,就可满足偿债要求。反映长期偿债能力的比率有资产负债率和利息保障倍数,计算公式如下:

资产负债率＝负债总额/资产总额×100%

利息保障倍数＝息税前收益/债务利息

息税前收益＝利润总额＋债务利息

资产负债率表示债务在总资产中所占的比例,该比例越小,企业越容易偿还债务,债权人的资金越有保障。不同行业有不同的负债比率,高的达 60%,低的仅有 20%。利息保障倍数越大,表明债务利息的支付越有保障,一般该比率应在 4 倍以上。

将案例中的数字代入,就可计算出该企业在 2005 年度的各项偿债能力指标:

流动比率＝585/720＝0.81;

速动比率＝(585－320)/720＝0.37;

资产负债率＝945/1 395＝67.74%;

利息保障倍数＝(198＋50)/50＝5 倍

从计算结果可知,该企业的短期偿债能力不足,长期偿债能力尚可。

2. 资金运用能力的分析

资金运用能力表示企业供、产、销各环节运转状况的好坏,若企业有较强的资金运用能力,则供、产、销各环节紧密配合,资金周转速度快,经济效益好。反之,则资金周转缓慢,效益差甚至发生亏损。反映资金运用能力的指标有存货周转率,应收账款周转率和总资产周转达率,计算公式如下:

存货周转率＝销货成本/平均存货

平均存货＝(期初存货＋期末存货)÷2

应收账款周转率＝赊销收入净额/应收账款平均额

应收账款平均额＝(期初余额＋期末余额)÷2

总资产周转率＝销售收入/总资产

将案例中的数字代入,就可计算这几项财务比率:

平均存货＝(320＋300)÷2＝310

存货周转率＝2 237/310＝7.2次

应收帐款平均额＝(80＋50)÷2＝65

设该企业赊销比例为30%,则

应收账款周转率＝0.3×2 500/65＝11.4次

总资产周转率＝2 500/1 395＝1.8次

这三项指标都是越大越好。

3. 企业盈利能力分析

盈利能力是指企业获取利润的能力。股东财富最大化是财务管理的目标,而股东财富主要来自利润的分配和权益的增值,利润还是偿还债务的来源和衡量经营者业绩的重要指标。反映企业盈利能力的指标主要有总资产报酬率、净资产收益率和销售利税率。

总资产报酬率＝息税前收益/资产总额

净资产收益率＝净利润/净资产

销售利税率＝利税总额/主营收入

总资产报酬率表示由股东和债权人投入的资金所获得的投资回报,净资产收益率是衡量股东权益的收益大小,而销售利税率反映了企业利润占销售收入的比例。这些指标越高,说明企业的获利能力越强。

思考练习题

1. 简述企业资金的运动过程。
2. 工业企业财务关系包括哪些内容?
3. 财务管理的任务是什么?
4. 简述企业筹集资金的渠道和方式,应如何合理地筹措资金。
5. 流动资产有什么特征?
6. 存货成本的构成有哪些内容?它们对存货管理有何作用?
7. 固定资产有什么特征?
8. 什么是固定资产折旧?
9. 财务分析的方法有哪几种?财务分析的内容是什么?
10. 巨星纺织厂每年需棉花 5 000 吨,每次订货成本 480 元,每吨棉花年储存成本 25 元。求经济订购批量。
11. 某运输分公司有解放牌卡车 6 辆,每辆车的购入价格为70 000 元,预计净残值率为 5%,预计总工作量为 200 000 公里,年计划工作量为 30 000 公里,求这 6 辆车的计划年折旧额。
12. 某固定资产原值为 350 000 元,预计可使用 8 年,净残值为 15 000元,用双倍余额减法计算各年应提的折旧。
13. 公司计划兴建打印机分厂,投资预算为 1 000 万元。现有两个筹资方案:方案 1 是发行普通股 100 万股,每股发价 10 元。方案 2 是发行企业债券 1 000 万元,年利息为 8%。公司原有普通股为 500 万股。原有负债 3 000 万元,利息率为 10%。公司所有税率 33%。问:公司采用哪一方案筹资(用 EBIT - EPS 方法完成)?

下篇 技术经济学

第八章 绪论

第一节 技术经济学的产生与发展

一、国外技术经济学的产生与发展

技术经济学在国外一般被称为工程经济学,源于1887年亚瑟姆·惠灵顿(Arthur M. Wellington)的著作《铁路布局的经济理论》。他首次将成本分析方法应用于铁路的最佳长度或路线的曲率选择问题,开创了工程领域中的经济评价工作。

1930年,格兰特(E. L. Grant)在他的《工程经济原理》一书中指出了古典工程经济的局限性,提出了以复利计算为基础,讨论了判别因子和短期投资评价的重要性,以及资本长期投资的一般比较,被称为"工程经济学之父"。所谓工程经济即指采用某些经济上的比较方法,运用数学技巧,采用合理的步骤,从经济观点出发,衡量为达到某一特定目的而采用的各种不同手段的优劣。

20世纪30年代美国在开发西部的田纳西河流域中,就开始推行可行性研究,把技术与项目的经济问题研究提高到了一个新的阶段,通过总结完善,逐步形成了一套比较完整的理论、工作程序和评价方法,此后工程经济学在各国得到了很大发展。

20世纪50年代,在前苏联的工程经济学院,采用统计、分析、对比的方法进行方案优选,在生产工艺学、技术定额学、劳动组织和定额学、统计学的基础上建立了技术经济学。

二、我国技术经济学的产生与发展

我国20世纪60年代从前苏联引进建设项目技术经济分析方法,在我国经历了开创发展、全面破坏和全面发展三个阶段。

1. 技术经济学的开创发展阶段

技术经济学这门科学是在1963年中共中央和国务院批准的我国第二个科学技术发展规划纲要中诞生的。20世纪60年代初是我国国民经济调整时期,当时有了第一个五年计划,比较注意技术和经济相结合的正面经验,深感生产技术的发展必须考虑经济规律,技术和经济必须结合。为此,有必要建立一门专门研究技术和经济相结合的科学,这就是我国技术经济学产生的历史背景。随着专业化的发展,经济学科产生了许多分支,技术经济学就是其中的一个。技术经济学不单纯是从经济科学中产生出来的,而是从技术科学及其他科学的互相交叉中形成和发展起来的,是科学发展综合化的必然结果,这是技术经济学产生的科学背景。从1963年开始,一直到十年动乱前,是技术经济学第一个发展时期,也是这门新学科的创建时期。在这个时期,具有中国特色的技术经济学理论方法体系开始形成,并且有着自己的特点,即:以马克思主义和毛泽东思想的经济理论为指导;以社会主义基本经济规律、国民经济按比例发展规律和价值规律为依据;以多快好省建设社会主义的要求为目标;以定性和定量相结合的方法为手段;以结合中国社会主义现代化建设的具体实际为基础;以认识和正确处理技术同经济之间的实际矛盾关系为目的。

2. 技术经济学的全面破坏阶段

第二个时期是在十年动乱中,与其他学科相同,技术经济学的研究工作全部停止,而且还遭到彻底的批判,这个时期就是全面破坏时期。

3. 技术经济学的全面发展阶段

党的十一届三中全会以后,技术经济学获得了新生,进入了历史上最好的发展时期。1978年11月成立了中国技术经济研究会,1980年中国社会科学院成立了全国第一个技术经济研究所,不少大学开设了技术经济学课程,培养了技术经济专业博士生、硕士生和本科生。这个时期,技术经济学理论方法体系得到了不断的改进和完善。在社会主义市场经济条件下,技术经济学这门学科越来越重要,研究工作正向深度和广度发展。技术经济学在实际中的应用愈来愈广,分支学科也越来越多。

第二节 技术与经济的关系

一、什么是技术

所谓技术是指在进行生产活动的过程中,所掌握和运用的各种经验、知识、技能、方法和手段。这些技术既有抽象的技巧技术形态,也有具体的实物技术形态。抽象技术包括在生产实践中逐渐积累起来的各种专门经验和技能,最终都将以物化的形式得到表现;实物技术则包括了机器设备、仪器仪表等各种劳动工具和生产设施。随着科学技术的迅速发展,技术物化能力不断加强,以机器设备等高水平、高效率的劳动工具为实物技术代表的生产手段,构成了现代技术的主要成分和基础。技术在发展社会生产力的实践中,是极为重要的因素。

技术是人类生产实践的产物,不同历史时期社会生产力的发展,都对技术的发展提出新的要求,而技术发展的程度,又相应地决定着该历史时期的生产力水平。马克思曾经指出"不同经济时期的区分,主要应以采用什么样的劳动工具和生产手段为依据,而并不以生产什么为依据。"精辟地揭示了生产工具在社会发展变化中的重要作用。

二、什么是经济

在经济学以及社会生活中,经济有几种不同的含义。一是指与一定社会生产力相适应的社会生产关系的总和,或指社会发展到一定阶段的经济制度。这种意义上的经济是人类社会存在和发展的基础,也是一定社会上层建筑确立的基础,它决定着社会的形态。二是指社会生产和再生产过程,即物质资料的生产,以及相应的分配、交换和消费各环节的活动。这种意义上的经济,体现着在一定的生产关系中社会生产的能力和水平、生产的性质和特征,以及由此决定的分配,交换、消费的规模和方式。三是指一个国家的国民经济,即国家物质生产部门和非物质生产部门的总体。包括工业、农业、建筑业、交通运输业、邮电通讯业、商业以及服务业等部门的经济和经济联系。四是指在生产和再生产过程中,劳动占用和劳动消耗量的节约。这种意义上的经济,反映在各种有目的的经济行为中所得与所费的比较关系,或者达到同等经济活动目的的不同途径之间所付的对比关系。

技术经济学的经济,虽然涉及到经济的各种含义,但主要是指劳动占用和劳动耗费的节约,即第四种含义的经济,这是由技术经济领域的性质和技术经济学对象所决定的。

三、技术与经济的关系

技术和经济是人类社会进行物质生产不可缺少的两个方面。从技术发展的各个阶段来考察,技术具有强烈的应用性和明显的经济目的性,没有应用价值和经济效益的技术是没有生命力的,许多先进的技术往往能够带来很好的经济效益。然而在特定的地区和特定的环境里,由于种种因素的制约,先进的技术并不一定都有好的经济效益,而经济的发展也必须依靠一定的技术手段,世界上不存在没有技术基础的经济发展。技术与经济的这种特性使得它们之间存在着一定相互促进与相互制约的辩证关系。

技术和经济的密切关系,表现在以下几个方面:

第一,经济发展的需要是推动技术进步的动力。经济的发展能够促进新技术的应用,技术的进步要满足经济发展提出的要求。国内外的经济发展史都证明了任何技术的产生和发展都取决于经济发展的需要,经济上的要求是技术进步的基本动力,经济是技术发展的起因和归宿。18世纪以蒸汽机为主要标志的欧洲产业革命、19世纪开始的电力时代和20世纪中叶以来电子计算机的飞速发展都是很好的例证。

第二,技术进步是推动经济发展的重要条件和手段。技术进步是社会经济发展的内在动因,它将为节约社会劳动时间、缩短空间、促进交往、节省人力物力和发展生产带来巨大的社会经济效益。因此,振兴经济必须依靠科技进步,科技工作必须面向经济建设。

第三,技术的发展也要受到经济条件的制约。在技术的先进性和经济的合理性之间存在着一定的矛盾。尤其在今天,技术进步不仅取决于经济上的需要,而且还取决于是否具备广泛应用的可能性,这种可能性包括与这种技术相适应的社会条件和经济条件。因为在实际的生产活动中采用新技术时不能不凭借当时当地的具体条件,而条件不同,技术所带来的经济效果也不同。这也正是为什么在相同的生产力发展阶段中,不同的社会经济形态会创造出极为悬殊的劳动生产力的原因之一。例如,从发明无线电到今天出现的电子通讯、光通讯,经历了近百年的时间,近代电子技术和光纤技术的发明创造更是日新月异,大规模集成电路、激光、卫星通讯、人工智能识别等先进技术装备的出现为现代社会的进步开辟了广阔的前景。然而,对发展中国家来说,这些先进技术的采用还受到特定经济条件的制约,当前还不能广泛应用于生产,只能在个别局部范围内得到运用。这也正是为什么一些国家(尤其是发展中国家)、地区和部门不采取先进技术,而采用适用技术的原因所在。所谓适用技术,就是此时此地能被采用,而且在生产中能起到积极作用,见效快、效果好的技术。这种技术与某一时期的社会环境和经济条件比较一致、容易被接受,因而被广泛采用。适用技术不一定是先进技术。

四、技术经济学的概念

技术经济学是一门技术学科与经济学科交叉的学科,是应用经济学的一个分支。众所周知,应用经济学是指应用理论经济学基本原理,研究国民经济各个部门、各个专业领域的经济活动和经济关系的规律,或对非经济活动领域进行经济效益、社会效益的分析而建立的经济学科。技术经济学是一门应用理论经济学基本原理,研究技术领域经济问题和经济规律,研究技术进步与经济增长之间相互关系的科学,是研究技术领域内资源的最佳配置,寻求技术与经济的最佳结合以求可持续发展的科学。

第三节 技术经济学研究的对象、内容和特点

一、技术经济学研究的对象

技术经济学研究的对象主要有下列三个方面:

1. 研究技术方案的经济效果,寻找具有最佳经济效果的方案

随着社会化大生产的发展技术已从各种生产工具、装备和工艺等物质手段即物化形态的硬技术发展到广义技术,广义技术是指科学知识、技术能力和物质手段等要素结合起来所形成的一个能够改造自然的动态系统,包括硬技术和软技术。

技术方案的经济效果是指实现技术方案时的产出和投入比。所谓产出是指某一个技术方案实施后的一切效果,包括可以用经济指标度量的产品和不能用经济指标度量的服务;所谓投入是指各种资源的消耗和占用,任何技术的采用都必须消耗和占用人力、物力和财力。由于资源的有限性,特别是一些自然资源的不可再

生性，要求人们有效地利用各种资源，以满足人类社会不断增长的物质生活的需要，技术经济学就是研究在各种技术的使用过程中如何以最小的投入取得最大产出的一门学问，即研究技术的经济效果。投入和产出在技术经济分析中一般被归结为货币量计量的费用和效益，所以也可以说，技术经济效果是研究技术应用的费用与效益之间关系的科学。

研究技术的经济效果包括技术方案实施前和技术方案实施后两个方面。在技术方案实施前，通过各种可能方案的分析、比较、完善，选择出最佳的技术方案，保证决策建立在科学分析之上以减少失误，这是关系到有限资源最佳利用的大事，关系到国家和企业竞争力强弱的重大问题。在技术方案实施后通过实际调查分析，得到方案实施后的技术经济效果，为技术方案的更好运行提供相关建议，也为以后决策提供借鉴价值。

2. 研究技术和经济的相互促进与协调发展

技术和经济是人类社会发展不可或缺的两个方面，技术和经济是相互促进、相互制约的，技术经济的研究就是要从这对矛盾关系中寻找一条协调发展的途径，以求经济快速、持续地发展。

技术和经济之间这种相互渗透、相互促进又相互制约的紧密联系，使任何技术的发展和应用既是一个技术问题，同时又是一个经济问题，研究技术和经济的关系，探讨如何通过技术进步促进经济发展，在经济发展中推动技术进步是技术经济学进一步丰富和发展的一个新领域。

技术与经济的协调包含两层含义。第一层是技术选择要视经济实力而行，不能脱离实际。第二层是协调的目的是为了发展，所以在处理技术和经济关系时，发展是中心问题。以发展为中心在发展中协调，在协调中发展，是一种动态的协调发展。处理技术与经济的协调发展的核心问题是技术选择问题，从国家层面上要研究在一定的发展阶段内各行业和经济部门的技术政策、技术路线，要明确鼓励什么、限制什么、淘汰什么，技术选择要符合技术发展的趋势,要符合我国的国情,要符合可持续发展的战略。

3. 研究技术创新,推动技术进步,促进企业发展和国民经济增长

科学技术是第一生产力,技术创新是促进经济增长的根本动力,是技术进步中最活跃的因素,它是生产要素的一种新组合,是创新者将科学知识与技术发明用于工业化生产并在市场上实现其价值的一系列活动,是科学技术转化为生产力的实际过程。技术创新的这种特殊地位决定了它是技术经济学的重要研究对象。

20世纪70年代以来技术创新已成为世界各国的热门研究课题,技术创新包括新产品的生产、新技术在生产过程中的应用、开辟原材料新的供应来源、开辟新市场和实现企业的新组织,技术创新强调的是新的技术成果在商业上的第一次运用,强调的是技术对经济增长的作用。

所谓经济增长是指在一国范围内,年生产的商品和劳务总量的增长,通常用国民收入或国民生产总值的增长来表示,经济增长可以通过多种途径取得,既可以通过增加投入要素实现经济增长,也可以通过提高劳动生产率、技术进步来实现经济增长。

这里所说的技术进步并不仅指人们通常理解的技术的发展和进步,而是指在经济增长中,除资金和劳动力两个投入要素增加以外所有使产出增长的因素,即经济增长中去掉资金和劳动力增长外的"余值"。

二、技术经济学的研究的内容

技术经济学研究的内容非常广泛,既涉及生产、分配、交换、消费的各个领域,又涉及到国民经济各个部门、各个方面,还设计到生产和建设的各个阶段。

从宏观角度看,技术经济学研究技术进步对经济发展速度、比例、效果、结构的影响,以及它们之间最佳关系的问题。具体包括:

(1) 生产力的合理布局与合理转移问题。
(2) 投资方向、项目选择问题。
(3) 能源的开发与节流、生产与供应、开发与运输的最优选择问题。
(4) 技术引进方案的论证问题。
(5) 外资的利用与偿还、引进前的可行性研究与可行性引进后的经济效果评价问题。
(6) 技术政策的论证、物流流通方式与渠道的选择问题等。

从微观角度看，技术经济学研究的具体内容包括：
(1) 厂址选择的论证。
(2) 企业规模的分析。
(3) 产品方向的确定。
(4) 技术设备的选择、使用与更新分析。
(5) 原材料路线的选择。
(6) 新技术、新工艺的经济效果分析。
(7) 新产品开发的论证。

从生产与建设的各个阶段看，技术经济学研究的具体内容有：
(1) 试验研究、勘测考察、规划设计、建设施工、生产运行等各个阶段的技术经济问题的研究。
(2) 综合发展规划和工程建设项目的技术经济论证与评价。

三、技术经济学的特点

技术经济学作为一门学科，具有以下几个方面的特点：

1. 综合性

技术经济学是技术科学与经济科学相结合的边缘学科，具有综合性的特点，主要表现在：

(1) 技术经济学研究的既不是单纯的技术问题，也不是单纯的经济问题，而是研究技术的经济合理性，即技术与经济的关系问题。它同社会经济科学的关系，如政治经济学、部门经济学、统计、会计等学科、自然科学、技术科学关系密切。它是一门综合性较强的学科,因此,技术经济研究必须综合考虑技术和经济两方面的因素及其关系,既要从技术角度去考虑经济问题,又要从经济角度去考虑技术问题。技术是基础,经济是目的,这两者必须综合起来研究。

(2) 技术经济方案最优的实现,在很多情况下要求多目标、多指标的组合才能达到,这些目标和指标,既包括技术因素又包括经济因素,可能还包括社会因素,而对它们有的可用定量指标衡量,有的只能用定性指标衡量,有的是直接的影响,有的是间接的影响,因此,研究和处理经济问题时,要建立评价指标体系,进行综合分析与评价。

2. 系统性

对于任何一个技术经济问题,都必须放到整个社会技术经济的大系统中去研究,考虑它们同系统各个部门之间的关系及其影响。比如,研究机械制造的经济问题,不仅要考虑机械制造厂本身的经济问题,而且应考虑使用部门的经济问题。因为一个方案是由许多目标和许多因素构成的,这些目标和因素互相影响,互相制约,构成一个有机的整体。因此,对它进行评价时,应用系统工程的思想方法和工作方法,从整体出发,周密地分析各个因素和环节,同时,要突出重点,主次分明。这样才能分析透彻,做到评价准确、合理、有效。

3. 预测性

技术经济分析是在方案实施之前进行的,任何一个方案在实施之前均存在一些未知因素、未知数据和预想不到的偶然情况,对于某些实施前的未定因素和数据,在进行技术经济分析时,往往要用预测技术和方法进行预先的估计、必要的假设、合理的推理和敏感性分析或概率分析,以提高方案的可靠程度。

4. 选优性

由于技术进步,达到任何一种目的或满足任何一种社会和人们的需要,一般都可以采用两个以上的技术方案,通过技术经济比较,选出最优方案。

第四节 技术经济分析的一般过程

任何技术方案在选定之前,都应该进行技术经济分析和评价,以便从中选出较为理想的方案。研究时,应遵循科学的程序,技术经济学研究程序如下,见图8-1所示。

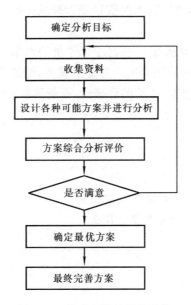

图8-1 技术经济分析的程序

(1) 确定分析目标 依照分析对象的不同,确定分析目标。目标可分为国家目标、地区或部门目标、项目或企业目标,目标内容可以是项目规模、设备选择或技术改造等。

(2) 收集资料 根据确定的目标,进行调查研究,收集有关技术、经济、财务、市场、政策法规等资料。

(3) 设计各种可能方案并进行分析　根据目标集思广益,尽可能收集各种可能的方案,从国家目标出发,兼顾企业目标,拟定技术经济分析指标,分析各方案的利弊得失以及影响技术经济效果的内外因素。

(4) 方案综合分析评价　除对方案进行定性分析外,根据建立的技术经济指标,建立有关各参数变量之间的函数关系或数学模型,进行定量指标的计算,然后采用定性与定量相结合的方法,对方案进行综合评价。综合评价的正确与否,关键取决于定性分析的正确与否以及所引入的数据是否准确可靠,否则影响评价结果。

(5) 确定最优方案　根据综合评价的结果,优选出技术上先进、经济上合理的最佳方案。若方案满意,则选中最优方案,若不够满意,则检查方案、指标的合理性,重新寻求新的方案。

(6) 最终完善方案

思考练习题

1. 什么是技术？什么是经济？
2. 如何理解技术和经济之间的关系？
3. 技术经济学的研究对象是什么？

第九章 技术经济学的基本原理

第一节 经济效益原理

技术经济学把研究技术领域的经济效益作为研究的核心。经济效益不仅表现为某些经济活动产出量的增加,而且还表现为投入的国家有用资源耗费的减少。

一、经济效益的概念与度量

人们所从事的经济活动都是一种有目的、有意识的经济行为,都是为了满足生产、生活或其他方面的某种需要。为此总要付出一定的代价。因此,为了达到某一既定的目标所从事的经济活动,都存在着经济效益的问题。从技术与经济的关系上说,技术是手段,经济是目的,所以研究经济活动特别是生产领域的经济活动中的技术方案,实现经济目的的程度和水平,就是技术经济效益的问题。

经济效益又称为经济效果,是指人们在生产实践活动中劳动耗费(包括劳动占用和劳动消耗)与所创造的劳动成果(使用价值)之间的比较关系,即投入与产出的比较关系或所得与所费的比较关系。

在经济效益的定义中,强调的是"比较"关系,因此,经济效益可以用比率的形式来表达,也可以用差量的形式来表达。

$$E = \frac{F}{C}$$

或
$$E = F - C$$

式中　E——经济效益；

　　　F——使用价值或劳动成果；

　　　C——劳动耗费(包括劳动消耗和劳动占用)。

二、经济效益的分类

一项技术方案的实施,将对企业和社会产生各种直接或间接的经济影响,这些影响的表现形式多种多样,有些容易计量,有些难以计量。为此,人们为了能够客观准确地反映项目方案的经济效益(经济效果),是从不同的角度分析和计算。

(1) 企业经济效益和国民经济效益。根据受益范围的大小,人们常把经济效益划分为企业经济效益和国民经济效益,由于企业是社会生产的最基本单位,所以企业经济效益通常也被称为微观经济效益；与之相对应,国民经济效益则被称之为宏观经济效益。

企业经济效益是指技术项目实施后为企业带来的直接的经济效果,表现在企业的财务利益上,故有时又称为企业财务效益。在技术经济分析中,企业财务效益应根据国家财税制度、现行价格,计算出投入的费用和产出的效益,它表明从项目的产出中扣除投入的补偿和完成纳税义务后,企业实际得到的收益份额。

国民经济效益是指技术项目实施后为国民经济全局带来的效益,是对国民经济做出的贡献。计算项目的国民经济效益是从整个国民经济的角度来考察项目的产出和投入,如税收,它包含在国民经济效益中,但不能列入企业经济效益；因此,计算国民经济效益时,其投入和产出均不能用现行价格,而要使用调整价格或影子价格,使其更接近其真实的价值。

除以上企业的经济效益和国民经济效益(统称为经济效益)以外,还有社会经济效益。社会经济效益是指除经济效益外,为地区或国家带来的宏观社会效果。如就业效果,即为社会创造的就业机会；分配和再分配效应，即项目实施后对不同利益的社会集团所带来的收入变化效应等等。

(2) 直接经济效益和间接经济效益。经济效益又可分为直接经济效益和间接经济效益。直接经济效益是指方案实施后受益主体（可以是企业、车间或企业集团、部门等）可以直接得到的经济利益；而间接经济效益是指与方案的受益主体经济上相关的单位，可以从方案的实施中间接得到经济效益。

(3) 此外经济效益又可分为有形经济效益和无形经济效益。一般能用货币计量的经济效益称为有形经济效益，不能用货币计量的经济效益称为无形经济效益，无形经济效益是技术经济分析的一个难点。目前多采用定性分析方法。

三、技术经济效益的评价原则

由于技术进步，人们为了达到相同的目的或为了满足相同的需要，可以采用的技术方案愈来愈多。然而，正确选择技术方案的前提是必须明确方案的评价标准，即政治、国防、社会、技术与经济等五个方面的标准。这些标准所反映的要求，一般是统一的、协调的，但有时又是互相矛盾的。也就是说，生产技术实践是一项十分复杂的经济活动，在不同层次、不同范围会引起不同的技术经济效果、这些不同层次的技术经济效果之间有着密切的联系，也存在着一定的矛盾。为了正确处理各方面的关系，必须遵循以下原则。

1. 直接经济效益与间接经济效益相结合

对于一个国家而言，国民经济是一个有机的整体，各部门、各企业之间是相互联系、相互制约的，它们之间的投入和产出，效益和费用都存在着直接和间接的关系。因此评价企业、部门的效益时，必须要考虑这些联系，既要考察项目方案的实施为企业或部门带来的直接经济效益，又要考察项目方案为其他部门及整个社会带来的间接经济效益。

2. 短期经济效益与长期经济效益相结合

短期经济效益是指技术方案目前的直接经济效益。长期经济效益是指在以后才显现出来,而且是由于逐渐的重复积累才发生作用的效益。要使短期经济效益与长期经济效益相结合就必须正确处理好目前利益与长远利益的关系。在评价技术方案时,不仅要重视近期的经济效益,更要考察长远的经济效益。比如,一项技术从发明到推广应用,往往需要大量投资。如果这项技术能大大提高社会劳动生产率,能给国民经济带来很大的效益,而且能在一定时间内用净收益收回投资,则应认为它的经济效益是好的。相反,如果某一技术方案的实施,要消耗国家大量稀缺资源,尽管近期看来能够带来一定的收益,但因不符合国民经济发展的长远利益,这个方案的经济效果也不能认为就好。又如,虽然某技术方案也可以得到一些眼前的利益,但如果不采取措施防止污染就会后患无穷,那么从长远来看,将会造成难以弥补的损失。对于这样的方案就应坚决舍去。

3. 企业的经济效益与国民经济效益相结合

评价方案的经济效益时,既要考察各单位、部门的经济效益,又要注意整个国民经济的经济效益,好的项目既应有较好的企业经济效益,也应有好的国民经济效益。但某种情况下,二者有时也会发生矛盾,这时必须在服从全局的前提下,照顾各方面的利益,不能以损害国民经济整体利益为手段来达到提高企业经济效益的目的。

4. 定量分析与定性分析相结合

定量分析是指对经济活动相互联系的数量关系进行研究,技术方案评价中的定量分析包括两层意思,一是如何将"耗费"和"收益"定量化;二是如何将实际经济活动的一系列复杂的因果关系,抽象为简单的经济模型,以便运用现代计算方法和工具加以处理。一个技术方案的好坏,应通过对方案进行投入产出的分析、计算和比较,然后用若干技术经济指标定量表示出来。而有些效益,比如社会效益,环境效益和安全效益等往往无法用货币定量来表示,但又是非常必要的,所以在对方案进行的评价时,定性分析与定量分析都是不可缺少的。一般说来,应在定量效益相当的条件下比较定性效益,在定性效益相近的条件下,比较定量效益。

四、评价经济效益的指标体系

评价技术经济效益时,首先应该确定评价的依据和标准。但是,一个技术方案或一个工程项目,在评价它们的经济效益时,很难用一个统一的数学公式来概括。要想做出准确、全面、有效的评价,就需要借助和运用一系列的技术经济指标,也就是用指标体系,来综合反映技术方案或工程项目的经济效益。

所谓经济效益指标,一般是指一个数量概念,也就是用一定的数量概念来综合反映经济实践活动中某一方面的状况。由于经济实践活动现象是多方面的,要反映各个方面的经济活动现象,就要用各种不同的指标,这些指标所反映的特定范围和特定对象,就是企业生产活动或工程项目的技术经济效益。

所谓经济效益的指标体系,就是用上述指标,从不同角度,不同方面相互配合,以比较全面地反映或说明与特定技术、特定方案相适应的特定对象的经济效益的大小,而组成的一系列有机整体的指标。指标之间存在着相互联系,相互制约的关系。

1. 反映使用价值的效益指标

反映使用价值的效益指标,主要有产量指标、质量指标、品种指标、时间因素指标、劳动条件改善指标等。

(1) 产量指标　反映生产活动的直接有用成果,可以用实物量来表示,也可以用价值量来表示。用实物量表示的产量指标,是指符合规定质量标准的实物数量。用价值量来表示的产量指标,有商品产值、总产值和净产值。

(2) 质量指标　是指产品的性能、功能符合和满足用户的程度。

（3）品种指标　是指经济用途相同而实际使用价值有差异的产品。它是衡量一个国家技术水平高低和满足国民经济需要程度的主要标志。

（4）时间因素指标　是指表明使用价值需要多少时间可以试制和生产出来的指标。它实际上反映生产与建设的速度，时间因素指标包括产品设计制造时间、基本建设周期、新建或改建扩建企业投产后达到设计能力的时间等。

（5）劳动条件改善的指标　是指技术方案或工程项目在劳动条件、劳动强度及工作环境等方面的改善程度。人是企业最重要的资源，技术经济的任务就是要不断改善劳动条件，提高劳动生产率，降低成本，减轻工人的劳动强度，改善劳动环境，促进经济的发展。

2. 反映形成使用价值的劳动耗费指标

劳动耗费包括物化劳动耗费和活劳动耗费两个方面，物化劳动耗费又包括直接的物化劳动耗费和间接的物化劳动耗费。

（1）反映物化劳动耗费的指标

① 原材料的消耗量。企业生产中原材料是工人进行生产活动时的劳动对象，它的特点是在生产过程中被全部消耗掉，将其使用价值一次性全部转移到新产品中去，并失去其原有的形态或原有的物理化学性能，而转变为另外一种和原来的使用价值、性质、形态完全不同的新的使用价值。原材料的消耗量可用实物和价值两种指标来反映，用价值指标来反映的原材料消耗量即原材料的费用。

② 生产设备的消耗量。生产设备的消耗过程与原材料的消耗过程不同，是一个不断消耗的过程。生产设备在它的整个使用期间，逐渐的、一部分一部分地把结晶在本身的社会必要劳动量，转移到它所生产的新产品中去，成为它所生产的产品体的一个不可分割的组成部分。虽然在产品的实体中，已经找不到设备的丝毫原形，但生产设备价值的一部分却实实在在渗入到产品的价值

之中。生产设备的消耗量，一般用年折旧费用来表示。

除此以外，反映技术方案物化劳动耗费的指标，还有燃料、动力、工具消耗量等。

（2）反映活劳动耗费的指标

活劳动耗费可分为直接活劳动耗费与间接活劳动耗费。直接活劳动耗费又可分解成各道工序的活劳动耗费，通常可以用"工时"这个指标给予反映。但是对于整个产品的活劳动耗费，则由于劳动有熟练与非熟练、简单与复杂之分，还难以用"工时"来综合反映，而只能间接地用工资费用来衡量。此外，当经济论证的对象是一个企业的设计方案时，其实现方案所需的活劳动耗费指标还包括职工总数、生产工人总数、工资总额等指标。

（3）反映劳动耗费的综合指标

为了对技术方案进行综合评价，需要研究能够综合反映社会劳动耗费的综合指标，综合反映社会劳动耗费的指标有两个即产品的成本指标和投资指标。

① 产品的成本指标。产品的成本是企业生产经营活动的重要综合性指标之一，指企业在产品的生产和销售过程中所发生的费用，一般用货币表示，亦是为实现某一既定目标所必须付出的或已经付出的代价。它可以综合的反映企业产品设计水平、技术工艺完善程度、固定资产及流动资金的利用状况、生产组织科学程度、劳动生产率水平、物资技术供应条件、产品的销售能力和企业管理水平等。

企业在生产过程和销售过程中发生的各种费用所构成的成本，集中并直接反映着企业的物化劳动和活劳动的消耗。产品在生产过程中所发生的费用的总和即为该产品的工厂成本，工厂成本加上销售费用便构成了产品的销售成本，即产品的成本。

② 投资指标。投资是指实现方案所需要一次性支出的资金，包括固定资金和流动资金。固定资金是指用于兴建厂房、建筑物和构筑物以及用以购买机器设备等固定资产的投资。流动资金是

指用于购买生产所需原材料、半成品、燃料、动力以及支付工资等各种费用的投资。

3. 反映技术经济效益指标

技术经济效益指标是指使用价值的效益与形成使用价值的劳动耗费之比，这个指标又可分为绝对经济效益指标和相对经济效益指标。

（1）绝对技术经济效益指标

绝对技术经济效益指标，反映一个技术方案或一个工程项目或技术本身的经济效益大小，它可分为劳动耗费的经济效益指标和劳动占用的经济效益指标。

① 劳动耗费的经济效益指标。劳动耗费的经济效益指标主要有原材料的利用率、劳动生产率、产品的单位成本等。原材料的利用率是表示有效产品中所包含的原料数量与生产该产品的原料消耗量之比。劳动生产率是表示一个工人（职工）在单位时间内的产量（产值），它在一定的范围内和一定的程度上，从数量上反映单位产品生产中活劳动的消耗程度。单位产品的成本是指生产单位产品的物化消耗和活劳动消耗的总和。

② 劳动占用的经济效益指标。将反映劳动占用和劳动耗费指标作为分母而形成的经济效益指标，就是劳动占用的经济效益指标，它们主要是用来反映技术方案工程项目在劳动占用方面的节约程度，主要有单位投资的年产量、固定资产的产值、设备的利用率、流动资金周转次数等。单位投资的年产量是指年生产产品的数量与投资额之比。固定资产的产值是指每百元固定资产每年能提供的产值。设备的利用率是指设备实际开动的台时数与按计划应开动的台时数之比。流动资金周转次数是指企业在一定时期内的产品的销售收入与同一时期内企业占用的流动资金平均额之比，这个指标反映了企业流动资金的利用情况，流动资金周转的次数越多，企业在同样的流动资金数额下所生产和销售的产品也越多。

③ 综合类经济效益指标。综合类经济效益的指标主要是从企业获得的利润出发，研究生产中劳动占用和劳动耗费同使用价值的关系，从而对经济效益进行评价和比较。主要包括有产值利润率、资金利润率、成本利润率、投资回收期、投资效果系数等。

产值利润率是指企业在一定时期内的利润与同一时期内工业总产值之比。

资金利润率是指企业在一定时期内的利润与同一时期内所占用的固定资金和流动资金的平均占用额之比。

成本利润率指企业在一定时期内的利润与同一时期内产品总成本之比。成本利润率越高，说明经济效益越好。

投资回收期亦称为返本期，是反映投资项目资金回收的重要指标。它是指通过项目的净收益来回收投资总额所需要的时间。

投资效果系数是指投资经济效益的综合评价指标，一般是指项目达到设计生产能力后一个正常的生产年份的净收益与项目总投资之比，它是投资回收期的倒数。

(2) 相对技术经济效益指标

相对技术经济效益指标是用来反映一个方案相对与另一个方案的技术经济效益，主要指标有追加投资效果系数、追加投资回收期等。

追加投资效果系数反映在投资后经营成本不同的条件下，一个方案比另一个方案多节约的成本与多支出的投资额之间的比例关系。这一系数越大，表明该方案的经济效益就越好。

追加投资回收期就是指追加投资效果系数的倒数，表示两个方案对比时，一个方案多支出的投资通过它的节约额来回收所需的时间。

以上介绍了各种经济效益指标的含义，应该指出，由于各种不同性质的技术方案具有特殊的使用价值，而且在实现过程中劳动耗费的项目也不尽相同，因此在进行技术经济分析时所采用的一些具体指标项目就有可能不同。

(3) 标准投资回收期或标准投资效果系数指标

标准投资回收期或标准投资效果系数是取舍方案的决策指标之一,正确地确定这些指标具有非常重要的意义。确定标准投资回收期,是一项比较复杂的工作,首先要分析影响投资回收期的因素,这些因素主要有:

① 投资构成的比例因素。一般说来,生产性投资比重大,非生产性投资比例小,则投资回收期短。

② 成本构成的比例因素。例如原材料供应情况及价格的变化,企业管理水平及劳动生产率的高低等,均影响产品成本的构成,影响企业的收益,从而影响投资回收期的长短。

③ 技术进步程度。例如新产品发展的速度、产品更新换代的快慢等因素均影响投资回收期的长短。

在分析上述各种影响因素的基础上,再结合总结与分析本行业历年来投资回收期和平均资金利润率等资料,可以确定本行业的标准投资回收期。

根据评价的技术方案计算出来的投资回收期、投资效果系数或追加投资回收期、追加投资效果系数,都必须用标准投资回收期或标准投资效果系数进行比较,才能确定该方案经济效益的大小及其取舍。这就是说,取舍的条件必须符合

$$P_t \leqslant P_c \quad P_a \leqslant P_c \quad E \geqslant E_c \quad E_a \geqslant E_c$$

式中　P_t——某一方案或项目的投资回收期;

P_a——追加投资回收期;

P_c——标准投资回收期;

E——某一方案或项目的投资效果系数;

E_a——追加投资效果系数;

E_c——标准投资效果系数。

由于科学技术不断进步,标准投资回收期或标准投资效果系数不应是固定不变的。经过一段时间相对稳定之后,如果大部分企业的实际投资回收期已经小于规定的标准投资回收期,这时就

应该对标准投资回收期或标准投资效果系数进行调整和修订。

第二节 技术经济分析的可比性原理

在技术经济分析中,除了要对单个技术方案本身的所得与所费进行分析评价,以确定其经济效果的优劣以外,更重要的是要把它同其他方案进行比较分析,从而确定它在这些方案中技术经济效果的优劣水平。研究不同技术方案的可比性,首先必须明确比较的对象,方案比较应遵循的原则和条件,以及在什么情况下各方案之间具有可比性、在什么情况下各方案之间不具有可比性,如何将不可比因素转化为可比因素等等,即找出不可比因素转化为可比因素的规律,从而保证技术经济分析和评价结论的正确性。

在实际工作中,我们对技术经济问题的解决有两种情况。一是根据需要,找出某一个技术方案,比如华东地区缺电,有专家提出要在此建设核电站,这就是一个技术方案。为了分析评价这一技术方案的经济效果,除了要测算技术方案本身所得与所费之外,更重要的是要拿它们同其他方案(如火力发电、水力发电、太阳能发电等)进行比较,这里的其他方案便是替代方案。还有一种情况是为了实现某一项目目标,一开始就提出了几个不同的方案,比如为了解决运输紧张的问题,提出了修铁路、修公路和开辟水运三种解决办法,为了评价三个方案的经济效果,效益彼此进行比较,那么这三个方案都是替代方案。

合理地选择替代方案是方案比较的首要条件。选择替代方案的基本原则是:一不漏,二不多,三选准。不漏就是把实际上可能替代的方案都要考虑到;不多就是不要把不可行、明确处于劣势的替代方案也考虑进去;选准就是必须从实际出发,力求准确。

研究技术方案的可比性原理,目的是掌握技术方案经济效益比较时的可比条件,把握住技术方案之间可比与不可比的内在联系,保证技术经济分析结论的科学性和正确性。

技术经济分析的可比性原理包括四个方面,即满足需要上的可比,满足消耗上的可比,满足价格上的可比以及满足时间上的可比。

一、满足需求上的可比性

满足需求上的可比包括两层含义:一是相比较的各个技术方案的产出都能满足同样的社会实际需要;二是这些技术方案能够相互替代。

任何技术方案总是以满足一定的需求为目的,因此不能满足相同需求的方案是不能进行比较的。例如水力发电和火力发电能够满足相同的需求——发电,因此它们是可以比较的;而铜和铝是不同的金属材料,具有不同的金属特性,分别满足不同的材料需求,两者是不可比的,但当它们被制成铜导线和铝导线时,都满足输送电流这一相同的需求,这时两者便是可比的。

技术方案一般都是以其数量、品种和质量等指标来满足需求的,因此,在具体操作需求上的可比性这一条件时,就要对各个方案的数量、品种和质量等指标进行可比性的修正计算。

1. 产量不同时的多方案比较

如果相比较的各个方案实际产量相等,则可以比较它们的消耗费用指标,消耗费用越少的方案越好。

当比较方案的产量不同时,即使质量和品种都相同,它们的消耗费用指标也是不可比的,因为各方案没有相同的社会实际需要,所以不能直接比较。必须先进行可比性处理,或叫使用价值等同化然后再比较各方案经济效益的大小。一般情况下可采用单位产品的指标进行比较,就是把方案的总投资额和年经营成本的绝对值转化成相对值,即

$$\text{单位产品的投资额} = \frac{\text{总投资额}(K)}{\text{年产量}(Q)}$$

$$\text{单位产品的年经营成本} = \frac{\text{年总经营成本}(C)}{\text{年产品量}(Q)}$$

欲得到比较方案的优劣性的结论,尚需补充其他的条件,这将在后面的内容重点介绍。

2. 质量不同时的多方案比较

质量是使用价值的主要表现之一,在生产中造成产品质量高低不同的原因主要是生产资料的材质、生产技术的条件和技术熟练程度有差异等。质量高的产品一般都耗费较多的社会必要劳动量,有着较好的使用价值。所以在技术经济分析中也要考虑这种质量不同的不可比因素。

质量不同的可比性处理,是对质量不同的各个方案,进行质量等同化,然后在相同质量的条件下比较各方案经济效益的大小。一般用使用效果系数对投资额和经营成本等进行修正。公式为:

$$k = \frac{E_{k1}}{E_{k2}}$$

式中　　k——使用效果系数;

E_{k1}——方案 Ⅰ 的使用效果;

E_{k2}——方案 Ⅱ 的使用效果。

经调整后的方案 Ⅰ 的投资额和经营成本分别为:

$$K'_{Ⅰ} = \frac{1}{k} K_{Ⅰ}$$

$$C'_{Ⅰ} = \frac{1}{k} C_{Ⅰ}$$

式中　　$K_{Ⅰ}, K'_{Ⅰ}$——分别表示方案 Ⅰ 调整前、调整后的投资额;

$C_{Ⅰ}, C'_{Ⅰ}$——分别表示方案 Ⅰ 调整前、调整后的经营成本。

这样调整以后,比较方案就具有了可比性,就可以直接进行经济效益大小的比较,依据相关的指标进行方案的选优处理。

品种不同的技术方案进行比较时,其使用效果可用材料的节约额、工资的节约额等来表示,修正方法与上述相同,不再赘述。

二、满足消耗上的可比性

我们知道,任何技术方案,为了满足一定的需要都必须消耗一定的人力、财力和物力,也就是必须消耗一定的物化劳动和活劳动。满足消耗上的可比,是指满足相同需求的不同技术方案进行经济分析时,必须从整个国民经济的观点出发,运用系统的观点和方法计算全部耗费,不仅包括技术方案本身的耗费,还应包括与该项目直接相关的部门发生的耗费,比较各个方案的社会全部消耗费用。要是这种比较成为可能,各个方案的消耗必须采用相同的计算原则和方法。

三、满足价格上的可比性

在测算技术方案的经济效果时必然要涉及到价格。如何合理地选用价格指标,这是技术经济分析中必须考虑的重要问题。为了使不同的技术方案的分析比较科学合理,在计算方案的投入与产出时,应采用统一的折算价格即对各种投入物和产出物在现行市场价格的基础上进行适当的合理调整。

不同时期的技术方案进行比较,应采用统一的不变价格或用价格指数进行折算,并应根据技术方案计算期的长短确定相应时期的价格指标,如对近期方案比较时,应采用近期价格指标计算,对远期的方案比较时,应采用远期的测算价格,否则将会得出错误的结论。

国外在进行方案比较时,常采用影子价格作为方案比较的基础,我国近年来对项目的国民经济评价也开始采用这一价格。所谓的影子价格,其经济涵义是指资源对收益的边际贡献,即资源在最优产出水平时所具有的价值。某种稀缺资源的价值,表示这种资源任何边际变化对国家的基本社会经济目标所做贡献的价值。例如,当供电紧张时,一但增加供电量,就可以提高产量,那么,每增加一个单位的供电量所引起的社会效果的增量(即产量的增量)

就是电的影子价格。由此可见，影子价格既不是计划价格，也不是市场价格。影子价格的高低，主要是由该种资源的稀缺程度所决定的，也反映了这种资源的合理利用程度。

四、满足时间上的可比性

时间上的可比性对于技术方案的经济比较是具有重要的意义的。时间上的可比有三个条件：

（1）计算期要相同　对于不同技术方案的经济评价，必须采用相同的计算期作为比较的基础。若干个方案的计算期不同，则应进行可比性处理，如研究周期法、最小公倍数法等。

（2）要考虑投入与产出时间　各种技术方案由于受到技术经济等各种条件的限制，所以它们在投入人力、物力、财力以及发挥效益的时间方面常常有所差异。在技术方案评价时，不仅要考虑所得与所费之比的大小，而且要考虑其发生的时间。技术方案在不同时间点上发生的效益与费用不能简单地直接相加，必须考虑资金的时间价值对方案经济效益的影响。

（3）要考虑配套工程的建设期　技术方案投入和出产时间的可比，不仅指主要工程的建设期，而且还应包括配套构成的建设期，如果配套工程不能按时竣工，会直接影响到整个方案的建设期。总之，时间上的可比是指整个系统完整技术方案的时间上的可比。

思考练习题

1. 进行技术经济效果评价应遵循哪些基本的原则？
2. 技术经济分析的可比性原理有哪些？
3. 什么是需求上的可比？试举例说明。

第十章 资金的时间价值与等值计算

第一节 技术经济分析的基本要素

在对技术方案进行经济效益分析时,首先要有项目方案,这是技术经济分析的具体对象。有了项目方案,再来考虑项目的投入和产出,并加以比较,以评价其经济效益的高低。一般来说,投资、成本属于项目方案的投入,项目的净收益则是产出的主要内容。

一、项目方案

项目方案是为实现项目的目标在技术上和组织上所采取的方式、方法、手段和计划。它是项目意图和内容的直接体现,是技术经济分析的具体对象。没有方案,项目也就无从谈起。

制定项目方案,应在明确项目的目的要求,掌握实际资料并在分析研究的基础上,提出系统的设计。项目方案的内容一般包生产规模、场地条件、建设条件、资源条件、技术选择、投资估算、成本水平、盈利能力、相关设施以及项目实施的可能性等等。

项目方案的制订是一个由粗到细、不断完善的创造性劳动过程。最初提出的方案可能只是初步的、很不完善的,通过几次的反复修改,逐步使其具体和完善。但无论在方案形成的哪一个阶段上,都要考虑方案技术上的先进性和适用性以及经济上盈利的可能性;否则,这种方案就没有设立的必要了。

二、投资

1. 投资的概念及其构成

投资一词具有双重的含义：一是指特定的经济活动，即为了将来获得收益或避免风险而进行的资金投放活动，如产业投资和证券投资；二是指投放的资金，即为了实现生产经营目标而预先垫付的资金，包括固定资产的投资和流动资金的投资。技术经济学中的投资着重于后一种含义的阐述。

建设项目的总投资是项目的固定资产投资和流动资金投资的总和。项目总投资形成的资产，根据资产特性可分为固定资产、流动资产、无形资产和其他资产。

2. 固定资产

（1）固定资产的概念及其构成　固定资产是指使用年限在一年以上，单位价值在规定标准以上，并在使用过程中保持原有物质形态的资产。具体来说，企业的固定资产包括使用一年以上的房屋、建筑物、机械、运输设备和其他与生产经营有关的设备、器具、工具等。它构成企业的物质技术基础。

固定资产的资金是由工程费用、其他费用和不可预见费用组成。

工程费用是指用于项目各种工程建设的投资费用包括生产投资、辅助生产投资、"三废"处理工程投资、服务性工程投资、生活福利设施投资以及厂外工程投资等费用。工程费用是固定资产形成的主要投资费用，主要由以下三部分费用构成，即土建工程费用、设备购置费和安装工程费。

其他费用主要有可行性研究和勘查设计费、一次性支付的技术费、开办费、人员考察与培训费、管理费等等费用。

不可预见费是指为弥补项目规划设计中难以预料而在项目规划实施中可能增加工程量的费用，主要有报废的工程费、施工临时设施费及由于市场价格变化等因素增加的费用。

(2) 固定资产的投资估算　固定资产的投资估算是工程项目决策前进行技术经济分析不可缺少的数据,也是工程项目资金筹措的依据。对尚未实施建设的工程项目来说,其总额投资只能采取估算的办法,投资估算越精确,则项目的风险性越小。常见的固定资产估算方法有类比估算法和概算指标估算法两种。

① 类比估算法。类比估算法是根据已建成的投资项目与拟建项目工艺技术路线相同的同类产品项目的投资额,来估算拟建项目投资的方法。常用的有单位生产能力法和规模指数法等。

ⅰ 单位生产能力投资估算法

在设计总体水平没有重大失误的情况下,根据对历史资料的统计分析,确定出本行业单位生产能力的投资额指标,用同类项目单位生产能力的投资额乘以拟建项目生产能力作为拟建项目总投资额的估计公式。估计公式为:

$$Y_2 = X_2 \left(\frac{Y_1}{X_1}\right) P_f$$

式中:X_1, Y_1—— 分别表示类似项目的生产能力和投资额

X_2, Y_2—— 分别表示拟建项目的生产能力和投资额

P_f—— 物价修正系数

ⅱ 指数估算法

指数估算法是国外估算固定资产投资常用的方法。此法认为,生产能力不同的两个类似项目投资之比与这两个生产能力之比的指数幂成正比,即公式为:

$$Y_2 = Y_1 \left(\frac{X_2}{X_1}\right)^n P_f$$

式中　n—— 生产能力指数,其他字母含义同前。

公式中 n 的具体数值,应根据对同类项目投资资料调查分析和统计测算后得出。实际上生产能力提高一般可分为两种形式:一是通过提高工程项目主要设备的效率、功率等达到提高生产能力的目的;二是通过提高工程项目的设备数量来提高生产能力。一般

第十章 资金的时间价值与等值计算

对于前者，n 取 $0.6\sim0.7$；对于后者，n 取 $0.8\sim1.0$，一般 n 的平均值取 0.6，该法又称为"0.6 指数法"。

② 概算指标估算法。这是较为详细的估算投资的方法。该方法把整个建设项目依次分解为单项工程、单位工程、分部工程和分项工程，按下列内容分别套用有关概算指标和定额编制投资概算，然后在此基础上再考虑物价上涨、汇率变动等动态投资。主要考虑下列各项：

ⅰ 建筑工程费用。建筑工程包括房屋建筑工程、大型土石方和场地平整及特殊构筑物工程等。建筑工程费由直接费、间接费、计划利润和税金组成。直接费包括人工费、材料费、施工机械使用费和其他直接费，可按建筑工程量和当地建筑工程概算综合指标计算。间接费包括施工管理费和其他间接费，一般以直接费为基础，按间接费率计算。计划利润以建筑工程的直接费与间接费之和为基数。税金包括营业税、城乡维护建设税和教育费附加。

ⅱ 设备及工器具购置费用。包括需要安装和不需要安装的全部设备、工器具及生产用家具等购置费。

ⅲ 安装工程费。包括设备及室内外管线安装费用，由直接费、间接费、计划利润和税金四部分组成。

ⅳ 其他费用。指根据有关规定应计入固定资产投资的除建筑、安装工程费用和设备、工器具购置费以外的一些费用，包括土地征用费、居民迁移费、生产职工培训费、联合试运转费、场区绿化费、勘察设计费等。

ⅴ 基本预备费。指事先难以预料的工程和费用，主要包括：进行初步设计、技术设计、施工图设计和施工过程中在批准的建设投资范围内所增加的工程费用；由于一般自然灾害所造成的损失和预防自然灾害所采取的措施费用；验收委员会为查定工程质量必须开挖和修复隐蔽工程的费用。基本预备费可以以"单项工程费用"总计或以工程费用和工程建设其他费用之和为基数按照规定的预备费率计算。

3. 流动资产

(1) 流动资产概念及构成：

流动资产是指可以在一年或者超过一年的一个营业周期内变现或者耗用的资产，主要包括存货、应收款项和现金等。

存货是指企业在生产经营过程中为销售或者消耗而储存的各种资产，包括商品、产成品、半成品、在产品以及各类材料、燃料、包装物、低值易耗品等。

应收款项是指企业因对外销售产品、材料、供应劳务及其他原因，应向购货单位或接受劳务的单位及其他单位收取的款项，包括应收帐款、应收票据和其他应收款等。

现金是指立即可以投入流通的交换媒介，包括库存现金、银行存款、银行本票和银行汇票等。另外有价证券是现金的一种转换形式，它可以随时根据需要转化成现金。

流动资产最初一般是以货币形态参加企业的生产经营活动的，随着生产经营活动的进行，以筹集到的货币资金购买原材料、商品等，它从货币形态转变为存货形态，实现销售，又从存货形态通过结算过程再转化为货币形态。流动资产的不同形态相继转化，周而复始。

(2) 流动资产的估算：

流动资产的估算主要用类比估算法和分项估算法。

① 类比估算法。类比估算法是一种根据投产类似项目的统计数据总结得出的流动资产与其他费用之间的比例系数，来估算拟建项目所需流动资产投资的方法，这里的其他费用，也可以是经营费用、销售收入或产值等。

② 分项估算法。是根据流动资产的构成分项估算的。

现金的计算公式为

$$\text{现金} = \frac{\text{年职工工资与福利费用总额} + \text{其他零星开支}}{365(\text{天})} \times \text{最低周转天数}(\text{天})$$

应收帐款的计算公式为

$$应收帐款 = \frac{赊销额 \times 周转天数}{360(天)}$$

存货的计算公式为

存货＝原材料＋在产品＋产成品＋包装物＋低值易耗品

4．无形资产

无形资产是指企业长期使用但没有实体形态的可以持续为企业带来经济效益的资产，一般包括专利权、专有技术、专营权、土地使用权、商标权等。

5．其他资产

其他资产是指不能全部计入当年损益，应当在以后年度内分期摊销的各项费用，包括开办费、租入固定资产的费用支出等。按我国《企业财务通则》规定，开办费自投产营业之日起，应以不短于5年的期限分期摊销。

三、成本

成本是反映项目经营过程中资源消耗的一个主要基础数据，是形成产品价格的重要组成部分，是影响经济效益的主要因素。建设项目产出物成本的构成与计算，既要符合现行财务制度的有关规定又要满足项目经济评价的要求。

1．制造成本法的成本构成

成本是用货币表示的为实现某一既定目标所必须付出或已经付出的代价。制造成本法是在核算产品成本时，只计算与生产经营过程关系最直接和最密切的费用，与生产经营没有直接关系和关系不密切的费用计入当期损益，包括直接材料、直接工资、其他直接支出和制造费用，这些可计入产品制造成本，也称生产成本，而管理费用、财务费用和销售费用则可直接计入当期损益。

（1）直接费用：

直接费用是指直接为生产商品和提供劳务所发生的各项费

用,包括直接材料费、直接燃料、动力费和直接工资及其他直接费用。

① 直接材料费。直接材料费指企业生产经营过程中实际消耗的原材料、辅助材料、备品配件、外购半成品、包装物以及其他直接材料的费用。

② 直接燃料、动力费指企业生产经营过程中实际消耗的燃料、动力费用。

③ 直接工资指企业直接从事产品生产人员的工资、奖金、津贴和补贴。

④ 其他直接费指上述直接费用外的直接支出。

(2) 制造费用：

制造费用是指企业各生产单位为组织和管理生产活动而发生的费用,包括生产单位管理人员工资及福利费,生产单位房屋建筑物、机械设备的折旧费,租赁费(不包括融资租赁费),修理费,机物料消耗,低值易耗品,取暖费,水电费,办公费,差旅费,保险费,设计制图费,试验检验费,劳动保护费,修理期间的停工损失以及其他制造费用。

(3) 期间费用：

期间费用包括管理费用、财务费用和销售费用三部分。

① 管理费用。管理费用是指企业或项目行政管理部门为管理和组织经营活动而发生的各项费用,包括公司经费、工会经费、职工教育经费、劳动保险费、待业保险费、董事会费、审计费、资产评估资费、诉讼费、排污费、绿化费、税金、土地使用费、土地损失补偿费、技术转让费、技术开发费、无形资产摊销费、递延资产摊销费、业务招待费、坏账损失以及其他管理费用。

② 财务费用。财务费用是指企业为筹集资金而发生的各项费用,包括企业生产经营期间发生的利息净支出、汇兑净损失、调剂外汇手续费、金融机构手续费以及筹资发生的其他财务费用等。

③ 营销费用。营销费用是指企业在销售产品、自制半成品和

提供劳务等过程中发生的各项费用以及专设销售机构的各项经费，包括应由企业负担的运输费、装卸费、包装费、保险费、委托代销手续费、广告费、展览费、租赁费（不含融资租赁费）、销售服务费用和销售人员工资、职工福利费、差旅费、办公费、折旧修理费、物料消耗、低值易耗品摊销以及其他经费。

2. 几种常见的成本

（1）经营成本　经营成本是产品成本的一部分，是产品总成本中扣除固定资产折旧费、无形资产及其他资产摊销和利息支出以后的全部费用，即生产经营活动中实际发生的通过现金支付的费用。

经营成本＝总成本费用－折旧费－摊销费－借款利息支出

经营成本是为经济分析方便从总成本费用中分离出来的一部分费用。顾名思义，经营成本是项目运营期间的生产经营费用，属于各年的现金流出。由于投资已在期初作为一次性支出计入现金流出，所以折旧费和摊销费不能再计为现金流出，否则会重复计算。另外由于全投资现金流量表（见财务评价部分）中不考虑资金来源，不存在利息的问题（自有资金现量表中已将利息单独列出），因此经营成本中也要扣除利息支出。

（2）固定成本和变动成本　成本按其与产量变化的关系，即成本的习性来划分，可分为固定成本、变动成本和半变动（半固定）成本。

① 固定成本。固定成本是指在一定生产规模限度内不随产品产量增减而变化的费用，如固定资产折旧费、修理费、管理人员工资及福利、办公费、差旅费等。这些费用的特点是产品产量增加时，费用总额保持不变，反映在单位产品成本上，则这些费用减少。

② 变动成本。变动成本是指随产量增减而变化的费用，如直接材料费、直接燃料和动力费等。这些费用的特点是当产品产量变动时，费用总额成正比例的变化，反映在单位产品成本中的费用是固定不变的。

③ 半变动(半固定)成本。半变动(半固定)成本是指其费用总额随产量增减而变化,但不是成正比例的变化,如制造费用中的运输费用,一般随产量的增加而增加,但在前期递增缓慢,后期增加明显。

(3) 机会成本 机会成本是将一种具有多种用途的有限资源置于特定用途时所放弃的最大收益。当一种有限资源具有多种用途时,可能有许多获取相应收益的机会,如果将其置于某种特定用途,必然放弃其他投入机会,从而放弃了相应的收益。所放弃的最大收益是这种资源利用的机会成本。

(4) 沉没成本 沉没成本是指以往发生的与当前决策无关的费用。因为管理决策的制定是针对未来,不是针对过去,以往发生的费用只是造成当前状态的一个原因,当前状态是决策的出发点,当前决策所要考虑的是未来可能发生的费用及所能带来的收益。例如,考虑某台旧设备是否需要更新这一问题时,该设备几年前的购置费用就是一项沉没成本。设备更新与否只能在新设备的投资与旧设备继续使用所需费用之间比较得出。

(5) 边际成本 边际成本是企业多生产一单位产量所产生的总成本增加。例如当产量为1 500吨时,总成本为450 000元;当产量为1 501吨时,总成本为450 310元,则第1 501吨产量的边际成本等于310元。因为边际成本考虑的是单位产量变动,故固定成本可以视为不变,因此边际成本实际上是总的变动成本之差。

四、税收与税金

税收是国家凭借政治权力参与国民收入分配和再分配的一种形式,具有强制性、无偿性和固定性三大特点。

我国目前的工商税制分为流转税、资源税、收益税、财产税、特定行为税等几类。其中与技术方案经济性评价有关的主要税种是从销售收入中扣除的增值税、营业税、资源税、城市维护建设税和教育费附加,计入总成本费用的房产税、土地使用税、车船使用税、

印花税以及从利润中扣除的所得税等。现将几种主要的税种简述如下:

1. 增值税

增值税是以商品生产、流通和加工、修理、修配等各种环节的增值额征收的一种流转税,其纳税人是在我国境内销售货物或者提供加工、修理、修配劳务以及进口货物的单位和个人。

增值税率设基本税率、低税率和零税率三档税率。出口货物适用零税率;粮食、食用植物油、自来水、暖气、冷气、热水、煤气、石油液化气、天然气、沼气、图书、报纸、杂志、农业生产资料等适用低税率13%,其他适用基本税率17%。计税公式如下

一般纳税人的应纳税额＝当期销项税额－当期进项税额
销项税额是按照销售额和规定税率计算并向购买方收取的增值税额。

销项税额＝销售额×适用增值税率

进项税额是指纳税人购进货物或者应税劳务所支付或者负担的增值税额。

准予从销项税额中抵扣的进项税额是指从销售方取得的增值税专用发票上注明的增值税额或从海关取得的完税凭证上注明的增值税额。

小规模纳税人销售货物或者应税劳务,实行简易办法计算应纳税额,征收率为6%。计算公式为

小规模纳税人的应纳税＝含税销售额×征收率
÷(1＋征收率)

2. 营业税

营业税是对在我国境内提供应税劳务、转让无形资产或者销售不动产的单位和个人,就其营业额征收的一种税。凡在我国境内从事交通运输、建筑业、金融保险业、邮电通信业、文化体育业、娱乐业、服务业、转让无形资产和销售不动产等业务,都属于营业税的征收范围。

除娱乐业适用5%～20%的幅度税率外,金融保险业、服务

业、转让无形资产、销售不动产的税率均为5%,其余均为3%。计算公式如下

$$应纳营业税税额＝营业额\times 适用税率$$

3. 资源税

资源税是对在我国境内从事开采原油、天然气、煤炭、其他非金属矿、有色金属矿原矿及生产盐的单位和个人,就其因资源条件差异而形成的级差收入征收的一种税。

资源税实行从量定额征收的方法。计算公式如下:

$$应纳资源税税额＝课税数量\times 适用单位税额$$

课税数量是指纳税人开采或者生产应税产品的销售数量或者自用数量。单位税额根据开采或生产应税产品的资源状况而定。具体按《资源税税目税额幅度表》执行。如原油:8～30元/吨;有色金属原矿:0.4～30元/吨。

4. 所得税

所得税是以单位、个人在一定时期内的所得额为征收对象的一种税,有企业所得税和个人所得税两种。企业所得税的税率一般为33%,企业应纳所得税额为:

$$应纳所得税额＝应纳税所得额\times 税率$$

个人所得税的税率按超额累进税率和比例税率两种方式计税。

5. 城乡维护建设税

城乡维护建设税是对一切有经营收入的单位和个人,就其经营收入征收的一种税。其收入专用于城乡公用事业和公共设施的维护建设。

城乡维护建设税的税率为0.3%～0.6%,各省、自治区、直辖市人民政府根据当地经济状况和城乡维护建设需要,在规定的幅度内,确定不同市县的适用税率,计算公式为

$$应纳税额＝生产经营收入额\times 经核定的适用税率$$

五、利润与净收益

1. 利润

利润是企业在一定时期内全部生产经营活动的最终成果,利润的实现表明企业生产耗费得到了补偿,并取得了盈利。企业利润既是国家财政收入的来源,又是企业扩大再生产的重要资金来源。企业的利润应当是企业总经营收益减去企业投入的总成本后的余额,正因为成本有不同的含义,那么利润也就有不同的含义。项目投产后所获得的利润可分为销售利润、利润总额和税后利润。

销售利润＝销售收入－生产成本－期间费用
　　　　　－销售税金及附加

利润总额＝销售利润＋投资净收益＋营业外收支净额

投资净收益指企业对外投资所取得的投资收益扣除投资损失后的净额。营业外收支净额指营业外收入减去营业外支出后的数额。

税后利润＝利润总额－应交所得税

衡量利润的水平除了利润总额以外,还有利润率指标。常见的利润率指标有:

(1)　　资本金利润率＝$\dfrac{利润总额}{资本金总额}×100\%$

(2)　　销售利润率＝$\dfrac{利润总额}{销售收入净额}×100\%$

(3)　　成本费用利润率＝$\dfrac{利润总额}{成本费用总额}×100\%$

销售收入、成本、税金、利润之间的关系见图10—1所示。

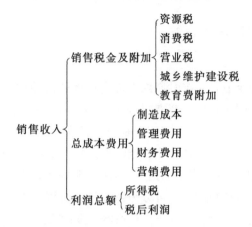

图 10-1 销售收入、成本、税金、利润之间的关系图

2. 净收益

净收益是技术经济分析中一个重要的基本要素，净收益不同于企业的利润。它是指项目投产后的年销售收入减去经营成本及应缴纳的税金后的余额。这里的销售收入不同于企业周期的总产值，销售收入仅指企业已售产品的货币收入，是产品经过流通领域之后给企业带来的真正收益。在项目的经济评价中，通常是假定各年的产品全部售出，即产量等于销售量。

第二节　资金时间价值

资金的时间价值，是技术经济分析的重要基本原理之一，是用动态分析法对项目投资方案进行评价的出发点。在进行技术经济分析时，为了保证各投资方案，在不同的时间点上所发生的费用及效益具有可比性，通过引进资金时间价值的概念，进而消除各方案的费用及效益在时间上的差异，使之具有可比性。

一、资金的时间价值

1. 资金时间价值的概念

资金的时间价值,是指资金作为生产的一个基本要素,在生产及资金流通过程中随着时间的推移而产生的增值。例如,某人将 100 元存入银行,一年后得到的本利共 106 元,这多出的 6 元可视为 100 元一年内的时间价值。资金的时间价值表明,一定的资金在不同的时间点上具有不同的价值。

资金的时间价值的含义可以从以下两个方面来理解:首先,资金与劳动力相结合发生价值的增值,是指劳动力在生产过程中所创造的新价值。因此,从投资者的角度看,资金的增值特性使资金具有了时间价值;其次,从消费者的角度看,资金一旦用于投资,就不能用于现期的消费,牺牲现期消费是为了能在将来得到更多的消费,因此,资金的时间价值体现为放弃现期的消费所应得到的必要补偿。

2. 反映资金时间价值的尺度

反映资金时间价值的尺度有两个:一个为绝对尺度;另一个为相对尺度。

(1) 绝对尺度 绝对尺度包括利息、盈利或纯收益。这些都是使用资金的报酬,是投入资金在一定时间内的增值。一般地把银行存款获得的资金增值叫利息;把资金投入生产的资金增值,称为盈利或纯收益。可见,利息、盈利和纯收益都是资金时间价值的体现。

(2) 相对尺度 相对尺度包括利率、盈利率或收益率,它是一定时间(通常为一年)的利息或收益占原投入资金的比率,或称之为收益资金的报酬率,它反映了资金随时间变化的增值率。

在技术经济分析中,利息与盈利、利率与盈利率是不同的概念。一般在研究某项投资的经济效果时,往往使用纯收益和收益率的概念,在计算分析信贷资金时,则使用利息和利率的概念。

3. 资金等值的含义

在日常生活中,我们把两个作用相同的事物称为等值。对资金来说,资金具有时间价值,这一客观事实不仅告诉人们,一定数量的资金,在不同的时间,代表着不同的价值,资金必须赋予时间的概念,才能显示其真实的意义。而且也提醒我们,在不同的时间,绝对值不等的若干资金可能具有相等的价值。例如现在的 100 元与一年后的 112 元,其数额并不相等,但如果年利率为 12%,则两者是等值的。因为现在的 100 元,在 12% 年利率下,一年后的本金与资金时间价值两者之和为 112 元。

资金等值是指在特定的利率下,在不同的时间点上绝对数额不同,而价值相等的若干资金。影响资金等值的因素有三个,即资金额大小、资金发生的时间长短和利率的高低。

利用资金等值的概念,将一个时间点发生的资金金额按一定的利率换算成另一个时间点上等值资金额,这一过程叫资金等值计算。资金等值计算是技术经济分析中最基本的方法。

二、几个相关的概念

1. 利息、利率、计息周期及计息期利率

(1) 利息　狭义的利息是指占用资金所付出的代价(或放弃使用资金所得到的补偿),广义的利息是指资金投入到生产和流通领域中,一定时间后的增值部分,它包括存款(或贷款)所得到(或付出)的报酬和投资的净收益(或利润)。技术经济中的利息是指广义的利息,它是衡量资金时间价值的绝对尺度。

(2) 利息率(简称为利率)　利息率是资金在单位时间内(年、月)所产生的增值与投入的资金额之比。通常以百分数表示。即

$$利率 = \frac{单位时间的利息}{本金} \times 100\%$$

利率是衡量资金时间价值的相对尺度,在实际操作中,一般是根据利率来计算利息。

(3) 计息周期(简称为计息期) 计息周期是计算利息的时间单位,计息周期通常有年、半年、季、月、周等。按计息周期的长短,利率可以相应的有年利率,半年利率、季利率、月利率和周利率等。技术经济学中使用最多的计息周期是以年为单位的计息周期。

2. 计息制度

计息制度是指计算利息的方法和制度,一般来讲,借贷资金的计息制度有两种即单利计息制度和复利计息制度。

(1) 单利计息制度 单利计息制度是指随着时间的推移,只有本金产生利息,利息不再产生利息的计息方法。这种方法的特点是计算比较简便,无论计息次数多少,每周期的利息是相同的,计算的公式为

$$F = P(1+in)$$

式中　　P——本金;

　　　　i——利率;

　　　　n——计息次数;

　　　　F——本金与利息之和,即本利和。

例:某企业以单利的方式从银行借入资金 10 000 元,年利率为 10%,借款期为 4 年,则 4 年后应还的本利和为多少?

解:$F = P(1+in) = 10\ 000 \times (1+10\% \times 4) = 14\ 000$(元)

各年应付的利息均为 $10\ 000 \times 10\% = 1\ 000$(元)

(2) 复利计息制度 复利计息制度是指随着时间的推移,不仅本金产生利息,而且先前周期的利息在后续周期中还要计息的一种计息方法,它是一种"利滚利"的计息方法。(这一部分内容将在后面章节中详细介绍),一次支付复利计息的本利和的计算公式为

$$F = P(1+i)^n$$

字母符号的含义同前

在上例中,若采用复利计息方法,4 年后应偿还的本利和为多少?

解：$F = P(1+i)^n = 10\,000 \times (1+10\%)^4 = 1\,464.1$（元）

4年中各年应付的利息及本利和，见表10-1所示。

表10-1　应付利息和应还的本利和　　　（单位：元）

时间	年初欠款	每年应付利息	年末应还的本利和
1	10 000	10 000×10%=1 000	11 000
2	11 000	11 000×10%=1 100	12 100
3	12 100	12 100×10%=1 210	13 310
4	13 310	13 310×10%=1 331	14 641

从上表可以看出，对同一笔借款，在 i、n 相同的情况下，用复利法计算的利息金额及应偿还的本利和要比用单利法计算的结果大。当本金越大，利率越高，计息周期越长，用两种方法计算的结果的差距就越大。

由于复利计息比较符合资金在社会再生产过程中运动的实际情况，在技术经济分析中，一般采用复利方法计息。

3. 现金流量与现金流量图

在技术经济分析和评价中，常用到现金流量的概念，并借助现金流量图进行分析研究。

（1）现金流量　在技术经济分析中，往往要考察某一项目方案的经济效果，这时我们便把这一项目视为一个独立的系统。例如，企业准备进行企业改造，技术改造本身需要资金，而且还期望通过技术改造能够为企业带来效益。这时，为准确地评价和分析企业进行技术改造这一经济活动的经济效果，就把企业进行技术改造这一活动的经济效果视为一个独立的系统，使之与企业其他经济活动区分开来。又如，企业准备投资建设一项工程，同样，工程项目本身需要一笔投资，项目建成后能够产生经济效益，这时，为了准确地考察这一投资项目是否有利，就可以把这一工程项目视为一个独立的系统。

从系统的角度出发,凡是流出系统的货币称为现金流出(量)或负现金流量;流入系统的货币称为现金流入(量)或正现金流量,同一时间点上的现金流入和现金流出的代数和称为净现金流量。现金流入、现金流出及净现金流量又可统称为现金流量。例如,拟建项目的投资额、年经营费用等都是项目的现金流出,而销售收入、项目服务期结束时的残值收入等都是项目的现金流入。

(2) 现金流量图 为了便于分析不同时点上的现金流入和现金流出,计算其现金流量,我们常常借助于现金流量图这一简洁的有效工具。现金流量图,就是将考察对象(如某一工程项目)寿命周期内所发生的现金流入量和现金流出量,按其所发生的时间顺序及一定的规则,用图的形式表达出来,现金流量图的一般形式见图10-2所示。

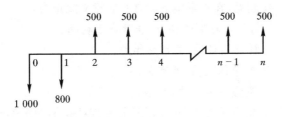

图 10-2 现金流量图(单位:元)

现金流量图的作图规则是:

① 先画一水平直线,等分成若干间隔,每一间隔代表一个时间单位,或者说一个计息周期,它可以是年、月、日等。直线自左向右代表时间的延续。0 代表项目寿命周期的开始,即第一年的年初,1 代表第一年年末即第二年年初,其他依次类推。

② 相对于时间轴画垂线,代表现金流量,箭头表示现金流动的方向,箭头向上表示现金流入量,箭头向下表示现金流出量,箭头垂线的长度要与现金流量绝对值的大小成比例。

为了计算上的方便和统一,技术经济分析中,画现金流量图或表时,对投资与收益发生的时间点有两种处理方法:一种称年初投资年末收益法,即把投资计入发生年的年初,把收益计入发生年的年末;另一种是近年来较多用的年末习惯法,即每一年(期)发生的现金流量均认为发生在年末。我国国家计委、建设部颁布的《建设项目经济评价方法与参数》(1993)规定,项目经济评价采用年末习惯法。这两种处理方法的结果稍有差别,但不会引起本质变化。

第三节 资金时间价值的普通复利公式

普通复利即间断复利,是相对于连续复利而言的。在技术经济分析和评价中,通常是采用间断复利计算利息。因此,本节主要介绍间断复利计息的普通复利计算公式。

为方便起见,在本章中下面符号的意义规定为:

i —— 每一计息期的利率,通常是年利率。

n —— 计息周期数,通常是年数。

P —— 资金的现值,或本金。

F —— 资金的未来值,或本利和、终值。

A —— 资金的等年值,表示的是在连续每期期末等额支出或收入中的每一期酬金支出或收入额。由于一般一期的时间为一年,故通常称为年金。

G —— 资金的递增年值,其含义是,当各期的支出或收入是均匀递增或均匀递减时,相邻两期资金支出或收入额的差。

一、一次支付终值公式

一次支付,又叫整付。一次支付终值公式就是前述求本利和复利计算公式,它是普通复利计算的基本公式,其他计算公式都可以由此派生出来。其计算公式为

$$F = P(1+i)^n$$

该公式的经济含义是,已知支出本金(现值)P,当利率为i时,

在复利计息的条件下,求第 n 期期末所取得的本利和,即终值 F。其现金流量图见图 10-3 所示。

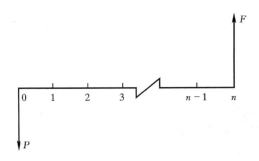

图 10-3　一次支付终值现金流量图

在一次支付终值公式 $F = P(1+i)^n$ 中,$(1+i)^n$ 称为一次支付终值系数,也可以用符号 $(F/P,i,n)$ 表示,系数 $(F/P,i,n)$,可查复利终值系数表得到。

所以上述公式又可写成

$$F = P(F/P,i,n)$$

例:某公司现在向银行借款 100 万元,年利率为 10%,借款期 5 年,问 5 年末一次偿还银行的复本利和是多少?

解:由公式可得

$F = P(1+i)^n = P(F/P,i,n)$

$= 100 \times (F/P, 10\%, 5) = 100 \times 1.6105 = 161.05$(万元)

所以 5 年末一次偿还银行本利和为 161.05 万元。

二、一次支付现值公式

一次支付现值公式为:$P = F(1+i)^{-n}$。

该公式的经济含义是,如果想在未来的第 n 期的期末一次收入 F 数额的现金流量,在利率 i 的复利计息条件下,求现在应一次支出(收入)的本金 P 为多少,即现值 p 为多少?其公式是公式 $F=$

$P(1+i)^n$ 的逆运算。即

$$P = F\frac{1}{(1+i)^n} = F(1+i)^{-n}$$

式中$(1+i)^{-n}$称为一次支付现值系数或贴现系数,也可以用符号$(P/F,i,n)$表示,系数$(P/F,i,n)$,可查复利现值系数表得到。

所以上述公式又可写成

$$P = F(P/F,i,n)$$

例:某厂对报酬率为10%的项目进行投资,8年后需要2 000万元,为现在应投资多少?

解:由公式可得

$P = F(1+i)^{-n} = F(P/F,i,n)$

$\quad = 2\,000 \times (P/F, 10\%, 8) = 2\,000 \times 0.466\,5 = 933$(万元)

即如果8年后需要2 000万元,则现在应投资933万元。

三、等额支付终值公式

等额支付终值公式为

$$F = A\frac{(1+i)^n - 1}{i}$$

该公式得经济含义是,对连续若干期期末等额支付的现金A,按利率i复利计息,求其在第n期期末的终值F,即本利和,也叫做后付年金终值计算。其现金流量见图10-4所示:

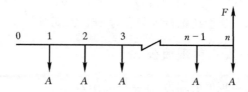

图10-4 等额支付终值的现金流量图

从上图可以看出,有下列关系存在:

$$F = A(1+i)^{n-1} + A(1+i)^{n-2} + \cdots + A(1+i) + A$$

$$= A\frac{(1+i)^n - 1}{i}$$

式中 $\frac{(1+i)^n - 1}{i}$ 称为等额支付终值系数,也可以用符号 $(F/A, i, n)$ 表示,系数 $(F/A, i, n)$,可查复利年金系数表得到。

所以上述公式又可写成

$$F = A(F/A, i, n)$$

例:某人从30岁起每年年末向银行存入8 000元,连存10年,若银行的利率为8%,为10年后共有多少复本利?

解:由公式可得

$$F = A\frac{(1+i)^n - 1}{i} = A(F/A, i, n)$$
$$= 8\,000 \times (F/A, 8\%, 10) = 8\,000 \times 14.487$$
$$= 115\,896 \text{(元)}$$

即10年后共有115 896元。

对连续若干期期初等额支付的现金 A,按利率 i 复利计息,求其在第 n 期期末的终值 F,即本利和,也叫做先付年金终值计算,其公式同学可以自己推倒,并比较先付年金终值计算和后付年金终值计算的不同经济含义。

四、等额分付偿债基金公式

等额分付偿债基金公式为

$$A = F\frac{i}{(1+i)^n - 1}$$

该公式的经济含义是,在利率为 i,复利计息的条件下,如果要在第 n 期期末能一次收入 F 的终值,那么在这 n 期期内连续每期期末等额支付的年金 A 应为多少?

这个公式是公式 $F = A\frac{(1+i)^n - 1}{i}$ 的逆运算。

即 $\quad A = F\frac{i}{(1+i)^n - 1}$

式中 $\dfrac{i}{(1+i)^n-1}$ 称为等额分偿债基金系数,也可以用符号 $(A/F, i, n)$ 表示,系数 $(A/F, i, n)$ 可查复利系数表得到。

所以上述公式又可写成

$$A = F(F/A, i, n)$$

例:某企业资金利润率为 20%,从现在起每年年末应将多少利润投入再生产,才能在第五年年末获得 1 000 万元的资金?

解:由公式可得:

$$A = F\dfrac{i}{(1+i)^n-1} = F(F/A, i, n)$$
$$= 1\,000 \times (F/A, 20\%, 5) = 1\,000 \times 0.134\,4$$
$$= 134.38\,(万元)$$

即第五年年末要获得 1 000 万元的资金,现在每年年末应投入利润 134.38 万元用于再生产。

五、等额分付现值的公式

等额分付现值的公式为

$$P = A\dfrac{(1+i)^n-1}{i(1+i)^n}$$

该公式的经济含义是,按利率为 i,复利计息的条件下,求连续若干期期末等额支付的现金 A 的现值 P,也叫做后付年金现值的换算。其现金流量见图 10-5 所示。

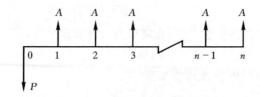

图 10-5　等额分付现值的现金流量图

由公式 $F = P(1+i)^n$ 和公式 $F = A\dfrac{(1+i)^n - 1}{i}$ 可得

$$P = A\dfrac{(1+i)^n - 1}{i(1+i)^n}$$

式中 $\dfrac{(1+i)^n - 1}{i(1+i)^n}$ 称为等额分付现值系数，也可以用符号 $(P/A, i, n)$ 表示，系数 $(P/A, i, n)$，可查复利年金系数表得到。

所以上述公式又可写成

$$P = A(P/A, i, n)$$

例：某企业拟购买一台设备，预计该设备每年获净收益为 1 万元，设备寿命为 10 年，残值不计。问在投资收益率不低于 10% 的条件下，企业可投资设备的最高售价是多少？

解：由公式可得

$$P = A\dfrac{(1+i)^n - 1}{i(1+i)^n} = A(P/A, i, n)$$

$= 1 \times (P/A, 10\%, 10) = 1 \times 6.144\ 6 = 6.144\ 6$（万元）。

即企业可投资设备的最高价格为 6.144 6 万元。

对连续若干期期初等额支付的现金 A，按利率 i 复利计息，求相当于现在的现值为多少，也叫做先付年金的现值换算。其公式同学可以自己推导，并比较先付年金现值计算和后付年金现值计算的不同经济含义。

六、等额分付资金回收公式

等额分付资金回收公式为

$$A = P\dfrac{i(1+i)^n}{(1+i)^n - 1}$$

该公式的经济含义是，有现金流量现值 P，按利率为 i，复利计息的条件下，求连续若干期期末等额支付的年金 A 值。

这个公式是公式 $P = A\dfrac{(1+i)^n - 1}{i(1+i)^n}$ 的逆运算。

即 $A = P\dfrac{i(1+i)^n}{(1+i)^n - 1}$

式中 $\dfrac{i(1+i)^n}{(1+i)^n - 1}$ 称为等额分付资金回收系数,也可以用符号 $(A/P, i, n)$ 表示,系数 $(A/P, i, n)$,可查复利系数表得到。

所以上述公式又可写成

$$A = P(A/P, i, n)$$

例:某工程项目需要初始投资 1 000 万元,预计年投资收益率为15%,问每年年末至少应等额回收多少资金,才能在 5 年内将全部资金回收?

解:由公式可得

$$A = P\dfrac{i(1+i)^n}{(1+i)^n - 1} = A = P(A/P, i, n)$$
$$= 1\,000 \times (A/P, 15\%, 5) = 1\,000 \times 0.298\,3$$
$$= 298.3(万元)$$

即每年年末回收 298.3 万元,才能在 5 年内回收全部投资。

七、等差分付复利公式

等差分付复利公式的换算,是指在利率为 i 复利计息的条件下,对 n 期内现金流量呈逐期等差递增变化或等差递减变化的序列,进行资金的时间价值计算。

设:第一期末的现金流量为 A_1,以后每年递增(或递减)G,连续发生了 n 期的现金流量,利率为 i,则与其等值的现值和年值各为多少?本节重点推导等差递增情况,其现金流量图见图 10-6 所示:

从第一期到第 n 期每期期末的现金流量分别为 A_1、$A_1 + G$、$A_1 + 2G$、$\cdots$、$A_1 + (n-1)G$,该现金流量可分为两部分:第一部分是由现金流量 A_1 构成的等额支付序列现金流量;第二部分是由等差 G 构成的递增等差(或递减等差)序列现金流量。

第一部分等值的现值为

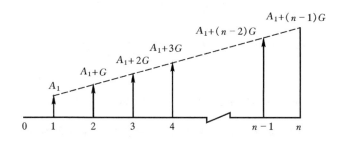

图 10-6　等差分付现金流量图

$$P_1 = A_1 \frac{(1+i)^n - 1}{i(1+i)^n}$$

第二部分等值的现值为

$$P_2 = \frac{G}{(1+i)^2} + \frac{2G}{(1+i)^3} + \frac{3G}{(1+i)^n} + \cdots + \frac{(n-1)G}{(1+i)^n}$$

$$= \frac{G}{i}\left[\frac{(1+i)^n - 1}{i} - n\right]\frac{1}{(1+i)^n}$$

式中 $\frac{1}{i}\left[\frac{(1+i)^n - 1}{i} - n\right]\frac{1}{(1+i)^n}$ 称为等差序列现值系数,也可以用符号 $(P/G, i, n)$ 表示,系数 $(P/G, i, n)$,可查复利系数表得到。

所以第二部分等值公式又可写成　　$P = G(P/G, i, n)$

则等差递增(或递减)序列支付的现值为

$$P = A_1 \frac{(1+i)^n - 1}{i(1+i)^n} \pm \frac{G}{i}\left[\frac{(1+i)^n - 1}{i} - n\right]\frac{1}{(1+i)^n}$$

则等差递增(或递减)序列支付等额年值为

$$A = A_1 \pm G\left[\frac{1}{i} - \frac{n}{(1+i)^n - 1}\right]$$

式中 $\left[\frac{1}{i} - \frac{n}{(1+i)^n - 1}\right]$ 称为等差序列折算成等额序列的折算系数,也可以用符号 $(A/G, i, n)$ 表示,系数 $(A/G, i, n)$,可查复利系数表得到。

所以上述公式又可写成 $\quad A = G(A/G, i, n)$

第四节　名义利率和实际利率

一、名义利率和实际利率的概念

在技术经济分析中,多数情况下,所给定和采用的利率一般都是年利率,即利率的时间单位是年,如不特别指出,计算利息的计息周期也是以年为单位,即一年计息一次。但是在实际工作中,所给定的利率虽然还是年利率,由于计息周期可能是比年还短的时间单位。比如计息周期可以是半年、一个季度或一个月、一周或者一天等,因此一年内的计息次数就相应为2次、4次、12次、52次或365次等。由于一年内计算利息的次数不止一次,在复利条件下每计息一次,都要产生一部分新的利息,因而实际的利率也就不同了。这就引出了所谓名义利率和实际利率的概念。

所谓的名义利率,是指每一个计息周期的利率与每年的计息周期数的乘积。它通常是银行规定的利率。

设名义利率为 r,一年中的计息次数为 m 次,计息期的利率为 i_0,则应有

$$r = i_0 \times m$$

或

$$i_0 = \frac{r}{m}$$

所谓的实际利率是指考虑了计息周期内的利息增值因数,并按计息周期利率运用间断复利计算出来的利率,通常用字母 i 表示。

二、名义利率和实际利率的关系

设本金为 P 的现金流量,一年后的本利和 F 为

$$F = P\left(1 + \frac{r}{m}\right)^m$$

一年中所得到的利息为

$$I = F - P = P\left[\left(1+\frac{r}{m}\right)^m - 1\right]$$

按利率的定义则实际利率为

$$i = \frac{F-P}{P} = \frac{P\left(1+\frac{r}{m}\right)^m - P}{P} = \left(1+\frac{r}{m}\right)^m - 1$$

即实际利率和名义利率的关系为

$$i = \left(1+\frac{r}{m}\right)^m - 1$$

从上述公式中可知

当 $m = 1$ 时,名义利率等于实际利率;当 $m > 1$ 时,名义利率小于实际利率;当 $m \to \infty$ 时,一年中无限次的计息,称为连续复利计息,连续复利计息的实际利率 $i = e^r - 1$(式中的 e 为自然对数的底)。

例:假如月利率为 1%,每月计息一次,则名义利率和实际利率各为多少?

解:名义利率 $r = i_0 \times m = 1\% \times 12 = 12\%$

实际利率 $i = \left(1+\frac{r}{m}\right)^m - 1 = \left(1+\frac{12\%}{12}\right)^{12} - 1 = 12.68\%$

思考练习题

1. 利息的计算方法有哪些?
2. 什么是实际利率和名义利率?
3. 什么是资金等值和资金等值的计算?
4. 小张从银行贷款 10 000 元,偿还期为 5 年,年利率为 10%,试用下面几种还款方式,分别计算 5 年还款总额及利息。
   (1) 每年末只还 2 000 元本金,所欠利息 5 年末一次还清。
   (2) 每年末只还 2 000 元本金和所欠利息。
   (3) 每年末只还所欠利息,本金在第 5 年末一次还清。

(4) 第 5 年末一次还清本息。

(5) 每年末还款额相等。

5. 某企业向银行贷款 20 万元,年利率 12%,每月计息一次,求 3 年末应归还的本利和?

6. 某设备除每年发生 5 万元使用费外,每隔 3 年需大修一次,每次费用为 3 万元。若设备的寿命为 15 年,资金利率为 10%,其在整个寿命期内设备费用现值为多少?

7. 某企业拟购买一台设备,其年收益额第一年为 10 万元,此后直至第 8 年末逐年递减 3 000 元。设年利率为 15%,按复利计息,试求该设备 8 年的收益现值和收益终值及等额支付收益年金。

8. 某企业一年前买了 1 万张面额为 10 元、年利率为 10%(单利),3 年后到期的一次性还本付息国库券。现在有一机会可以购买年利率为 12%,二年期,到期还本付息的无风险企业债券。该企业拟卖掉国库券购买企业债券,试问该企业可接受的国库券最低出售价格是多少?

9. 某人从 25 岁参加工作起至 59 岁,每年存入养老金 5 000 元,若年利率为 6%,则他到 60 岁及 74 岁时每年可以领到多少钱?

10. 每年年末等额存入 1 500 元,连存 10 年,准备在第 6 年、第 10 年、第 15 年末支取三次,金额相等,若年利率为 12%,支取金额为多少?

11. 下列现在存款的将来值是多少?

    (1) 年利率 12%,8 000 元存款期为 9 年;

    (2) 年利率 4%,每半年计息一次,8 000 元存款期 10 年;

    (3) 年利率 12%,每季度计息一次,1 000 元存款期 8 年。

12. 下列等额支付的现值为多少?

    (1) 年利率 5%,每年年末支付 4 000 元,连续支付 10 年;

    (2) 年利率 8%,每季度末支付 720 元,连续支付 10 年;

    (3) 年利率 12%,每季度计息一次,每年年末支付 5 000 元,连续支付 8 年。

13. 现有三个存款机会甲、乙、丙,机会甲为年利率 16%,每半年计息一次;机会乙年利率为 14%,每季度计息一次;机会丙年利率为 12%,每月计息一次.应选择哪个存款机会?
14. 某项借款的月利率为 1.5%,试求每年的名义利率和实际利率。若借款 1 000 元,5 年后应还多少钱?
15. 某银行于年初将 10 万元资金贷款给某企业进行技术改造。要求企业从当年开始,每年年末等差偿还,五年还清,第五年的偿还额就是其等差数额,利率 10%,试计算每年年末应还款多少元?

第十一章 技术经济评价的基本方法

在对投资项目进行经济评价时,为了评价和比较不同方案的投资效果,首先需要确定经济评价的依据和标准,这些依据和标准被称为经济评价指标。由于投资项目的复杂性,任何一个具体的评价指标都只能反映项目方案的某一侧面或某些侧面,而忽略了其他因素。因此,为了能够全面系统地对投资项目进行经济评价,需要采用多个评价指标,从各个不同侧面进行分析,这些指标既相互联系又相互独立,从不同角度和不同侧面反映不同项目的经济性,构成了项目经济评价的指标体系。按照是否考虑资金时间价值,经济评价指标可分为静态评价指标和动态评价指标,前者不考虑资金的时间价值,后者则考虑资金的时间价值;按照评价指标所反映的经济性质可划分为时间型经济评价指标、价值型经济评价指标和效率型经济评价指标。时间型经济评价指标是用时间长短来衡量项目对其投资回收或清偿能力的指标,价值型经济评价指标是反映项目投资的净收益绝对量大小的指标,效率型经济评价指标是反映项目单位投资获利能力或项目对贷款利率的最大承受力的指标。

正确选择经济评价指标与指标体系,是项目经济评价工作成功的关键因素之一,鉴于不同项目的评价深度要求和可获得资料多少的不同,以及项目自身和所处条件的不同,经济评价人员必须掌握各种经济评价指标的经济含义、特点、计算及其相互关系,以便合理地选择经济评价指标,建立恰当的评价指标体系。下面主要按评价指标所反映的经济性质划分方式介绍各种指标。

第一节 时间型经济评价指标

一、投资回收

投资回收期(英文是 Payback Period,简写为 PBP)又称投资返本期或投资返本年限,是指投资项目的净收益抵偿全部投资所需要的时间,通常以"年"表示。它是反映投资项目或方案投资回收速度的重要指标,它同时也能部分描述方案的风险。投资回收期越短,投资的回收速度越快,方案的风险也越小。投资回收期一般从建设开始年算起,但也有从投产年算起的,为避免误解,使用时应注明起算时间。

投资回收期是反映项目投资回收能力的重要指标,在我国经济建设及经济体制改革过程中,资金不足是困扰经济发展的重要因素,投资回收速度的快慢显得尤为重要,因此,投资回收期是我国进行建设项目经济评价和方案比较的重要依据。

根据是否考虑资金时间价值,投资回收期可以分为静态投资回收期和动态投资回收期。

1. 静态投资回收期(P_t)

(1) 定义：

静态投资回收期是在不考虑资金时间价值条件下,以项目投产后各年所获得的净收益抵偿全部投资所需的年限,计算式为

$$\sum_{t=0}^{P_t} NCF_t = \sum_{t=0}^{P_t} (CI - CO)_t = K$$

式中　　NCF_t——项目第 t 年净现金流量；

CI、CO_t——项目第 t 年的现金流入量、现金流出量；

P_t——静态投资回收期；

K——总投资。

(2) 计算：

在实际工作中,累计净现金流量等于零的时间往往不一定是自然年份,有可能不是整数年,则按照上述定义公式无法计算静态投资回收期 P_t。因此,下面针对在两种情况介绍 P_t 的具体计算方法。

① 若建设项目投产后每年的净现金流量均相等,假定为 A,总投资为 K,则有

$$\sum_{t=0}^{P_t} NCF_t = \sum_{t=0}^{P_t} A = K$$

$$P_t = \frac{K}{A}$$

例:假设某项目需投资 15 万元,投产后年净收益为 5 万元,项目寿命期定为 10 年,求其静态投资回收期。

解 $\qquad P_t = \frac{15}{5} = 3$（年）

答:该项目的静态投资回收期为 3 年。

② 若建设项目投产后,每年的净现金流量不等,则用定义公式计算 P_t 将非常困难。下面通过例题介绍一般情况下静态投资回收期计算的经验公式。

例:某方案的现金流量如下图 11-1 所示。试计算其静态投资回收期。

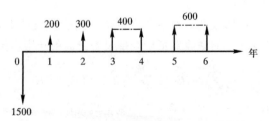

图 11-1　累计现金流量图(单位:万元)

解:首先把该项目的现金流量图表示的各年现金流量发生情况转化为计算所需的累计现金流量表,如表 11-1 所示。

表 11-1　累计净现金流量表　　（单位:万元）

年份 t	0	1	2	3	4	5	6
净现金流量 NCF_t	-1 500	200	300	400	400	600	600
累计净现金流量	-1 500	-1 300	-1 000	-600	-200	400	1 000

根据此表，作出该项目的累计净现金流量曲线图如图 11-2 所示。

从图 11-2 可看出，该项目投资回收期应在 4～5 年之间，具体数值可用插值法求得，如图 11-3 所示。

则有：

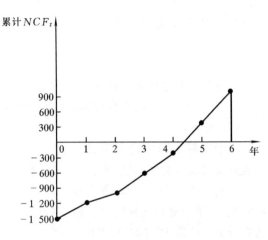

图 11-2　累计净现金流量曲线图

$$\frac{x}{1-x} = \frac{200}{400}$$

$$x = \frac{200}{200+400} = 0.3$$

计算得 $P_t = 4.3$（年）

答：该项目的静态投资回收期为 4.3 年。

由此得出当项目各年净现金流量不相等时静态投资回收期 P_t 的一般计算公式为

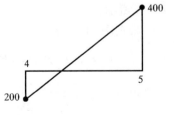

图 11-3　插值算法图

$$P_t = \frac{累计净现金流量开始}{出现正值的年份数} - 1 + \frac{|上年累计净现金流量|}{当年净现金流量}$$

2. 动态投资回收期(P'_t)

(1) 定义：

动态投资回收期是指在考虑资金时间价值情况下，从投资年算起，用项目投产后各年的净收益的现值来回收全部投资的现值所需要的时间，其定义公式为

$$\sum_{t=1}^{P'_t} NCF_t \cdot (1+i)^{-t} = \sum_{t=1}^{P'_t} (CI-CO)_t \cdot (1+i)^{-t} = K$$

式中　　i—— 折现率或贴现率；

P'_t—— 动态投资回收期。其他符号同上。

(2) 计算：

由于实际工作中建设项目各年现金流量发生的复杂性，根据上述定义公式是难以计算动态投资回收期的，下面分别两种情况介绍动态投资回收期 P'_t 的计算方法。

① 若项目各年的净现金流量相等，均为 A，设总投资为 K，如图 11-4 所示。

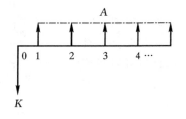

图 11-4　P'_t 计算示意图

根据图 11-4 有

$$K = A \cdot (P/A, i, P'_t) = A \cdot \frac{(1+i)^{P'_t} - 1}{i(1+i)^{P'_t}}$$

推导得出：$P'_t = \dfrac{\lg A - \lg(A - K \cdot i)}{\lg(1+i)}$

上式中，若 $A - K \cdot i < 0$，则 $\lg(A - K \cdot i)$ 无法计算，说明每年的净收益不足抵偿投资产生的利息，因此 P'_t 为无穷大，方案肯定不可行。

例：某项目一次性投资 5 亿元，每年等额盈利 1.2 亿元，设定

利率为 10%,试求动态投资回收期 P'_t。

解:由上式得
$$P'_t = \frac{\lg 1.2 - \lg(1.2 - 5 \times 10\%)}{\lg(1 + 10\%)} = 5.6 \text{（年）}$$

答:该项目的动态投资回收期为 5.6 年。

② 若项目投产后各年的净现金流量不相等,则不能利用上式计算,下面通过例题介绍一般情况下动态投资回收期的经验计算公式。

例:某项目各年现金流量发生情况如表 11-2 所示,取折现率为 10%,试计算其动态投资回收期 P'_t。

表 11-2　某项目的累计现金流量折现值表

年份	0	1	2	3	4	5	6
1.现金流入	—	—	5 000	6 000	8 000	8 000	7 500
2.现金流出	6 000	4 000	2 000	2 500	3 000	3 500	3 500
3.净现金流量(1-2)	-6 000	-4 000	3 000	3 500	5 000	4 500	4 000
4.折现系数($i=10\%$)	1	0.909 1	0.826 4	0.751 3	0.683 0	0.620 9	0.564 5
5.净现金流量折现值	-6 000	-3 636	2 479	2 630	3 415	2 794	2 258
6.累计净现金流量折现值	-6 000	-9 636	-7 157	-4 527	-1 112	1 682	3 940

计算动态投资回收期的经验公式为

$P'_t =$ 累计净现金流量折现值开始出现正值的年份数 -1
$\quad + \dfrac{|\text{上年累计净现金流量折现值}|}{\text{当年净现金流量折现值}}$

则由上式,该项目的动态投资回收期为

$$P'_t = 5 - 1 + \frac{|-1\ 112|}{2\ 794} = 4.4\ (年)$$

利用上面累计折现现金流量表可绘制累计折现现金流量曲线图如图11-5所示,它可以更直观地反映动态投资回收期。

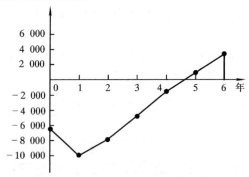

图11-5　方案动态投资回收期计算图

由图11-5可以直观地看出该方案的动态投资回收期在4～5年之间。

3. 投资回收期的判断及标准投资回收期

由投资回收期的定义可知,一般情况下,投资回收期越短越好,但应短至几年方案才是可行的,需要有个判别准则,这就是标准投资回收期P_c。P_c一般是由国家或各部门(行业)考虑国家的投资政策和投资结构、技术发展水平等因素分别为各部门、各行业制定的判别标准。

投资回收期的判别准则是:将项目计算求得的投资回收期(静态或动态)P_t、P'_t与部门或行业的标准投资回收期P_c相比较,若$P_t \leqslant P_c$或$P'_t \leqslant P_c$,则表明项目的总投资在规定的时间内能收回,项目在财务上是可接受的;反之,若$P_t > P_c$或$P'_t > P_c$,则项目在财务上不可接受,应拒绝该项目。

4. 投资回收期的优点与局限性

(1) 优点

① 投资回收期指标概念清晰,意义明确直观,计算简便。

② 投资回收期指标既能反映项目的盈利性,又能在一定程度上反映项目的风险性,并且由于它选择方案的标准是资金回收速度的快慢,迎合了一部分怕担风险的投资决策者的心理,是人们容易接受和乐于使用的一种经济评价指标。

(2) 缺点与局限性

① 投资回收期只考虑投资回收之前的情况,不能反映投资回收之后的效果,有一定片面性,而且事实上,有战略意义的长期投资往往早期效益较低,而中后期效益较高。

② 静态投资回收期未考虑资金时间价值,无法辨识项目的优劣,有时可能会带来不必要的损失。

由此可见,投资回收期法尤其是静态投资回收期法,不是全面衡量项目经济效益的理想指标,只能用于粗略评价,可作为辅助评价方法与其他评价方法结合使用。一般不能仅根据投资回收期指标来进行投资决策。

二、追加投资回收期(P_a)

追加投资回收期又称差额投资回收期,或增量投资回收期。主要用于互斥方案的优劣比较选优。

前面介绍的投资回收期法计算简便,通过与标准投资回收期比较,判断投资方案是否可行,但它只能对单方案进行评价,不能用于多方案比较择优。一般来说,项目方案有这样一个特征,即两方案相比时,往往投资大的方案其年经营成本较低,这恰恰是技术进步带来的效益,也符合客观实际,在此情况下进行方案比较时,不仅要考虑不同投资方案本身投资回收期的大小,而且要考虑各方案相对投资回收期的大小。当然,用追加投资回收期进行比较有一个前提,即所对比的方案必须是可行方案且具有可比性。

所谓追加投资回收期,是指在两个方案比较时,投资大的方案相对投资小的方案的增量投资用其年经营成本的节约或年净收益的增加来回收所需要的年限。根据是否考虑资金时间价值,追加投资回收期又分为静态追加投资回收期和动态追加投资回收期。

1. 静态追加投资回收期(P_a)

静态追加投资回收期是指在不考虑资金时间价值的情况下,投资大的方案用其年经营成本的节约额(或年净收益的增加额)抵偿其增量投资所需要的年限。

设两个投资方案的投资分别为 K_1 与 $K_2(K_1 < K_2)$,年经营成本分别为 C_1 和 $C_2(C_1 > C_2)$,年净收益分别为 A_1 和 $A_2(A_1 < A_2)$,年产量分别为 Q_1 和 Q_2,则在不考虑资金时间价值时,两方案的追加投资回收期为

当 $Q_1 = Q_2$ 时

$$P_a = \frac{K_2 - K_1}{C_1 - C_2} = \frac{K_2 - K_1}{A_2 - A_1}$$

当 $Q_1 \neq Q_2$ 时

$$P_a = \frac{\frac{K_2}{Q_2} - \frac{K_1}{Q_1}}{\frac{C_1}{Q_1} - \frac{C_2}{Q_2}} = \frac{\frac{K_2}{Q_2} - \frac{K_1}{Q_1}}{\frac{A_2}{Q_2} - \frac{A_1}{Q_1}}$$

判断准则:当计算出的 $P_a \leq P_c$ 时,说明投资大方案的增量投资回收速度较快,应选投资大的方案;反之,应选投资小的方案。

例:某建设项目有三个方案可供选择,数据如表 11-3,假定三个方案均为可行方案,试比较其优劣。设标准投资回收期 $P_c = 5$ 年。

表 11-3　三个方案的基础数据　　　　　(单位:万元)

方案	Ⅰ	Ⅱ	Ⅲ
投资	100	110	140
年经营成本	120	115	105

解:分别计算两两方案的追加投资回收期,逐步淘汰。

$$P_{a(\text{I}-\text{II})} = \frac{110-100}{120-115} = 2 < P_c < 5 \qquad 选择方案\ \text{II}$$

$$P_{a(\text{II}-\text{III})} = \frac{140-110}{115-105} = 3 < P_c < 5 \qquad 选择\ \text{III}$$

答:应选择方案 III。

2. 动态追加投资回收期(P'_a)

动态追加投资回收期是指在考虑资金时间价值的条件下,两个方案对比时投资大的方案用其年经营成本的节约额(或净收益的增加额)抵偿增量投资所需要的时间。见图 11-6 所示。其计算公式的推导如下。

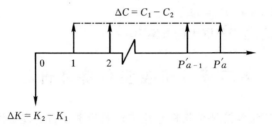

图 11-6 P'_a 计算示意图

假设现有两个方案投资分别为 $K_1 < K_2$,年经营成本分别为 $C_1 > C_2$,则增量投资为 $\Delta K = K_2 - K_1$,年经营成本节约为 $\Delta C = C_1 - C_2$。

由年金现值公式 $\Delta K = \Delta C \cdot \dfrac{(1+i)^{P'_a}-1}{i(1+i)^{P'_a}}$

推导得出

$$P'_a = \frac{\lg \Delta C - \lg(\Delta C - \Delta K \cdot i)}{\lg(1+i)}$$

追加投资回收期的判别准则是:若计算出的两个方案的动态投资回收期 $P'_a \leqslant P_c$(标准投资回收期),则选择投资大的方案,说明投资大的增量投资回收较快;反之,应选择投资小的方案。

例：某项工程有两个可供选择的方案，方案 A 为一般技术，投资为 4 000 万元，年平均经营成本为 2 200 万元。方案 B 用先进技术，投资为 6 400 万元，年平均经营成本为 1 600 万元，设 $i=10\%$，项目标准投资回收期 $P_c=6$ 年，试用追加投资回收期比较其优劣。

解：$K_A = 4\ 000$ 万元　　$C_A = 2\ 200$ 万元
　　　$K_B = 6\ 400$ 万元　　$C_B = 1\ 600$ 万元
　　　$i = 10\%$　$P_c = 6$ 年

则
$$P'_a = \frac{\lg(2\ 200 - 1\ 600) - \lg[2\ 200 - 1\ 600 - (6\ 400 - 4\ 000) \times 10\%]}{\lg(1+10\%)}$$
$$= 5.36 < P_c = 6$$

因此，选择投资大的方案 B。

第二节　价值型经济评价指标

价值型经济评价指标是用来反映投资项目的现金流量相对于基准投资收益率所能实现的盈利水平，一般常用的有现值法和年值法两种。

一、现值法

现值法就是在对项目方案计算期内各时点的现金流量进行科学合理的预测和估算基础上，按给定的基准折现率转换为某一基准时点（通常是期初）的等值额，运用该数值的大小对项目方案的优劣进行评价的方法，根据折现计算的要求和内容不同，现值法又分为净现值法、净现值率法和现值成本法三种，下面分别介绍。

1. 净现值法
（1）净现值指标的概念及其评价判别准则
净现值（英文是 Net Present Value，简写为 NPV）是指将项目方案整个计算期内各时点的净现金流量按部门或行业的基准折现率 i_0 折算到计算期初（第零年）的现值的代数和。它反映了项目方案在计算期内的盈利能力，其实质可视为净收益的现值总额。净现值的计算表达式为：

$$NPV = \sum_{t=0}^{n}(CI-CO)_t(1+i_0)^{-t} = \sum_{t=0}^{n}NCF_t(1+i_0)^{-t}$$

式中　　CI_t, CO_t——分别为项目方案第 t 时点的现金流入量与现金流出量；

　　　　NCF_t——项目方案第 t 时点的净现金流量；

　　　　i_0——基准折现率（或基准收益率）；

　　　　n——计算期期数，一般为项目的寿命期。

在项目经济评价中，这种方法既可用于单个方案的评价，也可用于多方案的比较选优。当用于单个方案评价时，若方案的 $NPV \geq 0$，则说明项目方案不仅能达到基准收益率 i_0，还能获得一定超额收益，经济上可行；若 $NPV < 0$，则表示项目达不到预期收益率 i_0，经济上不可行。当用于多方案比较选优时，净现值越大，方案相对较优（净现值最大准则）。

净现值法是反映项目投资盈利能力的一个重要的动态评价方法，其优点是不仅考虑了资金时间价值，而且考虑了项目在整个计算期内的经济状况，较为全面，并且它直接以货币金额表示项目投资的收益性大小，经济意义明确直观；缺点是计算净现值需事先给定一个基准折现率 i_0，而 i_0 的确定在实际工作中较为困难。

在净现值的计算中，以下两点非常重要，应特别注意：

① NCF_t 即 $CI_t - CO_t$ 的预测。由 NPV 的计算公式可知，当 i_0 一定时，NCF_t 预测和估算的准确性将直接影响项目方案净现值的大小与正负，进而影响项目方案的经济可行性与优劣性，所以应尽可能准确、科学地进行预测和估算。

② 基准收益率 i_0 的选取。由净现值的计算公式可知，净现值 NPV 的大小与 i_0 有很大关系，对某一投资项目而言，NCF_t 与 n 是

确定的,可事先预测与估算,此时项目的净现值 NPV 随基准折现率 i_0 的变化而变化,且成反比关系,一般称其为净现值函数,反映两者关系的曲线称为净现值函数曲线。一般情况下,对同一个项目的净现金流量发生情况而言,其净现值 NPV 随着 i_0 的增大而减小,故基准折现率 i_0 定得越高,能通过净现值判别准则检验的项目方案越少,即能被接受的方案越少,如图 11-7 所示。

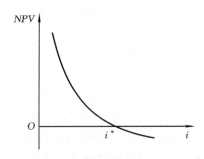

图 11-7　净现值与折现率的关系

由图 11-7 可知,在某一点 i^* 上,净现值函数曲线与横坐标相交,此时 $NPV = 0$,该点具有重要的经济意义,后面将详细介绍。

由此可以看出,基准折现率 i_0 对方案的评价起着至关重要的使用,i_0 定得越高,同一净现值流量的 NPV 越小,能够通过评判的方案越少。因此,国家正是通过判定并颁布各行业的基准收益率作为宏观调控的手段,国家有关部门按照企业和行业的平均投资收益率,并考虑产业政策、资源变化程度、技术进步和价格变动等因素,分行业确定并颁布基准收益率,作为一定时期建设项目投资决策的依据。一般情况下,它应高于银行贷款利率。

另外,采用净现值法进行多方案比较时,对于不同的基准折现率,项目的优劣顺序可能有所不同,应根据实际情况进行计算选择。

(2) 例题

例:某企业准备从 A、B 两种型号的机床中选择一种来生产某种产品,有关数据如表 11-4,基准收益率为 8%,试用净现值法分析方案的优劣。

表 11-4 机床有关数据

方案	投资（元）	年产量（件）	价格（元/件）	年收入（元）	年经营成本（元）	残值（元）	寿命（年）
A	10 000	500	10	5 000	2 200	2 000	5
B	15 000	700	10	7 000	4 300	0	10

解:由于 A、B 两个方案的寿命期不同,分别为 5 年和 10 年,不能满足时间因素的可比性,必须采用重复投资的设想,即取两方案寿命期的最小公倍数作为研究周期即共同计算期,本例题应以 10 年作为共同计算期。这里需要说明的是:采用最小公倍数作为共同计算期时有一个重要的假设条件,即假定在最小公倍数年限内,各个方案所发生的现金流入量和现金流出量与第一个同期完全相同。该两个方案的现金流量图分别如图 11-8 和图 11-9 所示。

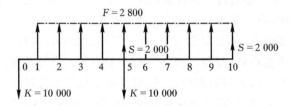

图 11-8 A 方案现金流量图

由此计算 A、B 两个方案的净现值分别为

$$NPV_A = 5\,000(P/A,8\%,10) + 2\,000(P/F,8\%,5)$$
$$+ 2\,000(P/F,8\%,10) - 10\,000$$
$$- 10\,000(P/F,8\%,5) - 2\,200(P/A,8\%,10)$$
$$= 4\,269.95(元) > 0$$

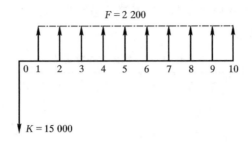

图 11-9 B 方案现金流量图

方案 A 经济上可行。

$$NPV_B = 7\,000(P/A, 8\%, 10) - 15\,000 - 4\,300(P/A, 8\%, 10)$$
$$= 3\,117.22(元) > 0$$

方案 B 经济上也可行。

又 ∵ $NPV_A > NPV_B$

∴ 应该选择 A 方案

2. 净现值率法（NPVR）

净现值法用于多方案比较时，没有考虑各对比方案投资额的大小，因而不能直接反映资金的利用效率，为了能够较全面考察资金利用率，可采用净现值率法作为补充。

净现值率（英文是 Net Present Value Ratio，简写为 NPVR）又称净现值指数，是指项目方案整个寿命期内全部净现金流量的净现值与全部投资现值的比值。它反映了项目单位投资所获得的超额净收益的大小，是净现值与投资现值的比较关系，表示项目的纯经济效率，计算公式如下：

$$NPVR = \frac{NPV}{\sum_{t=0}^{n} K_t(1+i_0)^t} = \frac{NPV}{K_P}$$

式中 $NPVR$——净现值率（或净现值指数）；

K_t——项目方案的第 t 年投资额；

K_P——项目方案的全部投资现值。

净现值率法的判断准则：

用净现值率法判断单个项目方案的可行性时，若 $NPVR \geqslant 0$，方案经济上可行，可考虑接受；若 $NPVR < 0$，方案经济上不可行，应予拒绝；用净现值率法进行多方案优劣比较时，以净现值率较大的方案为优，当对有资金约束的多个独立方案进行比较和排序时，可按照净现值率从大到小将项目排序，并依此次序选择满足资金约束条件的项目组合方案，使总 NPV 实际最大化。

例：利用上例有关数据，分别计算 A、B 两个方案的净现值率大小并选优。

解：由上例计算得知

$NPV_A = 4\ 269.95(元)$

$NPV_B = 3\ 117.22(元)$

则 $NPVR_A = \dfrac{4\ 269.95}{10\ 000 + 10\ 000(P/F, 8\%, 5)} = \dfrac{4\ 269.95}{16\ 805.8}$

$= 0.254\ 1 > 0,$

方案 A 经济上可行。

$NPVR_B = \dfrac{3\ 117.22}{15\ 000} = 0.207\ 8 > 0,$

方案 B 经济上可行

又

$\because NPVR_A > NPVR_B$

$\therefore$ 结论依然是选择方案 A

3. 现值成本法

现值成本法（英文是 Present Cost，简写为 PC）又称为费用现值法，是净现值法的特例。所谓现值成本是指将项目方案整个寿命期内的现金流出量按某一给定的基准折现率 i_0 统一换算为计算期初（第 0 年）的现值之和，用该现值成本对方案的优劣进行对比分析的方法称为现值成本法。其计算公式为

$$PC = \sum_{t=0}^{n} CO_t (1+i_0)^{-t}$$

现值成本法的判别准则：现值成本法只能用于多方案的比较和选优，以现值成本最小的方案为最优方案。

现值成本法因为只考虑了方案的现金流出量，没有计算现金流入量，因此不能用于直接判断方案是否可行。它主要适用于多个方案对比时，如果各方案的产出价值相同或各方案满足同样的社会需求，但产出价值难以用价值形态计量时（如环保、教育、国防等），可用各方案的现金流出量进行比较选择，此时使用现值成本法恰到好处。

二、年值法

年值法是把项目方案在整个寿命期内不同时点发生的现金流入量和现金流出量按给定的基准折现率i_0统一换算为与其等值的等额年值，用该等额年值评判和比较方案的方法。年值法主要包括净年值法和年值成本法两种。由于该方法是换算为一年内的等额现金流量，而年现金流量在任何年份均相等，所以时间上具有可比性。因此，对寿命周期不等的多个方案进行比较时，年值法更为简便，省去了时间等同化处理的过程。下面分别就两种常用的年值法进行介绍。

1. 净年值法

净年值（英文是 Net Annual Value，简写为 NAV）也称净年金，是指项目方案在整个寿命期内各时点的净现金流量按给定基准折现率i_0换算为与其等值的整个寿命期的等额年值的代数和，它反映项目"平均"每年的纯经济效益，其实质可看做是"平均"净收益，其计算公式为：

$$NAV = \left[\sum(CI-CO)_t \cdot (P/F, i_0, t)\right] \cdot (A/P, i_0, n)$$
$$= NPV \cdot (A/P, i_0, n)$$

净年值法判断准则与净现值法一致：当进行单个方案评判时，若$NAV \geqslant 0$，项目经济上可行，可考虑接受；若$NAV < 0$，则项目经济上不可行，应予拒绝。当进行多方案比较选优时，净年值大的

方案为较优方案。净年值法是对寿命期不等的多个互斥方案进行比较和选择的最简捷的方法之一。

例：如净现值例题数据,试用净年值法进行评判和比较。

解：两方案的现金流量图如图 11-8 与图 11-9。

两方案的净年值计算如下

$$NAV_A = 5\,000 + 2\,000(A/F, 8\%, 5) - 10\,000(A/P, 8\%, 5) - 2\,200$$

$$= 636.35(元) > 0$$

$$NAV_B = 7\,000 - 15\,000(A/P, 8\%, 10) - 4\,300$$

$$= 473.50(元) > 0$$

∵ $NAV_A > 0$, $NAV_B > 0$

∴ 两个方案经济上均可行

又

∵ $NAV_A > NAV_B$

∴ 选择方案 A

2. 年值成本法

年值成本法又称为费用年值法,年值成本法(英文是 Annual Cost,简写为 AC)是净年值法特例。年值成本是指将项目方案整个寿命期内的现金流出量按给定基准折现率 i_0 统一换算为与其等值的等额年值,用该等额年值进行方案对比选优的方法即为年值成本法。其计算公式为

$$AC = PC \cdot (A/P, i_0, n) = \sum_{t=0}^{n} CO_t(1+i_0)^{-t} \cdot (A/P, i_0, n)$$

年值成本法通常只能用于多方案对比,其判别准则是:年值成本最小的方案为优。

年值成本法类似于现值成本法,主要适用于当对比方案的产出价值相同或均能满足同样的社会需要,但产出价值难以用价值形态计量时,尤其是当对比方案的寿命期不等时,用年值成本法比现值成本法进行比较选优更为简便。

第三节　效率型经济评价指标

一、投资收益率

投资收益率又称投资效果系数(英文是 Return on investment，简写为 ROI)，是指项目投产后的年净收益与初始投资之比，计算公式为：

$$ROI = \frac{NB}{K}$$

式中　ROI——投资收益率；

　　　NB——年净现金流量即年净收益；

　　　K——投资额。

判别准则：若 $ROI \geqslant E_c$(标准投资收益率)，则项目方案经济上可行；

若 $ROI < E_c$(标准投资收益率)，则项目方案经济上不可行。

投资收益率是衡量项目投资盈利能力的静态指标，适用于简单并且生产变化不大的项目的初步评价。标准投资收益率与标准投资回收期一样，都是衡量方案经济效益的重要标准，并且互为倒数，即 $E_c = 1/P_c$。应该特别注意的是在计算投资收益率时，一定要注意年净收益和投资的计算口径的一致性，计算口径不同就属不同的经济指标，具体形式有以下几种：

(1) 投资利润率：

投资利润率是考察项目单位投资盈利能力的静态指标，是指项目达到设计生产能力后的正常生产年份的年利润总额与项目方案的总投资之比。计算公式为

$$投资利润率 = \frac{年利润额}{项目总投资}$$

其中：年利润总额 ＝ 年销售收入 － 年销售税金及附加 － 年总

成本费用

在项目经济评价中,若计算出的项目投资利润率大于或等于所在行业或部门的标准投资利润率,则认为项目经济上可行,考虑接受该项目;反之不接受。

(2) 投资利税率:

投资利税率反映项目单位投资对国家积累的贡献水平,是指项目达到设计生产能力后的正常生产年份的年利税总额或生产期内年平均利税总额与总投资的比值。计算公式为

$$投资利税率 = \frac{年利税总额}{项目总投资}$$

其中:年利税总额 = 年利润总额 + 年销售税金及附加
　　　　　　　= 年销售收入 - 年总成本费用

在项目经济评价中,若计算出的该项目的投资利税率大于或等于该行业或部门的标准投资利税率,则认为项目经济上可行,考虑接受该项目;反之不接受。

3. 资本金利润率

资本金利润率反映投入项目的资本金的盈利能力,是指项目达到设计生产能力后的正常生产年份的年利润总额或生产期内年平均利润总额与项目资本金的比率。计算公式为

$$资本金利润率 = \frac{年利润额}{资本金}$$

在项目经济评价中,若计算出该项目的资本金利润率大于或等于该行业或部门的标准资本金利润率,则认为项目经济上可行,考虑接受该项目;反之不接受。

二、内部收益率

1. 内部收益率的含义与判别准则

前面介绍的净现值法简单实用,但它有一个最大缺陷,就是事先须确定一个基准收益率 i_0,i_0 的大小对净现值影响极大,适当的

i_0 在实践中非常难以确定;并且采用净现值法只知其结论是否达到或超过基准收益率,并没有求得项目实际达到的效率。在这里,内部收益率法是对净现值法的一个重要补充。

内部收益率(英文是 Internal Rate of Return,简写为 IRR)是指项目方案在整个寿命期内的净现值等于零时的折现率,又称为内部报酬率,其计算公式为:

$$NPV(IRR) = \sum_{t=0}^{n} NCF_t (1 + IRR)^{-t} = 0$$

式中　　IRR——内部收益率

　　　　NCF_t——项目第 t 年的净现金流量

　　　　n——计算期数即项目寿命期

应用内部收益率 IRR 法只适用于对单一项目方案评价其经济可行性,判别准则是:若 $IRR \geq i_0$ (基准收益率),则项目在经济上可行,可考虑接受该项目方案;若 $IRR < i_0$ (基准收益率),则项目在经济上不可行,应予拒绝。

2. 内部收益率的计算

由内部收益率的定义公式可知,该计算式是一个一元高次方程,不容易直接求解,在技术经济分析中,通常利用净现值 NPV 与折现率 i 的关系(如图 11-10)采用"试算内插法"求解 IRR 的近似值,计算过程如下:

(1) 任意设初始折现率 i_1,一般可取基准折现率 i_0 作为 i_1 (可任意选取 i_1),计算其对应的净现值 $NPV(i_1)$。

(2) 若 $NPV(i_1) > 0$,则任选 $i_2 > i_1$;若 $NPV(i_1) < 0$,则任选 $i_2 < i_1$,计算其对应的净现值 $NPV(i_2)$。若 $NPV(i_1) = 0$,则 $i_1 = IRR$

(3) 重复步骤(2),直至找到两点,i_k 和 i_{k+1},使得满足条件

$$NPV(i_k) > 0 \quad 及 \quad NPV(i_{k+1}) < 0,$$

则由图 11-10 所示,利用线性内插法计算内部收益率 IRR 的近似解,即

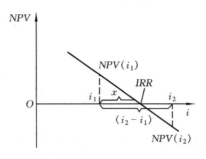

图 11-10 IRR 计算内插图

$$IRR = i_k + \frac{NPV(i_k)}{NPV(i_k) + | NPV(i_{k+1}) |} \cdot (i_{k+1} - i_k)$$

（4）上面给出的 IRR 的计算式是 IRR 的近似求解公式，IRR 的计算误差取决于 $(i_{k+1} - i_k)$ 差额的大小，为了使 IRR 的解精确度更高，一般应控制 $(i_{k+1} - i_k) \leqslant 5\%$，并且最好在 $1 \sim 2\%$ 之间。否则其误差将会较大。

3. 内部收益率 IRR 的经济含义

由内部收益率的定义可知，内部收益率的经济含义可理解为项目对所占用资金的一种恢复能力，项目的内部收益率越高，其经济性越好。也就是说在项目方案整个寿命周期内，如果按利率 $i = IRR$ 计算各年的净现金流量，则始终存在着未被收回的投资，只有到了项目寿命周期结束时，投资才恰好被全部收回，此时的净现金流量刚好等于零。将项目内部收益率的这种投资"偿还"过程和结果按某一折现率折现为净现值时，则项目的净现值必然为零。内部收益率是投资项目本身固有的，它的大小仅仅取决于项目本身的现金流量，与外界无关，这也正是内部收益率"内部"一词的含义所在。因此，内部收益率是指项目方案对初始投资的偿还能力或项目方案对贷款利率的最大承受能力，是由项目方案自身的现金流量决定的。由于内部收益率不是用来计算投资收益的，所以不能用内部收益率作为排列多个独立项目优劣顺序的依据，它只是单个独立项目方案经济可行性的评判指标。为了更好地理解内部收益率的经济含义,下面结合例题具体说明内部收益率的计算及其经济含义。

例:某项投资方案的现金流量如下表 11-5 所示,设行业基准收益率为 10%,试用内部收益率法分析判断该方案是否可行,并解释其经济含义。

表 11-5　某投资项目现金流量表　　（单位:万元）

年份(年末)	0	1	2	3	4	5
现金流量	-2 000	300	500	500	500	1 200

解:首先,任意选取 $i_1 = 12\%$,计算其对应的净现值:

$$NPV(12\%) = -2\,000 + 3\,000(P/F,12\%,1)$$
$$+ 500(P/A,12\%,3) \cdot (P/F,12\%,1)$$
$$+ 1\,200 \cdot (P/F,12\%,5)$$
$$= 21(万元) > 0$$

其次,任意选取 $i_2 = 14\% > i_1$,计算其对应的净现值:

$$NPV(14\%) = -2\,000 + 3\,000 \cdot (P/F,14\%,1)$$
$$+ 500(P/A,14\%,3) \cdot (P/F,14\%,1)$$
$$+ 1\,200 \cdot (P/F,14\%,5)$$
$$= -91(万元) < 0$$

由此可见,该方案的内部收益率 IRR 必然在 12%～14% 之间,代入近似解计算公式得:

$$IRR = 12\% + \frac{21}{21+91} \times (14\% - 12\%) = 12.4\%$$

∵ $IRR = 12.4\% > 10\%$

∴ 该方案经济上可行

下面计算和分析其收回全部投资的过程,解释 $IRR = 12.4\%$ 的经济含义。见表 11-6 所示。

表 11-6　以 $IRR = 12.4\%$ 收回全部投资过程计算表　　(单位:万元)

年份 \ 项目	净现金流量(年末) ①	年初未回收投资 ②	年初未回收投资的年末值 ③ = ② × (1 + IRR)	年末未回收投资 ④ = ③ - ①
0	-2 000	—	—	—
1	300	2 000	2 248	1 948
2	500	1 948	2 189	1 689
3	500	1 689	1 897	1 397
4	500	1 397	1 569	1 069
5	1 200	1 069	1 200	0

由此可看出,按 $i = IRR = 12.4\%$ 计算各年的净现金流量,项目方案在从第 0 年末直到第 5 年末的整个寿命期内,每年均有尚未收回的投资,只有到了第 5 年年末即寿命周期结束时,才全部收回投资。因此,12.4% 能使净现值等于零,且符合经济含义,由此判断 12.4% 是该项目的内部收益率。

4. 内部收益率的优缺点

内部收益率的优点是:首先,计算内部收益率 IRR 时,不需要事先确定基准收益率 i_0,它完全是由项目自身的现金流量决定的,能较客观地反映项目对初始投资的恢复能力;其次,IRR 是用百分比表示的指标,较直观形象,便于比较;第三,内部收益率 IRR 的计算考虑了资金时间价值和方案整个寿命期的现金流量,能较完善地反映资金的运动规律。

内部收益率的缺点是:首先,内部收益率 IRR 的计算较复杂,要想精确求解 IRR 需要求解一元高次方程,求解过程非常繁琐,实际应用中,通常是采用试算内插法简化计算过程,但试算内插法无法求出精确解,其计算结果存在一定误差;其次,对于非常规投资项目(即整个寿命周期内现金流量的正负号变化多次的投资项目),内部收益率的解有可能不是唯一解,甚至可能出现无解的情况,若为多个解,这时判断哪一个解是内部收益率的过程较为麻烦,必须根据内部收益率的经济含义来判断;第三,IRR 法只能用于单方案判断,不能用于进行多方案比较。

三、差额内部收益率(ΔIRR)

差额内部收益率又称增量内部收益率或追加内部收益率。差额内部收益率法是从内部收益率方法中派生出来的一种方案比较和选优的方法,主要适用于多个互斥方案的比较和选优。

1. 差额内部收益率的概念及判别准则

差额内部收益率是指两个方案比较时,被比较方案(投资较大的方案)相对于基准方案(投资较小的方案)所增加(或追加)投资的内部收益率,即相比较的两个对比方案的各年净现金流量差额的现值之和等于零时所对应的折现率或两个对比方案的净现值(或净年值)相等时的所对应的折现率。其计算公式可写为

$$\Delta NPV = NPV_2 - NPV_1$$
$$= \sum (NCF_2 - NCF_1)_t \cdot (1+\Delta IRR)^{-t} = 0$$

或 $\sum NCF_{2t}(1+\Delta IRR)^{-t} = \sum NCF_{1t}(1+\Delta IRR)^{-t}$

式中 NCF_{1t}, NCF_{2t} —— 分别表示投资小方案、投资大方案第 t 年的净现金流量;

NPV_1, NPV_2 —— 分别表示投资小方案、投资大方案的净现值;

ΔIRR —— 两个相对比方案的差额内部收益率。

差额内部收益率法的判别准则是:若 $\Delta IRR \geqslant i_0$(基准收益率),则投资大的方案为优;若 $\Delta IRR < i_0$,则投资小的方案为优;当相比较的两个方案的投资额相等时,应采用另外的评判准则。

在这里应当说明的是,ΔIRR 只能反映增量现金流量的经济

性,不能反映各个方案自身的经济性,故 ΔIRR 法只能用于多个互斥方案之间的比较,不能仅根据 ΔIRR 的数值判定各个方案自身的经济性和取舍,因此,利用 ΔIRR 法的前提是每个对比方案均为可行方案。

另外,采用差额内部收益率 ΔIRR 法比较和筛选方案时,相比较的方案必须寿命周期相等或计算期相同。并且由于 ΔIRR 的计算式依然是一元 n 次方程,不易直接求解,所以一般采用与 IRR 法相同的计算方法即试算内插法求其近似解。

例:现有两个互斥方案 A、B,其寿命期相同,有关数据如下表 11-7 所示,假定基准收益率 $i_c = 15\%$,试用差额内部收益率 ΔIRR 法比较和选择最优最可行方案。

表 11-7　方案相关数据表　　　　　(单位:万元)

方案	投资	年收入	年支出	净残值	使用寿命(年)
A	5 000	1 600	400	200	10
B	6 000	2 000	600	0	10

解:(1) 首先计算两个方案各自的净现值,用净现值法判断其可行性并选优。

$$NPV_A = -5\,000 + (1\,600 - 400) \cdot (P/A, 15\%, 10)$$
$$\quad\quad + 200 \cdot (P/F, 15\%, 10)$$
$$= 1\,072(万元) > 0$$
$$NPV_B = -6\,000 + (2\,000 - 600) \cdot (P/A, 15\%, 10)$$
$$= 1\,027(万元) > 0$$

∴ 两个方案均为经济上的可行方案。

若按净现值法比较选优,则 ∵ $NPV_A > NPV_B$ ∴ A 方案优于 B 方案

(2) 计算 A、B 两个方案的 IRR 和 ΔIRR,进行方案判断并比较选优。这里根据净现值法的判断结果知两个方案均为可行方案,

省略 IRR_A、IRR_B 的计算。只通过计算两个方案的差额内部收益率 ΔIRR 进行比较选优。

首先，任意选取 $i_1 = 12\%$，计算两个方案的差额净现值：

$\Delta NPV(12\%) = NPV_B(12\%) - NPV_A(12\%)$

$= -6\,000 + 5\,000 + (2\,000 - 600 - 1\,600 + 400) \cdot (P/A, 12\%, 10) - 200 \cdot (P/F, 12\%, 10)$

$= 66(万元) > 0$

其次，取 $i_2 = 14\% > i_1$，有：

$\Delta NPV(14\%) = -6\,000 + 5\,000 + (2\,000 - 600 - 1\,600 + 400) \cdot (P/A, 14\%, 10) - 200 \cdot (P/F, 14\%, 10)$

$= -10(万元) < 0$

∵ $\Delta NPV(i_1) > 0$ $\Delta NPV(i_2) < 0$ 且 $(i_2 - i_1) = 14\% - 12\% = 2\%$，

∴ 利用线性内插法计算式求得 A、B 两个方案的差额内部收益率 ΔIRR 为：

$\Delta IRR = i_1 + \dfrac{\Delta NPV(i_1)}{\Delta NPV(i_1) + |\Delta NPV(i_2)|}(i_2 - i_1)$

$= 12\% + \dfrac{66}{66 + 10} \times 2\%$

$= 13.7\%$

∵ $\Delta IRR = 13.7\% < i_0 = 15\%$

∴ 投资少的 A 方案较优，此结论与净现值法的结论一致。

总之，前面分别介绍了时间型评价指标法、价值型评价指标法及效率型评价指标法三类评价方法，它们既有区别，又有联系，均能反映项目投资直接经济效益的大小，只是角度和程度不同。在实际应用中，三类方法都不能说是十全十美的，均有各自的优缺点，为了更好地反映项目方案的经济性，有时应结合使用，互相补充，才能更好地反映实际经济效益的优劣。

四、费用效益率(B/C)

费用效益率,也称效益费用比,是用项目计算期内的现金流入的现值之和除以现金流出的现值之和。计算公式为:

$$B/C = \sum CI_t(1+i_0)^{-t} / \sum CO_t(1+i_0)^{-t}$$

计算所得的 B/C 值又称为经济效益指数,它表明每投资一元成本能取得多少元的收益。通常 B/C 用于独立方案的评价,即对项目进行经济评价时,若计算得出 $B/C \geqslant 1$,则表明该项目在经济上是可以接受的;否则,项目在经济上应该予以拒绝。

由净现值和费用效益率的定义可知:

$$NPV = \sum CI_t(1+i_0)^{-t} - \sum CO_t(1+i_0)^{-t} = B - C$$

所以,$B/C = NPV/C + 1$

因此,若 $B/C \geqslant 1$,必有 $NPV \geqslant 0$;若 $NPV \geqslant 0$,必有 $B/C \geqslant 1$。由此可以看出,NPV 和 B/C 两个指标是等价的。

费用效益率是第一个为人们熟知的项目经济评价的动态指标,它主要用于一些公路建设项目和水利项目的经济评价,但目前正逐渐为各种形式的其他指标所取代,我国的《建设项目经济评价方法与参数》中没有要求计算 B/C 并按 $B/C \geqslant 1$ 对项目进行取舍评判,因此,这里不再对该方法进行深入讨论。

第四节 不确定性分析

技术经济评价的目的是为投资提供决策依据,而由于项目尚未上马和实施,这些评价工作是建立在对项目的未来经济状况进行预测和估算判断基础上的,即评价中采用的基础数据如投资额、收入、成本等均来自预测和估算。由于经济系统的复杂性,将来项目实施后的实际数据与事前的预测和估算值可能会有一定偏差,并且这种偏差的大小又具有不确定性,如投资超支、工期延长、生产能力达不到设计要求、市场需求量变化、货款利率变化、价格波动等,这些都可能导致投资项目达不能预期的效果,甚至发生亏损,从而给投资带来风险。因此,就有必要对这些不确定性因素进行分析和评价,找出潜在风险,提高决策的可靠性和风险防范能力。

不确定性分析是指通过分析各种外部条件发生变化或者预测数据误差对方案经济效果的影响程度,了解方案本身对不确定性的承受能力,从而选择那些经济效果好、抗风险能力强的方案上马。常用的不确定性分析方法主要有盈亏平衡分析法、敏感性分析法和概率分析法,下面主要介绍前两种方法。

一、盈亏平衡分析

盈亏平衡分析法的基本原理前面企业管理篇已经详细介绍,但应当注意,前面介绍主要是以静态分析为主,没有考虑时间因素。在技术经济分析中,资金时间价值是其基本原理之一,因此,应用时要特别注意时间的可比性,下面举例说明如何在盈亏平衡分析中考虑资金的时间价值。

例:某企业加工一种产品,有 A、B 两种设备可供选择,两台设备的投资及加工费分别如下表 11-8 所示。

表 11-8　A、B 两设备的投资及加工费情况表

设备	初始投资(万元)	加工费(元/件)
A	2 000	800
B	3 000	600

试问:

(1) 若折现率为 12%,使用年限为 8 年,问每年产量为多少时选用 A 设备有利?

(2) 若折现率为 12%,年产量均为 13 000 件,则设备使用年限多长时,选用 A 设备有利?

解:(1) 此问题即求 A、B 两设备的产量优劣平衡点,考虑资金时间价值后,两方案年固定费用分别为

$$F_A = 2\,000(A/P, 12\%, 8) = 2\,000\,\frac{i(1+i)^8}{(1+i)^8 - 1}$$

$$F_B = 3\,000(A/P, 12\%, 8) = 3\,000\,\frac{i(1+i)^8}{(1+i)^8 - 1}$$

根据优劣平衡点的定义,有:

$$(TC)_A = (TC)_B$$

其中:$(TC)_A$、$(TC)_B$ 分别为 A、B 设备的年总成本费用

即有:$F_A + Q \cdot 800 = F_B + Q \cdot 600$

解得:$Q^* = 10\,065$(件/年)

根据题意分别绘制 A、B 设备的总成本曲线见图 11-11,则由图可以看出,当年产量 Q 小于 10 065 件时,选 A 设备有利。

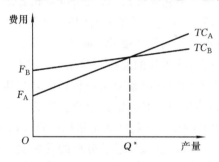

图 11-11 盈亏平衡分析示意图

(2) 此问题需求解的不确定性因素是设备使用年限 n

由 $(TC)_A = (TC)_B$

有 $F_A + 800 \times 13\,000 = F_B + 600 \times 13\,000$

即 $\dfrac{i(1+i)^n}{(1+i)^n - 1} + 800 \times 13\,000 = \dfrac{i(1+i)^n}{(1+i)^n - 1} + 600 \times 13\,000$

这里 $i = 12\%$

则求得:$\dfrac{0.12(1+0.12)^n}{(1+0.12)^n - 1} = 0.26$

$n = 5.46$（年）

由已知条件分析得知,设备使用年限越长对投资大而加工费小的设备越有利;反之亦然。对该例题而言,设备 A 投资小而加工费用大,使用年限越短越有利,所以,当设备使用年限小于 5.6 年时,选 A 设备有利。

二、敏感性分析

1. 敏感性分析的概念

敏感性分析又称灵敏度分析。

通过前面的介绍,我们知道在项目的经济评价中,是通过计算若干个经济评价指标来确定项目经济效益大小,从而进行投资决策的。但是,由于计算投资项目经济效益指标因素的实际发生值与目前的预测值不可能完全一致,如投资可能超支、工期可能延长、成本可能增加等等,这些成为不确定因素。投资项目在计算期内各种不确定性因素都可能发生变化,如产品产量、价格、投资额、成本、工期等,从而影响项目的经济评价指标。敏感性分析就是通过分析、预测主要不确定性因素变化一定幅度时对其经济效果的影响,从而找出敏感性因素并确定其影响程度的一种不确定性分析方法。强敏感因素的变化对经济评价指标影响大,弱敏感因素的变化对经济评价指标影响小。敏感性分析的目的就是考察影响项目的主要因素发生变化时对项目经济效益的影响及影响程度,以此估计项目可能承担的风险,确定项目在经济上的可靠性,为投资决策提供科学依据。

敏感性分析可以分为单因素敏感性分析和多因素敏感性分析。单因素敏感性分析一般是假定每次只有一个因素发生变化,其他因素保持不变,分析该因素变化对经济评价指标的影响,依次类推。其中若某一因素在较小范围内变化,所引起经济评价指标的变化幅度很大时,则该因素称为敏感性因素;反之,若某一因素在较大范围内变化,所引起经济评价指标的变化幅度很小时,该因素称为非敏感性因素。显然，投资者应当及时把握敏感性因素，尽量减少其对项目经济效果的影响，减少项目的投资风险。多因素敏感性分析是指分析多个因素同时发生变化时对项目经济效果的影响程度，以此判断项目对不确定性因素的承受能力，并对项目的风险进行估计，为投资决策提供依据的方法。在实际应用中，多因素敏感性分析计算较繁琐，因此，单因素敏感性分析方法更为简单和常用。

2. 敏感性分析的步骤

敏感性分析的步骤大致可分为以下四个步骤（主要以单因素敏感性分析说明）：

(1) 确定分析指标　决定项目经济效果的评价指标有多个，在进行敏感性分析时，首先必须确定分析指标。当然，指标的确定与所涉及的具体项目有关，由于每个评价指标如净现值、投资回收期、内部收益率等有其特定的含义，反映问题、评价的角度均有所不同，应当根据项目评价的深度和具体情况的不同选择适当的指标；一般在项目的初期分析评价阶段，可采用静态评价指标；而在详细评价阶段，应当以动态评价指标为主，静态指标为辅。

(2) 选择不确定性因素　影响项目经济效果的不确定性因素有很多，如产品价格、产销量、销售收入、经营成本、折现率、项目寿命期、总投资额等。理论上讲，任何一个因素的变化都会对投资效果产生影响，但实际分析中没有必要对所有因素进行敏感性分析，只需根据预测和项目实际情况选择主要不确定性因素分析即可。

(3) 计算不确定性因素变化对指标的影响程度　单因素敏感性分析时，在假定其他因素不变时，变动其中一个不确定性因素，计算其变化对分析指标的影响变动情况，依次进行；在多因素敏感性分析时，要计算多个因素同时变化时对分析指标的影响程度。

(4) 确定敏感性因素，判断项目风险情况　将上述计算结果列成敏感性分析表，在所选定的不确定性因素中，找出在相同变化率条件下引起分析指标变化最大的因素，该因素即为敏感性最强因素,其他因素的敏感性强弱依变化幅度排列。并根据上面分析及预测的各因素未来的实际变化范围,判断项目的风险情况,以便在实施中对项目进行有效控制。

3. 举例

例:某项目总投资为 400 万元,年经营成本为 30 万元,年销售收入为 120 万元,残值为 60 万元,项目寿命周期为 10 年,基准折现率为 10%。经预测与估算,总投资额、销售收入、寿命期可能在 ±20% 的范围内变动,试对净现值指标进行敏感性分析。

解:本题要求以净现值为分析指标,设总投资、销售收入、寿命期三个不确定性因素分别为 K、P、n,则:

基准方案(即各因素均未发生变化时)的净现值为:

$$NPV_0 = -400 + (120-30) \cdot (P/A, 10\%, 10) \\ + 60(P/F, 10\%, 10) \\ = 174.1$$

对投资额、销售收入、寿命期逐一按照在基准值基础上变化 ±10%、±20% 取值,所对应项目方案的净现值计算结果如下表 11-9 所示。

表 11-9 单因素敏感性分析计算表

不确定性因素 \ 净现值 \ 变化率	-20%	-10%	0	+10%	+20%
投资额	254.1	214.1	174.1	134.1	94.1
销售收入	26.7	100.4	174.1	247.9	506.0
寿命期	108.1	143.8	174.1	205.6	232.3

由表 11-9 和图 11-12 可以看出,在相同变化率下,本例题所分析的三个因素中销售收入的变化对净现值影响最大,其次是投资额,寿命期的影响最小。因此,对本项目而言,销售收入是敏

感性最强因素,若项目销售收入将来变化的可能性较大时,则说明项目的风险也较大。

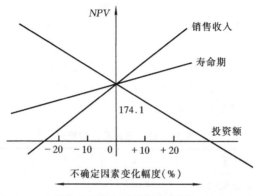

图 11-12　敏感性分析图

4. 敏感性分析的局限性

通过敏感性分析,找出敏感性因素,抓住了主要矛盾,有助于决策者了解项目风险情况,预先采取措施,控制敏感性因素的变化,尽量减少其对经济评价指标的影响,在实际应用中有重要意义。但是敏感性分析也存在着一定局限性,主要是其没有考虑各种不确定性因素在未来变动的概率,从而影响分析结论的准确性。在实际生产过程中,各种因素在未来发生变化的概率是不同的,有时会使找到的敏感性因素变化的概率可能很小,相反,非敏感性因素未来变化的概率可能很大,从而使分析结论风险加大,但是,这个问题是敏感性分析所不能解决的,只有利用概率分析法才能解决。由于篇幅所限,概率分析法这里不介绍了。

思考练习题

1. 什么是投资回收期?如何依据该指标进行投资决策?
2. 静态投资回收期与动态投资回收期有何区别和联系?
3. 内部收益率的经济含义是什么?如何计算,如何利用该指标进行方案评价？

4. 某项目初始投资为 8 000 元，在第一年末现金流入为 2 000 元，第二年末现金流入为 3 000 元，第三、四年末的现金流入均为 4 000 元，请计算项目的净现值、净年值、净现值率、内部收益率、动态投资回收期（$i_0 = 10\%$）。

5. 公司打算购买一种新设备，有三个方案可供选择，具体数据如表 11-10 所示。假如公司的基准贴现率为 10%，使用现值法、年值法选择最佳方案。

表 11-10 三方案基础数据

方案	A	B	C
初始投资(元)	2 000	6 000	12 000
服务年限(年)	6	3	4
残值(元)	200	400	100
年运行成本(元)	3 500	1 000	400

6. 某工业公司可能用分期付款来购买一台标价 22 000 美元的专用机器，定金为 2 500 美元，余额在以后 5 年每年年末均匀地分期支付，并加上余额 8%的利息。但现在也可以用一次支付现金 19 000 美元来购买这台机器。如果这家公司的基准收益率为 10%，试问应该选择哪个方案？（用净现值法）

7. 某厂建成时总投资为 5 000 万元，年产某种设备 1 000 台，设计总成本为 4 000 万元，其中固定成本为 1 500 万元，折旧费占固定成本的 10%，设备的销售价格为每台 5 万元。试求：
(1) 盈亏平衡点产量；
(2) 当销售价格降低 5%时的盈亏平衡点产量；
(3) 如果销售税金为销售收入的 10%，盈亏平衡点产量又为多少？
(4) 投资回收期；
(5) 当工厂寿命为 10 年时的累计净现值和内部收益率。

第十二章 建设项目的可行性研究

第一节 可行性研究概述

一、可行性研究的概念及其发展概况

可行性研究(英文是 Feasibility Study,简写为 FS),是在工程项目建设之前,对项目进行全面的技术经济分析,论证项目可行性的科学研究方法。其目的是对项目作出可行或不可行的判断,对可行项目提出技术经济效益最佳的方案,以避免和减少建设项目决策性的失误,提高工程项目的综合经济效益。

所谓可行性研究是对拟建项目的社会、经济和技术等因素,进行全面的调查研究,对各种备选的技术方案和建设方案进行系统的技术经济分析与比较论证,对项目建成后的技术经济效益进行科学的预测和评价。在此基础上,综合研究建设项目的技术先进适用性、经济合理有效性以及建设实施的可能性和可行性,从而为项目投资决策提供可靠的依据。

可行性研究的主要任务是根据国民经济长期规划、地区规划、行业规划的要求,对拟建项目进行投资方案规划、工程技术论证、社会与经济效果预测和组织机构分析,经过多方面的计算、分析论证和评价,为项目决策提供可靠的依据和建议,得出这个工程项目是否可行的结论,对可行项目推荐最佳的技术经济方案。

可行性从文字的原意上解释,就是可以行得通、有可能成功的意思,与可能性是同义语。就"可行性"的本意而言,含义只是可

行,并不是最优。但对可行性研究工作来说,并不是可行就够了,而是要尽量做到最优。可行和最优并不矛盾,只有在可行的基础上才能去求最优。

建设项目可行性研究是20世纪30年代出现的一门新兴学科,最早出现于美国,70年代被介绍到中国,80年代我国才正式采用。可行性研究工作是随着技术、经济和管理科学的发展而产生发展并逐渐完善的。早在20世纪30年代,美国为开发田纳西河流域,基于该项目规模和投资较大,需要耗费大量的人力、物力和财力,在此情况下,组成了一个专门的专家小组,决定在投资开发之前,先花一定的时间和费用来研究是否有必要开发和怎样开发。可行性研究作为流域开发规划的重要阶段,使工程得以顺利进行,确保了工程建设的稳步发展,取得了明显的经济效益。实践证明,由于引入了可行性研究程序,使流域开发的艰巨任务得以顺利完成,节省了时间,节约了费用,取得了可观的经济效益。第二次世界大战以后,随着现代科学技术、管理科学等的发展,可行性研究得到迅速的充实、完善和发展,逐步形成为一整套系统的科学研究方法,成为系统、有效地研究投资项目必不可少的一个环节。它不仅用于研究工程项目建设问题,而且在自然、社会、城市规划、公共设施、新产品开发等方面都得到广泛应用,重大的技术经济政策也都用可行性研究进行论证。当前,不仅经济发达国家把可行性研究作为工程项目投资决策的手段,中东地区、亚洲一些发展中国家也在开展这项工作,把可行性研究作为项目建设的首要环节。虽然各国对可行性研究的内容、作用、阶段划分不尽相同,但作为一门科学,可行性研究已被各国所公认。各国赋予这门科学的名称各有不同,西方国家叫可行性研究,原苏联和东欧叫技术经济论证,日本叫投资前研究,印度、巴基斯坦、科威特、阿拉伯等国家也有各自的名称,有的叫投资研究,有的叫费效分析,但基本要求都相似。世界银行等国际金融组织已把可行性研究作为申请贷款的依据。联合国工业发展组织(UNIDO)分别编写了《工业可行性研究》手册和《工业项目评价》手册等专著,用以指导有关国家开展可行性研究工作,为推行这项工作创造了条件。

1980年起我国在世界银行恢复了活动,而该组织在对我国的建设项目发放贷款时首先要审查建设项目的可行性研究报告。因此,为适应世界银行的要求,可行性研究工作在我国逐渐得到重视和越来越广泛的应用。尤其是目前我国利用外资项目日益增多,项目投资规模越来越大,为避免因决策错误而造成损失和浪费,减小投资的盲目性,提高经济效益的可靠性,保证投资效果,更需要进行客观、可靠、经济合理的可行性研究和经济评价工作。

所有建设项目都可以归并为两类。一类是建成后有经济收入,可以归还投资并获取利润;另一类是社会公共或福利事业项目,一般没有经济收入,不便进行经济评价。但这类项目建成有益于保护和增进人民利益和健康,效果当然还是可以衡量的。可行性研究主要是对建成后有经济收入的建设项目而言的,从这个意义上讲,可行性研究具有典型的经济性。可行性研究虽然要进行技术和经济两方面的论证,两者的关系是辩证关系,但归根到底还是经济合理性的问题。技术上的先进性和可行性,不能离开经济的合理性,经济上不合理或不利,技术上即便很先进也不可取。当然,经济上的合理也必须建立在先进技术条件之上。技术上做不到的事,即使很经济也实现不了。所以说,可行性研究的最终目的还是为了经济上的合理和有利。

二、可行性研究的作用

可行性研究是建设项目运行的首先环节,能解决项目投资方案中诸如建设条件是否具备、工艺技术是否先进适用、投资经济效果是否最佳等问题,从技术和经济两方面进行综合的分析、评价和论证,为投资决策从技术、市场、经济等多方面进行综合的分析、评价和论证,提供科学决策的依据。可行性研究的主要作用有以下诸方面:

（1）可行性研究是建设项目投资决策和编制可行性研究报告的依据　通过可行性研究，可以预见拟建项目的投资经济效果，从而判断项目是否可行，为决策提供依据。而且它对诸多重大问题如建设规模、产品方案、建设地点进行了具体研究，可作为编制可行性研究报告的依据。

（2）可行性研究是向银行申请贷款的依据　世界银行等国际金融组织，都把可行性研究作为建设项目申请贷款的先决条件，我国的各专业银行在接受项目贷款申请时，也首先根据申请者提供的建设项目可行性研究报告，在对贷款项目进行全面、细致的分析评价后，若认为该项目经济效益好，具有贷款偿还能力，且风险较小时，才会同意贷款。

（3）可行性研究是与建设项目有关部门商谈合同、签订协议的依据　项目所需原材料、燃料、协作件、水电、运输等都需由有关部门协作供应，这些供应的协议和合同都是根据可行性研究签订的。尤其对于技术引进和设备进口项目，国家明确规定必须经过审查、批准其可行性研究报告后才能同国外厂商正式签约。

（4）可行性研究是进行工程设计、设备订货、施工准备等基本建设前期工作的依据　可行性研究报告对产品方案、建设规模、厂址、工艺流程、主要设备选型、总体布局等均进行了方案比选和论证，并推荐出最佳方案。在报告确认后，就可作为项目初步设计、设备订货和施工准备的依据。

（5）可行性研究是采用新设备、新技术研制计划和补充地形、地质工作和工业性试验的依据　项目拟采用的新技术、新设备必须经过技术经济论证认为可行，才能拟订研制计划。另外，对工程设计基础资料，可根据报告要求，进行有关地形、地质、工业试验等补充工作。

（6）可行性研究是环保部门审查项目对环境影响的依据，亦作为向项目建设所在政府和规划部门申请建设执照的依据。

（7）可行性研究是企业组织管理、机构设置、劳动定员和职工培训等工作安排的依据。

8. 可行性研究是国家各级计划部门编制固定资产投资计划的依据。

第二节 可行性研究的工作阶段和步骤

一、可行性研究的工作阶段

一般来讲,建设项目从设想提出、建设直到建成投产的这个全过程,在国际上称之为"项目发展周期"。它可分为投资前期、投资时期和生产时期,并把每个时期又分成若干阶段。

投资前期又称建设前期,是决定项目效果的关键时期,这个时期的主要工作是进行可行性研究和资金筹措;投资时期又称建设时期,是项目实施与监督阶段;生产时期包括项目生产经营和评价总结工作。投资项目发展周期的全过程如图12-1所示。

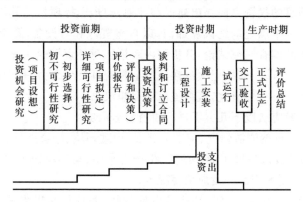

图12-1 项目发展周期构成

该图表明了各个时期开展的工作及相互关系,其中"投资决策"和"交工验收"是三个时期的交接线。

投资前期的工作包括投资机会研究、初步可行性研究、详细可行性研究、项目评估决策四个阶段。对于一些大型建设项目,在初步可行性研究和详细可行性研究之间,视具体情况还可以进行某些方面的辅助(功能)研究。投资前期的工作是项目发展周期的基础,缺少了这个环节,以后的工作即使做得再好,投资效果也很难保证,所以投资前期的工作是决定投资命运的关键环节。

由于对基础资料的占有程度、研究深度与可靠程度要求不同,建设前期各阶段的研究性质、工作目标、工作要求及作用、工作时间与费用也各不相同,一般来说,各阶段研究的内容由浅入深,项目投资和成本估算的精度要求由粗到细,研究工作量由小到大,研究的目标和作用逐步提高,研究工作时间和费用逐渐增加。但是,不论在任何一个阶段,只要得出"不可行"的结论,就可不再继续进行后一阶段的研究。下面主要介绍投资前期各阶段的主要工作内容和要求。

1. 投资机会研究阶段

投资机会研究又称投资机会鉴别。这一阶段的主要任务是为建设项目的投资方向提出建议和计划,初步选择项目。具体地说,就是在一个确定的地区和部门,以自然资源和对设备、资金、人力等资源的调查研究结论,分析国内政策和对外贸易的状况,进行投资趋势分析,判断拟建项目在经济上是否具有生命力,是否需要进一步进行可行性研究,最终提出项目建议书。

一般应从以下几方面进行投资机会研究:

(1) 自然资源情况、劳动力状况、地理环境、社会条件;

(2) 我国发展工业的政策、生产力布局、某些消费品的发展趋势、新研制的产品开发应用情况等;

(3) 现在农业经济结构及发展趋势,若项目是以农业新产品加工为基础,则应考虑现有农业格局及发展趋势等问题;

(4) 现有工业企业扩建和多种经营的可能性,将现有小型企业扩建到合理经济规模的可能性等;

(5) 关于人口增长、购买力增长的预测;

(6)产品的进出口现状,项目产品取代进口产品的可能性及产品的国际竞争能力的预测等。

这一阶段的研究比较粗略,主要是依靠笼统的估计,而不是进行详细的计算,一般是根据类似工程来估算建设项目投资额和生产成本,提供可能进行建设的投资项目。该阶段对投资额和成本的估算精度一般只要求达到±30%左右。大中型项目的投资机会研究所需时间约为1~3个月,所需费用约占投资总额的0.1%~1.0%。

2. 初步可行性研究

很多项目仅仅依靠机会研究还不能决定建设项目的取舍,但详细可行性研究既费钱又费时,是否值得做还有待于研究,这时往往可先进行初步可行性研究。

这一阶段的主要目的是:

(1)分析机会研究的结论,并在拥有更为详细资料的基础上进一步明确项目概况,比较精确地估算投资、成本和经济效益;

(2)明确拟建项目中哪些关键问题需要进行专题的辅助研究,如市场调查、技术考察、中间试验等;

(3)鉴定项目的选择依据和标准,确定项目的初步可行性,明确是否要进行详细可行性研究。

初步可行性研究对建设投资和生产成本的估算精度要求控制在±20%左右,投资估算可采用0.6指数法、工程概算法和投资比例法等进行估算,所需时间一般为4~6个月,所需费用约占投资总额的0.25%~1.5%。

3. 详细可行性研究

详细可行性研究又称技术经济可行性研究或最终可行性研究,这一阶段要对项目进行深入的技术经济论证,是建设项目投资决策的基础。它为项目决策提供技术、经济、社会、财务和国民经济效益方面的评价依据,为项目的具体实施(建设和生产)提供科学的依据。其主要目的是:深入研究有关生产纲领、厂址选择、产品方案、工艺技术、管理机构等各种可能的选择方案,并推荐一个最佳方案;选着重对投资总体建设方案进行财务效益和国民经济效益的分析与评价,进行多方案比选,确定出能使投资费用和生产成本降到最低限度,以取得显著经济效益和社会效果的最佳方案。一般通过详细可行性研究再决定不建的项目是比较少的,但如果确实弊多利少,也可作出不可行的结论,避免更大的投资失误。

详细可行性研究的投资估算,除了工艺技术成熟的项目可利用同类项目的数据进行估算和预测外,一般都要在逐台计算设备费用的基础上进行。此阶段要求建设投资和生产成本估算精度控制在 $\pm 10\% \sim \pm 5\%$,所需时间为 $8 \sim 12$ 个月或更长,所需费用约占投资总额的 $1.0\% \sim 3.0\%$。

4. 项目评估和决策

项目评估是由投资决策部门组织和授权于建设银行、投资银行、工程咨询公司或有关专家,代表国家对上报的建设项目可行性研究报告进行全面的审核和再评价阶段。主要任务是对可行性研究报告提出评估意见,最终决定项目投资是否可行,是否是最佳方案,并编写评估报告。具体工作包括审核可行性研究报告反映的各项情况是否属实,数据估算是否科学合理,分析计算是否正确等,从企业、国家和社会等方面综合判断工程项目的可行性,对项目作出取舍的最终投资决策,最后编写出项目评估报告。

项目评估是很重要的一个环节,因为建设项目必定要消耗国家一定的资源,而国家资源是有限的,所以要求在众多拟建的项目中做出最佳选择,使有限的资源得到最有效的分配和使用。

二、可行性研究的步骤

项目可行性研究工作,是一项非常复杂和综合性很强的系统工程,从项目产品方案预测、生产规模拟定、工艺技术方案和厂址选择、资金筹集、组织机构设置、人员配备,直到经济效果测算,都需要经过系统的技术经济分析论证,涉及面很广,既有工程技术问题,又有经济财务问题。在进行这项工作时,一般应有从事工业经济、市场分析、管理、工艺、机械、土建和财会等方面的专业人员参加,此外,还可根据情况请一些其他方面的专业人员,如地质、土壤、实验室等人员短期协助工作。有资格的设计或咨询单位与委托单位签订合同承担可行性研究任务以后,即可开展工作,一般按以下几个步骤进行。

1. 组织与筹划

这一阶段是在承接任务后,了解项目提出的背景和指示文件,摸清委托者的目标和意图,讨论研究项目的范围、界限,明确研究内容,制订项目的工作计划和安排具体实施进度。

2. 调查研究

这个阶段主要是通过实地调查和技术经济研究工作,进一步明确拟建项目的必要性和现实性,着重从市场调查和资源调查入手,包括市场需求、价格、竞争能力、经济规模、原材料、能源、厂址、工艺技术、设备选型、运输条件、外围工程、环境保护、管理、人员培训等方面的调查研究,每项调查研究要分别进行论证和评价。这一阶段工作量很大,需要投入较多的人力和较长的时间。

3. 方案设计和选优

这是可行性研究的一个主要步骤,主要是结合市场和资源调查,在已收集的资料数据的基础上,设计出各种可供选择的方案,决定方案选择的原则和标准。经过多次反复论证比较,推荐最佳方案,并对其进行评价。对一些重要问题可通过与委托者深入讨论解决。

4. 详细研究

这时期的工作是对选取的最佳方案进行更详细的分析研究,复查和核定各项分析材料和数据,对其进行详细的财务预测、财务效益分析和国民经济评价,确定所选方案在技术、财务和经济上是可行的。为了检验项目的效果和风险,还要进行不确定性分析,分析在成本、价格、销售量、建设工期等因素变化时对企业收益率产生的影响。

5. 编写可行性研究报告

这个阶段要在上面工作的基础上提出可行性研究报告书,其格式、内容和结构后面详细叙述(详见第三节)。

6. 制订资金筹措计划

主要是对建设项目资金来源的不同方案进行分析比较,最后对拟建项目的资金筹措计划作出决定。

第三节 可行性研究的内容

一、可行性研究的主要内容

建设项目可行性研究的内容极其广泛,主要包括市场需求预测、生产技术和经济效益分析等一系列问题。市场需求研究是建设项目存在的依据,产品方案和建设规模都是根据市场需求预测来确定的,是可行性研究的前提基础,其主要任务是论证建设项目的必要性。生产技术研究包括生产规模、厂址选择、工艺流程和设备选型等内容,是可行性研究的技术基础,目的在于研究建设项目技术上的可能性。经济效益研究是决定项目投资命运的关键,是可行性研究的核心和重点,主要包括投资估算、资金筹措、经济评价等内容,是论证建设项目的经济合理性。通过对方案的技术经济分析和优化,为项目投资决策提供科学的依据。

对于改、扩建项目的可行性研究,不仅应包括上述内容,而且还应增加对原有固定资产的利用和对企业现有状况的分析和说明。

1. 市场需求研究

市场需求研究是通过市场调查,预测产品的市场需求状况和未来趋势,为确定产品方案和项目建设规模提供依据。市场需求是指下一时期内,在一定价格水平上市场对某种产品需求的总量。

产品的市场需求可以测定项目产品有无市场和进入市场的程度，是项目实施的前提。因此，必须对产品方案涉及的有关内容，包括产品品种、规格、数量、质量以及价格水平等方面进行详尽的调查，根据产品的性质和特点，采用相应的科学预测方法，辅以富有专业和市场洞察力的分析，获得具有实际意义的结论，为正确确定生产规模、产品定价和销售策略奠定基础。

2. 生产规模分析

生产规模是指建设项目在一定时期内产出合格产品的数量，通常用"年生产能力"表示。它是项目可行性研究的重要参数，项目生产规模与产品市场需求、项目投资、技术选择、资源利用、产品销售、项目盈利水平等因素密切相关。

确定项目的生产规模要以经济合理为原则。生产规模的类型一般有以下几种：

（1）起始规模　是使关键而贵重的设备在两班制条件下达到100%的生产负荷，连同其他全部配套设备，均按两班制计算的总平均负荷在85%以上的最低年产量。它能保证设备充分利用，但不能实现最大利润。

（2）盈亏临界规模　是在销售收入和总成本相等的情况下仅能达到保本的年产量。它只能提供盈亏界限，不能说明盈利水平。

（3）最佳经济规模　是能使单位产品成本最低、获得最大盈利的年产量。但它可能难以实现。可行性研究要求确定的生产规模是在上述三种规模中选定的一个合理经济规模，即指在符合市场需求和市场容量、不突破允许的投资总额上限、设备可以得到充分利用、原材料和能源得到正常供给等条件下，可获得最高盈利水平的年产量。它需要在上述三种产量范围内，结合各种约束条件，综合分析平衡后加以确定。

3. 厂址选择

建设项目的厂址选择，关系到投资的地区分配、区域社会经济发展、经济结构、自然生态环境、城市规划和产品生产要求以及未来产品销售市场等方面的影响,是带有全局性、长远性的重要问题。

(1) 厂址选择的原则,应考虑:

① 满足项目生产和职工生活的要求。

② 服从区域规划、行业规划、城市和农村总体规划的要求。

③ 注意环境保护和生态平衡,保护自然风景和名胜古迹。

④ 有利于专业化协作和满足技术条件。

⑤ 节约用地。尽量少占或不占良田和耕地,多利用荒地、劣地、山地和空地。

(2) 厂址选择的内容和技术条件:

① 厂址区域选择要求。凡使用大量原料的企业,应尽量靠近原材料产地。如水泥厂、有色金属冶炼厂等都要考虑靠近主要原材料基地;凡产品不易运输和不易仓储的行业,应尽量靠近主要消费市场,如食品工业等。

② 厂址选择要满足生产生活用水、电的供应和交通运输要求。厂址应尽量靠近水源,水量、水质都必须满足生产和生活要求,污水要便于排入城市排污系统。厂址应尽量靠近动力来源,特别是耗电量大的项目更要注意。

③ 厂址的工程地质及水文地质必须符合建厂要求。根据项目生产性质确定厂址时,还应考虑高温、高湿、降水量等因素对生产的影响。

(3) 厂址方案的比较:

在实际厂址选择过程中,技术上满足厂址要求的方案可能不止一个,所以要对提出的各种可能方案进行技术经济分析,从中选择出技术可靠、经济合理的最优厂址方案。厂址的选择要遵循建设投资和生产经营费用总和最小的原则。

4. 工艺流程和设备选型

从原料投入到产出成品的整个生产工艺过程,是企业技术经济活动的核心和物质基础。工艺流程选择的正确与否,对项目的建设、产品质量、生产成本和投资效益都起着决定性的作用。在技术多元化的今天,为了生产某种产品可供选择的工艺流程方案可能有好几个,而工艺流程的选择又是一个技术性很强的工作,因此必须对各种备选方案进行详尽的技术分析,才能获得最佳的方案。其内容主要包括如下几个方面。

(1) 技术必须成熟、可靠。工程项目采用的技术必须成熟,有良好的可靠程度,特别是对于一些新工艺、新技术,必须进行必要的专题研究才能抉择。

(2) 技术必须先进、适用。必须保证项目的工艺技术应达到一定的国内、国际先进水平,并要在经济上、管理上适合当时当地的社会条件。

(3) 技术必须满足产品方案的要求。要满足市场对产品质量、品种、规格及其发展趋势等方面的要求。

(4) 保证资源的利用。技术要保证原材料、燃料、水、电等资源的充分和合理利用并符合当地供给条件。

(5) 充分研究技术的负面效应。研究技术对环境污染、破坏生态平衡等社会不良影响,并提出相应的改善措施等。

设备的选型是为满足工艺流程服务的,根据既定的生产工艺流程方案,选择配置设备。主要应考虑以下方面。

① 选用设备必须满足工艺技术的要求,保证产品质量、品种、规格等方面的技术要求和资源的利用。

② 设备结构必须先进、可靠,具有一定的国内、国际先进水平;在使用上成熟、可靠,具有良好的可操作性和可维修性。

③ 设备生产能力应满足生产设计要求,并具有一定的弹性。

④ 设备来源必须可靠,并能满足投资要求。

⑤ 设备必须适应环境、气候的变化等等。

5. 经济效益研究

(1) 投资估算:

建设项目投资估算包括基本建设投资(可简称为基建投资)估

算和流动资金投资估算两部分。

① 基本建设投资估算。包括厂房、建筑物、机器设备、辅助设施、公用工程、生活服务设施、厂外工程等项目投资。基本建设投资估算准确与否,直接影响项目投资经济效果评价的正确程度。国外常用的方法有单位生产能力投资估算法、生产能力指数法、比例估算法、分项类比估算法等。由于这些方法都是在已建同类项目及标准的基础上进行估算,精确度和准确性必然受资料的限制和影响,一般在投资机会研究、初步可行性研究阶段有一定作用。但对于详细可性行研究,鉴于准确进行分析计算的需要,我国目前常采用工程概算估算法,即按拟建项目的单项工程的单个项目,分别套用概算指标进行投资估算。

② 流动资金估算。流动资金的简单估算可根据已有类似项目的百元产值占用的流动资金额,来估算拟建项目的定额流动资金;也可按与固定资产投资、经营成本、年销售收入的比例来进行估算。流动资金的详细估算应在分列估算项目的储备资金、生产资金、成品资金后汇总得到。

分项估算的计算方式为

流动资金＝流动资产－流动负债

流动资产＝应收帐款＋存货＋现金

流动负债＝应付帐款

流动资金＝应收帐款＋存货＋现金－应付帐款

(2) 资金筹措

也叫资金规划,包括资金筹集和运用两个方面的内容。

① 国内资金来源。包括财政拨款、银行贷款、自筹资金等。目前除国家重点项目和特殊需扶持项目外,财政拨款比重越来越小。

② 国外资金来源。包括国际金融组织贷款、政府间贷款、出口信贷、补偿贸易、合作经营、发行债券等。国际金融组织贷款主要指国际货币基金组织、世界银行、国际开发协会等组织提供的贷

款,一般这类贷款条件较为优惠,但不易取得。政府间贷款的特点是利率低、期限长,会有部份捐款,但往往附带政治或商业条件,应慎重使用。

资金来源的渠道多种多样,各有特点,应择优选取最有利的渠道。对一般国内投资项目,有关银行规定自筹资金占总投资的比例不低于 30%~50%。对于外资项目,国家借贷外资规模大小取于偿还外资的能力,一般规定每年还本付息不超过出口创汇额的 20%~30%。

③ 资金运用。是指在资金来源落实的基础上,对用款计划和还款计划的制定。一方面要按建设进度和资金来源的不同,适当安排不同的投入时间;另一面要考虑如何还贷。一般来讲,用款时先使用自筹资金,后使用人民币贷款,最后使用外币贷款;先使用利率低的资金,后使用利率高的资金。还款时先偿还利率高的贷款,后偿还利率低的贷款;先偿还外币贷款,后偿还人民币贷款。并以此原则来制定详细的用款和还款计划。

(3) 经济评价

项目的经济评价包括项目财务评价和国民经济评价两部分。

二、可行性研究报告的编写内容

可行性研究完成以后,应编写可行性研究报告。可行性研究报告的内容十分详尽,随着行业不同也就有所差异,各有侧重,但基本内容是相同的。就一般新建工业建设项目而言,可行性研究报告的内容应包括以下几方面:

1. 总论

(1) 项目概况、历史背景、投资的必要性和经济意义,以及项目发展规划。

(2) 研究的主要结论概要和存在的问题与建议,研究工作的依据和范围。

2. 产品的市场需求和拟建规模

(1) 调查得到的国内外近期需求情况。

(2) 国内现有工厂生产能力估计。

(3) 销售预测、价格分析、产品竞争能力、进入国际市场的前景。

(4) 产品方案、拟建项目规模和发展方向的技术经济比较和分析。

3. 资源、原料等主要协作条件

(1) 经储量委员会正式批准的资源储量、品位、成本以及开采利用条件的评述。

(2) 原料、辅助材料、燃料的种类、数量、来源和供应的可能性。

(3) 所需动力等公用设施的外部协作条件、供应方式、数量和供应条件,协议合同的签订情况。

4. 建厂条件和厂址方案

(1) 厂址的地理位置、气象、水文、地质、地形条件和社会经济现状。

(2) 交通、运输和水、电、气的现状和发展趋势;离原料产地和市场的距离及地区环境情况。

(3) 厂址面积、占地范围、布置方案、建设条件、移民搬迁情况和规划的选择方案论述;地价、移动、拆迁及其他工程费用情况。

5. 项目工程设计方案

(1) 项目的构成范围(指包括的主要单项工程)、技术来源和生产方法、主要技术工艺和设备选型方案的比较,引进技术、设备的来源(国别),设备的国内外分交或与外商合作制造的设想。

(2) 全厂总图布置的初步选择和土建工程量的估算。

(3) 公用辅助设施和厂内外交通运输方式的比较与选择。

(4) 生活福利设施,预防地震设施等。

6. 环境保护与劳动安全

(1) 环境保护的可行性研究。调查环境现状,确定拟建项目"三废"(废气、废渣、废水)种类、数量及其对环境的影响范围和程度;综合治理方案的选择和回收利用情况;对环境影响的预评价。

(2) 劳动保护、安全卫生和消防。

7. 生产组织、劳动定员和人员培训

(1) 全厂生产管理体制、机构的设置。

(2) 劳动定员的配备方案。

(3) 人员培训的规划和费用估算。

8. 建设实施计划和进度要求

(1) 勘察设计、设备制造、工程施工、安装、试生产所需时间和进度要求。

(2) 项目建设的总安排和基本要求。

9. 投资估算与资金筹措

(1) 项目固定资产总投资和流动资金估算。

(2) 项目资金来源、筹措方式与贷款计划。

10. 经济效益与社会效益评价

(1) 生产成本与销售收入估算。

(2) 项目财务评价和国民经济评价。

(3) 不确定性分析。包括盈亏平衡分析、敏感性分析和概率分析等。

(4) 社会效益、生态效益评价。

(5) 评价结论。

11. 结论与建议

运用各项数据,从技术、经济、社会、财务等方面论述建设项目的可行性,推荐可行方案,提供决策依据,指出项目存在的问题,提出结论性意见和改进建议。

12. 可行性研究报告附件

(1) 研究工作依据文件:

① 项目建议书；
② 初步可行性研究报告；
③ 各类批文及协议；
④ 调查报告和资料汇编；
⑤ 试验报告等。
(2) 厂址选择报告书。
(3) 资源勘探报告书。
(4) 贷款意向书。
(5) 环境影响报告书。
(6) 需单独进行可行性研究的单项或配套工程的可行性研究报告。
(7) 几个生产技术方案,总平面布置方案及比选说明。
(8) 对国民经济有重要影响的产品市场调查报告。
(9) 引进项目的考察报告、设备分交协议。
(10) 利用外资项目的各类协议文件。
(11) 其他。
(12) 附图：
① 厂址地形或位置图(注有等高线)；
② 总平面布置方案图(注有标高)；
③ 工艺流程图；
④ 主要车间布置方案简图；
⑤ 其他。

第四节　可行性研究的财务评价

根据我国目前的投资管理体制和决策程序,可行性研究的经济评价分为财务评价和国民经济评价两个层次,它们各有其评价任务和作用。本节主要介绍财务评价的内容。

一、财务评价概述

财务评价是根据国家现行财税制度和价格体系,分析、计算项目直接发生的财务效益和费用,编制财务报表,计算经济评价指标,考察项目的盈利能力、贷款清偿能力以及外汇平衡效果等财务状况,据以判别项目的财务可行性。

财务评价是建设项目可行性研究的重要内容之一,是项目决策科学化的重要手段。用来衡量项目的财务盈利能力,制定企业资金规划,为投资的科学决策提供可靠的依据。

二、财务评价的基本步骤

1. 搜集、预测财务分析的基础数据

在对项目的建设背景全面了解的基础上,对项目的投入与产出数量、价格、投资额、成本费用等进行科学预测。

2. 编制基本财务报表

主要有：

（1）现金流量表　现金流量表是用以反映建设项目计算期内各年的现金流入与现金流出的表格,用以计算各种动态评价指标,进而分析项目的盈利能力。从投资的角度出发,现金流量表分为全投资现金流量表和自有资金现金流量表。其中全投资现金流量表（表12-1）不分投资资金来源,以全部投资作为计算基础,用以计算全部投资所得税前和所得税后的财务内部收益率、财务净现值及投资回收期等评价指标,考核项目全投资的盈利能力,为各个方案进行比较建立共同基础。自有资金现金流量表（12-2）是从投资者角度出发,以投资者的出资额作为计算基础,把贷款时得到的资金作为现金流入,把还本付息作为现金流出,用以计算自有资金财务内部收益率、财务净现值等指标,考察项目自有资金的盈利能力。

表 12-1　现金流量表(全部投资)

序号	年份\项目	建设期		投产期		达到设计能力生产期				合计
		1	2	3	4	5	6	…	n	
	生产负荷(%)									
1	现金流入									
1.1	产品销售(营业)收入									
1.2	回收固定资产余值									
1.3	回收流动资金									
2	现金流出									
2.1	固定资产投资 (含投资方向调节税)									
2.2	流动资金									
2.3	经营成本									
2.4	销售税金及附加									
2.5	所得税									
2.6	特种基金									
3	净现金流量(1-2)									
4	累计净现金流量									
5	所得税前净现金流量 (3+2.5+2.6)									
6	所得税前累计净现金流量									

　　　　　　　　　　　　　　　　　　所得税后　　　所得税前

计算指标:财务内部收益率
　　　　　财务净现值($i_c=$　　%)　($i_c=$　　%)
　　　　　投资回收期
注:①根据需要可在现金流入和现金流出栏里增减项目

第十二章 建设项目的可行性研究

②生产期发生的更新投资作为现金流出可单独列项或列入固定资产投资项中。

表 12-2　现金流量表(自有资金)

序号	项目	建设期		投产期		达到设计能力生产期			合计
	年份	1	2	3	4	5	6	... n	
	生产负荷(%)								
1	现金流入								
1.1	产品销售(营业)收入								
1.2	回收固定资产余值								
1.3	回收流动资金								
2	现金流出								
2.1	自有资金								
2.2	借款本金偿还								
2.3	借款利息支付								
2.4	经营成本								
2.5	销售税金及附加								
2.6	特种基金								
3	净现金流量(1−2)								

计算指标:财务内部收益率

　　　　　财务净现值($i_c = $ %)

注:①根据需要可在现金流入和现金流出栏里增减项目

(2)损益表(表 12-3)　它反映项目计算期内每年的利润总额、所得税税后利润的分配情况,用以计算投资利润率、投资利税率和资本金利润率等指标。

表 12-3　损益表

序号	项目 \ 年份	投产期		达到设计能力生产期				合计
		3	4	5	6	…	n	
	生产负荷(%)							
1	产品销售(营业)收入							
2	销售税金及附加							
3	总成本费用							
4	利润总额(1-2-3)							
5	所得税							
6	税后利润(4-5)							
7	特种基金							
8	可供分配利润(6-7)							
8.1	盈余公积金							
8.2	应付利润							
8.3	未分配利润							
	累计未分配利润							

注：利润总额应根据国家规定先调整为应纳税所得额（如减免所得税、弥补上年度亏损等），再计算所得税。

(3) 资金来源与运用表（表 12-4）　它反映项目计算期内各年的资金盈余或短缺情况，用于确定资金筹措方案，制定适宜的借款及偿还计划，并为编制资产负债表提供依据。

(4) 资产负债表（表 12-5）　它反映项目计算期内各年末资产、负债和所有者权益的增减变化及对应关系，以考察项目资产、负债、所有者权益的结构是否合理，用以计算资产负债率、流动比率及速动比率，进行偿债能力分析。

表 12－4　资金来源与运用表

序号	项目 年份	建设期		投产期		达到设计能力生产期			合计
		1	2	3	4	5	6	...	n
	生产负荷(%)								
1	资金来源								
1.1	利润总额								
1.2	折旧费								
1.3	摊销费								
1.4	长期借款								
1.5	流动资金借款								
1.6	其他短期借款								
1.7	自有资金								
1.8	其他								
1.9	回收固定资产余值								
1.10	回收固定资金								
2	资金运用								
2.1	固定资产投资（含投资方向调节税）								
2.2	建设期利息								
2.3	流动资金								
2.4	所得税								
2.5	特种基金								
2.6	应付利润								
2.7	长期借款本金偿还								
2.8	流动资金借款本金偿还								
2.9	其他短期借款本金偿还								
3	盈余资金								
4	累计盈余资金								

表 12-5 资产负债表

序号	项目\年份	建设期		投产期		达到设计能力生产期			
		1	2	3	4	5	6	...	n
1	资产								
1.1	流动资产总额								
1.1.1	应收帐款								
1.1.2	存货								
1.1.3	现金								
1.1.4	累计盈余资金								
1.2	在建工程								
1.3	固定资产净值								
1.4	负债及递延资产净值								
2	负债及所有者权益								
2.1	流动负债总额								
2.1.1	应付帐款								
2.1.2	流动资金借款								
2.1.3	其他短期借款								
2.2	长期借款								
	负债小计								
2.3	所有者权益								
2.3.1	资本金								
2.3.2	资本公积金								
2.3.3	累计盈余公积金								
2.3.4	累计未分配利润								

资产负债率是反映项目各年所面临的财务风险程度及偿债能力的指标：

$$资产负债率＝负债合计/资产合计$$

流动比率是反映项目各年偿付流动负债能力的指标：

$$流动比率＝流动资产总额/流动负债总额$$

$$速动比率＝(流动资产总额－存货)/流动负债总额$$

(5) 及外汇平衡表（表 12-6） 它适用于由外汇收支的项目，

用以反映项目计算期内各年的外汇余缺程度,进行外汇平衡分析。

表 12-6 财务外汇平衡表

序号	年份　项目	建设期			投产期		达到设计能力生产期			合计
		1	2	3	4	5	6	…	n	
	生产负荷(%)									
1	外汇来源									
1.1	产品销售外汇收入									
1.2	外汇借款									
1.3	其他外汇收入									
2	外汇运用									
2.1	固定资产投资中外汇支出									
2.2	进口原材料									
2.3	进口零部件									
2.4	技术转让费									
2.5	偿付外汇借款本息									
2.6	其他外汇支出									
2.7	外汇余缺									

除此以外,还有以下辅助报表:固定资产投资估算表、流动资金估算表、投资计划与资金筹措表、固定资产折旧费估算表、总成本费用估算表、产品销售(营业)收入和销售税金及附加估算表、借款还本付息计算表等。以上报表的编制主要是为计算财务评价指标提供依据。

3. 计算财务评价指标

(1) 反映项目盈利能力分析指标,主要有:

① 财务内部收益率($FIRR$);

② 财务净现值($FNPV$);

③ 投资回收期;

④ 投资利润与投资利税率；
⑤ 资本金利润率。
(2) 反映项目贷款清偿能力分析指标，主要有：
① 资产负债率；
② 流动比率；
③ 速动比率。

借款偿还期：它是指在国家财政规定及项目具体条件下，以项目投产后可用于还款的资金偿还投资及建设期利息所需要的时间，其计算依据是资金来源与运用表和借款还本付息计算表，计算公式为：

借款偿还期＝借款偿还后开始出现盈余年分数－开始借款年份＋当年偿还借款额/当年可用于还款的资金

若计算的借款偿还期大于银行规定的还款期限，则说明项目还款能力不足，此时需要进行分析，并在财务和技术方案及投资计划上采取措施，直到满足要求为止。

(3) 反映项目外汇平衡分析或效果分析，它是针对涉及外汇利用项目而言的，主要有：
① 经济外汇净现值；
② 经济换汇成本；
③ 经济节汇成本。
4. 进行不确定性分析

不确定性分析包括盈亏平衡分析、敏感性分析和概率分析等。通过该项分析，掌握建设项目承受奉献的能力，使项目方案的投资决策建立在更加科学、合理和可靠的基础之上。

思考练习题
1. 什么是可行性研究？为何要进行项目的可行性研究？
2. 可行性研究包括哪些内容？
3. 财务评价包括那些评价指标和主要报表？

第十三章 价值工程

第一节 价值工程概述

价值工程(Value Engineering,简写为 VE),又称价值分析(Value Analysis,简写为 VA),是由上个世纪40年代美国工程师麦尔斯(Miles)开创的一种旨在提高产品功能、降低成本的技术经济管理理论和方法。二次大战期间,麦尔斯担任通用电气公司的物资管理工作,由于战争,物资短缺,原材料价格成倍上升,给生产造成很大困难。在这种情况下,他致力于研究物资替代,以求降低成本,他认识到当某种所需物资供应困难时,往往可用其他具有同样功能的物资来替代,而且有时还可以找到价格便宜的代用品。在此基础上,他总结出一套在保证同样功能的前提下,降低成本的科学方法。1947年他发表了一篇以"价值分析"为题的论文,总结和发表了一套系统和科学的"价值分析"方法。实践证明,该方法是一门行之有效的管理技术。1954年正式被改称为"价值工程"。以后,他又把这种思想和方法运用到生产、设计过程中去。1961年出版了《价值分析与价值工程》一书,奠定了现代价值工程的基础。美国通用公司在推行 VE 的头17年中,花费了80万美元,而创造价值则高达2亿美元。1964年以后,价值工程在全美国得到广泛推广,1955年以后相继引入日本、西欧、北欧、苏联等国家和地区,1979年以后引入我国。目前,价值工程广泛应用于工商企业、服务业、政府和事业单位,都取得了较好的经济效果。

一、价值工程的三个基本概念

1. 价值(Value)

要了解什么是价值工程,必须先弄清什么是价值。价值工程中所说的价值与政治经济学及西方经济学中所说的价值,含义是完全不同的。这里的含义有些类似于我们口语中常说的"值不值得"、"合算不合算"的意思。

价值是指产品具有的必要功能与取得该功能的总成本的比值,即效用(或功能)与费用之比。它是对研究对象的功能和成本进行的一种综合评价。其表达式为

$$V = \frac{F}{C}$$

式中　　V——价值;

F——产品具有的必要功能;

C——达到该功能的寿命周期成本。

上式表明,在总成本不变的情况下,产品的价值与功能成正比,即功能越大,价值就越大;反之,功能越小,价值也越小。在功能不变的情况下,产品的价值与总成本成反比,即成本越低,价值就越大;成本越高,价值就越低。

2. 功能(Function)

功能是指产品的性能或用途,实质上就是指产品的使用价值。比如:手表的功能是显示时间,茶杯的功能是盛饮料,车床的功能是车削工件等。

用户购买产品并不在于占有产品本身,而在于得到该产品的功能;对于一个企业来说,它所生产、所销售的,实际上就是某种功能。

在实际生活中,具有同样功能的不同产品,给用户带来的满足程度通常不同,这反映了具有同样功能的不同产品之间功能水平的差别。功能水平是功能的实现程度,它由一系列的技术经济指

标和综合特性指标表示。如产品的各种性能指标、体积、可靠性、安全性、维修和实用的方便性、能源消耗、使用寿命、外观装饰等。

价值工程应以恰当的功能水平去实现用户要求的功能。恰当的功能水平，也就是应达到的标准功能水平。在一定的市场和企业条件下，标准功能水平主要取决于用户要求，决定于用户使用功能的环境条件和费用支出能力。

在实际的产品、零部件当中，大量地存在着功能过剩或功能不足的情况。功能过剩是指相对于标准功能水平来说，存在着多余的、过剩的功能水平的情形。过剩功能会使功能成本上升，给用户造成不合理的价格负担。功能不足意味着用户要求的标准功能水平没有达到或偏低。同样，功能不足与用户要求也是相悖的，对这种情形，应追加成本，提高功能水平，努力达到标准功能水平的要求。

3. 寿命周期成本（Life Cycle Cost—LCC）

它是指产品在寿命期内所花费的全部费用。它包括产品的研制成本和生产制造费用，我们称之为生产费用 C_1；还包括用户为了消费使用产品，还需要付出某些使用费用，如维修费用、能源费用、人工费用、管理费用、报废拆除费用等等，我们称之为使用费用 C_2。产品寿命周期成本 C 的表达式为

$$C = C_1 + C_2$$

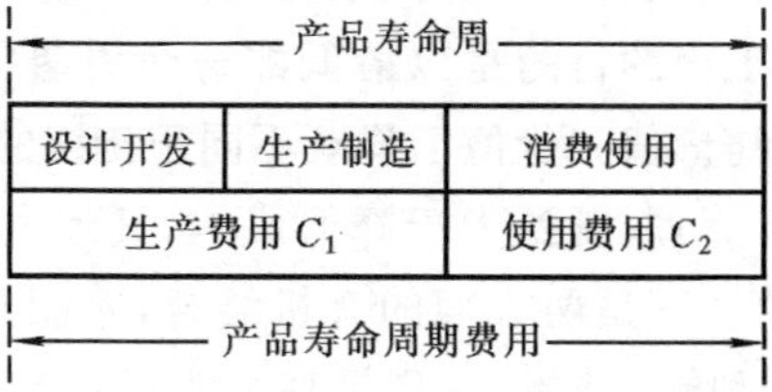

产品寿命周	
设计开发　生产制造	消费使用
生产费用 C_1	使用费用 C_2
产品寿命周期费用	

图 13-1　寿命周期费用的构成

从寿命周期费用与功能的关系看，一般产品寿命周期费用有一个最低点 C_{min}，产品功能则相应有一个最适宜水平 F。功能过

高,虽然使用费用较低,但生产费用太大,因而寿命周期费用也偏高。反之,功能过低,虽然生产费用较低,但使用费用太大,寿命周期费用也会上升。只有功能适宜,才能使寿命周期费用最低。如图 13-2 所示。

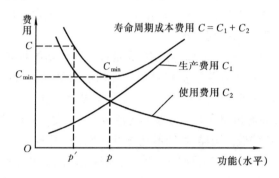

图 13-2 产品寿命周期费用与产品功能水平的关系

二、价值工程的定义

什么是价值工程呢？它可定义如下:着重于功能分析,力求用最低的寿命周期成本可靠地实现必要功能的有组织的创造性活动。

这个定义概括地表达了价值工程的目的、核心和性质。

第一、价值工程的目的是以最低的寿命周期费用可靠地实现必要功能,即提高价值。价值工程既不同于传统的质量管理,又不同于传统的成本管理;既致力于降低成本,又致力于提高功能,以提高产品的价值。正是两方面的有机结合,才能真正实现合理地提高质量、有效地降低成本,达到提高企业经济效益的目的。

第二、价值工程的核心是功能分析。功能分析是价值工程特殊的分析方法。在工业生产中,降低成本的方法是多种多样的,价值工程之所以比其他方法更有效,关键在于功能系统分析。通过功能分析,可以搞清产品的基本功能和辅助功能和各功能之间的关系，弄清哪些是用户需要的，哪些是用户不需要的。价值工程就是要寻找实现产品必要功能的各种途径，经过比较，确定出最经济合理的实现途径。

第三、价值工程的性质是有组织的创造性活动。有组织有计划地开展工作，讲求各方面的合作与协调是价值工程的重要特征之一。一种产品从设计到制成产成品，将涉及到企业的各个部门。一个改进方案从提出到试验，最后到付诸实施，也是依靠集体的智慧和力量，通过许多部门的配合，最终才能达到降低成本的目的。有人把价值工程活动比作为一个足球队，把企业里的设计、工艺、采购、销售、财务等部门的活动比作这个足球队的队员，其目标就是射击球门，而这个球门就是提高产品的价值。与此同时，还必须强调价值工程是创造性的活动。因为实现功能的方案是多种多样的，而不同方案的经济效果是不同的，这就需要人们去创造。因此，价值工程的全过程都体现了千方百计地进行方案创造的这一重要特征。

三、提高产品价值的途径

从公式 $V = F/C$ 中我们可以找到提高产品价值的五种途径：

(1) $V\uparrow = F\uparrow / C\downarrow$ 即提高功能，又降低寿命周期费用。这是提高价值的最理想途径，它可以使产品价值有较大幅度的提高，是价值工程追求的主要目标。出现这种情况是比较困难的，必须在技术上或管理上有所突破才可能实现。

(2) $V\uparrow = F\rightarrow / C\downarrow$ 即在保证功能不变的条件下，采取措施，降低寿命周期费用，从而提高产品价值。例如，通过功能分析发现原来存在的不必要功能，通过消除不必要功能，降低寿命周期费用，而用户所要求的必要功能保持不变，从而提高价值。这表现在消费者在购买商品时，在质量相同的情况下，愿意购买便宜的商品。

(3) $\uparrow V = F\uparrow / C\rightarrow$ 即在保持寿命周期费用不增加的条件下，采取措施提高功能，以达到提高价值的目的。例如，产品原有的必要功能不足,采取措施提高必要功能,虽然制造成本可能随之上升,但使用成本下降,致使寿命周期费用保持不变,从而使产品价值提高。

(4) $\uparrow V = F\uparrow\uparrow/C\uparrow$ 即在保证寿命周期费用增加幅度不大的情况下,使功能提高幅度大于寿命周期费用增加的幅度,从而提高产品的价值,例如,消费者对产品的功能要求在不断提高,为了弥补功能不足,适当增加了寿命周期费用,但由于消除不必要功能或采用其他措施,使寿命周期费用的增长幅度低于功能提高的幅度,从而使产品价值提高。这主要体现在高档消费者对产品的需求。他们愿意购买新颖的多功能产品,虽说价钱贵些,但他们认为还是合算的。

(5) $\uparrow V = F\uparrow/C\downarrow\downarrow$ 即去掉过剩功能或使有用功能稍有下降的,但能满足低档消费者对功能的基本要求,从而使寿命周期费用大幅度下降。这样也能提高产品价值。

第二节 价值工程的工作步骤

开展价值工程活动的过程实际上是一个发现问题和解决问题的过程。在价值工程的对象确定之后,针对对象逐步深入地提出一系列问题,通过回答问题寻求答案,最终使问题得到解决。

价值工程的整个过程围绕以下七个问题开展活动:
(1) 价值工程的对象是什么?
(2) 它是干什么用的?
(3) 它的成本是多少?
(4) 它的价值是多少?
(5) 有无其他方法可以实现同样的功能?
(6) 新方案的成本是多少?
(7) 新方案能满足要求吗?

针对上述七个问题,价值工程按一般性问题的决策过程分为分析问题、综合研究与方案评价三个阶段；按实施过程分为功能定义、功能评价和制定改进方案三个基本步骤。每一基本步骤又包括几项详细步骤，每一步骤或几个步骤又要回答一个问题。各个阶段及每一步骤与上述七个问题的对应关系如表13-1所示。

表13-1 价值工程工作程序

决策过程一般程序	价值工程工作程序		价值工程提问
	基本步骤	详细步骤	
分析问题	功能定义	1. 选择对象 2. 搜集情报	1. 对象是什么？
		3. 功能定义 4. 功能整理	2. 它是干什么用的？
	功能评价	5. 功能成本分析	3. 它的成本是多少？
		6. 功能评价 7. 确定对象范围	4. 它的价值是多少？
综合研究	制定改进方案	8. 方案创造	5. 有无其他方法可以实现同样功能？
方案评价		9. 初步评价 10. 具体化调查	6. 新方案的成本是多少？
		11. 详细评价 12. 实验与提案 13. 实施与总结	7. 新方案能满足要求吗？

必须注意，表13-1中所列的步骤也不是绝对的。比如，为了能够有针对性地搜集情报资料，需要事先确定价值工程对象，但为了准确地选择好对象，不掌握一定的情况资料也是不行的，因此选择对象与搜集情报资料常常是交替进行的。又如，功能评价工作是在对象选定之后进行的，但经过功能评价可能会发现原先确定的对象不应作为价值工程的重点，这样又要求重新确定重点对象。

第三节 价值工程的原理与方法

一、对象选择和情报收集

1. 对象选择

价值工程分析对象选择的总原则是：优先选择改进潜力大、效益高、容易实施的产品和零部件。

（1）经验分析法　经验分析法是一种仅凭价值分析人员的知识和经验，判断和确定价值工程对象的定性方法。其一般程序是：先由分析人员依据自己的经验对影响产品成本和功能的因素作出综合分析，提出对象选择的初步意见，然后由集体讨论决定。

经验分析法简便易行、节省经费，但因缺乏定量分析，有时难免带有主观性，准确性差。因而，这种方法主要用于对象粗选阶段产品寿命周期分析法或产品结构不太复杂的情况。

（2）ABC 分析法　ABC 分析法又称作成本比重法或帕雷特分析方法。它是由意大利的经济学家巴雷特（Pareto）应用数理统计原理创造的，现已广泛应用。这种方法是一种按局部成本占总成本的比重大小来选择对象的方法。一般来说，成本所占的比重大，则改进功能、降低成本的潜力就大。我们首先把一个产品的各种零件按成本由高到低的顺序排列，然后绘制成百分比图。通常情况下，有 10%～20% 的零件，其成本占总成本的 70%～80%，这类零件称为 A 类零件；另一类零件个数占总数的 70%～80%，成本却占总成本的 10%～20%。这类零件称为 C 类零件，其余为 B 类零件。其中 A 类零件个数少、成本比重高，应作为价值工作研究的对象。

（3）百分比分析法　百分比分析法是通过分析各对象（各产品或某产品的各部分）对企业（或产品）的某个技术经济指标的影响程度大小（百分比）来选择改善对象的方法。

运用这种方法的关键,是要选择一些切合企业实际的技术经济指标,如成本利润百分比、资金占用百分比、产值能耗百分比、原材料消耗百分比、工期百分比等,一般只以一两项技术经济指标为依据。当企业要提高某项技术经济指标时,这种方法选择价值工程的对象,具有很强的针对性,往往效果也十分显著。

例:企业可以将成本百分比与利润百分比相结合分析成本利润比率,如表13-2。

表13-2 成本和利润百分比

	A	B	C	D	E	合计
成本(万元) 占全部成本的%	170 60.7	20 7.1	10 3.6	50 17.9	30 10.7	280 100
利润(万元) 占全部利润的%	56 60.9	8 8.7	4 4.3	6 6.5	18 19.6	92 100
成本利润比率	1	1.23	1.19	0.36	1.83	

由上表可知,D产品成本占全部成本的17.9%,而利润则占全部利润的6.5%,成本利润比率仅为0.36,故可将其作为价值工程的重点对象。

(4)产品市场寿命周期分析法 产品寿命周期分析法是指一种以产品技术寿命周期来确定价值工程对象的方法。在产品寿命周期的投入期、成长期、成熟期、衰退期四个不同的时期中,价值工程活动所选择的对象是各有侧重的。

① 在投入期,由于产品在研制阶段大量支出费用,产品成本高,所以,这一时期价值工程的重点是在收集用户信息的基础上,改进产品设计,剔除不必要的功能,以降低成本和价格。

② 在成长期,产品已被市场接受,销量不断扩大。价值工程活动的重点是加强工业工程和质量管理相结合,以进一步降低成本和提高产品质量,扩大市场。

③ 在成熟期,销售增长缓慢,甚至有所下降,但产品销量较

大、质量稳定、成本最低。这时要作具体分析:若确实已呈现衰退的趋势,则考虑让其自然淘汰;若仍竞争激烈,则应需"增加功能,降低售价;或增加功能,保持原价;或降低成本,降低售价",以延长成熟期。

④ 在衰退期,产品销售量迅速下降,应及时将价值工程活动转向新产品。

(5) 强制评分法　强制评分法又称 FD 方法(Forced Decision),是一种综合考虑对象的功能和成本两方面因素的定量分析方法。它通过确定对象的功能重要性系数、成本系数,进而求出对象的价值系数,然后依据价值系数大小来确定价值工程对象。FD 法在对象选择、功能评价、方案评价中都可使用,是价值工程的基本方法之一。这种方法的具体做法如下:

① 确定功能评价系数(F_i)。把要分析的对象按矩阵排列,然后相互按功能重要程度对比打分,相对重要的一方打 1 分,次要的一方打 0 分(此为 0~1 法,也可按需要细分程度采用 0~4 法、0~10 法等),然后按下列公式计算功能评价系数:

$$F_i = \frac{f_i}{\sum f_i}$$

其中:F_i——i 对象的功能评价系数;

　　　f_i——i 对象的功能评分。

② 确定成本系数(C_i)。可按下列公式计算

$$C_i = \frac{c_i}{\sum c_i}$$

其中　C_i——i 对象的成本系数;

　　　c_i——i 对象的现实成本。

(3) 计算价值系数(V_i)。可按下列公式计算

$$V_i = \frac{F_i}{C_i}$$

其中　V_i——i 对象的价值系数。

例：某产品由六个零件组成，要确定其价值工程研究对象。确定功能评价系数见表 13-3 所示。

表 13-3　功能评价系数表

零件	I	II	III	IV	V	VI	f_i	$f'_i{}^*$	F_i
I	×	0	0	0	1	1	2	3	0.143
II	1	×	1	1	1	1	5	6	0.286
III	1	0	×	0	1	1	3	4	0.190
IV	1	0	1	×	1	1	4	5	0.238
V	0	0	0	0	×	1	1	2	0.095
VI	0	0	0	0	0	×	0	1	0.048
合计								21	1.00

注：为了避免最不重要的对象功能（本例中零件 VI）f_i 得分为 0，可将各对象评分都加 1 分进行修正，表中的 f'_i 即为修正后的对象功能得分。

确定成本系数和价值系数见表 13-4 所示。

表 13-4　价值系数

零件	功能评价系数 (F_i)	现实成本 (c_i)	成本系数 (C_i)	价值系数 (V_i)	选择顺序
I	0.143	43	0.215	0.67	3
II	0.286	45	0.225	1.27	
III	0.190	20	0.100	1.90	
IV	0.238	35	0.175	1.36	
V	0.095	35	0.175	0.54	2
VI	0.048	22	0.110	0.44	1
合计	1.00	200	1.00		

由此可得：

$V_i \approx 1$，说明该零件功能和成本比重基本匹配，可不作为研究对象；

$V_i < 1$,说明该零件功能比重小于成本比重,是研究对象,其值最小者为重点研究对象;

$V_i > 1$,说明该零件功能比重大于成本比重,可不作为选择对象。但如果功能不足时也应考虑。

2. 情报收集

情报收集贯穿价值工程活动的整个过程。一般说来,掌握的情报越多越准确,价值提高的可能性也就越大。因为通过情报人们可以进行有关问题的分析对比,进而从中受到启发、开阔思路,继续发现问题和找出差距,并为功能分析、方案创造及评价提出科学的依据。因此,在一定意义上说,价值工程成果的大小取决于情报的数量、质量和适宜的时间。对此,搜集情报的工作应遵循目的性、准确性、适时性、条理性、完整性等基本原则。

价值工程的情报资料,内容上来讲,主要是与功能和成本两方面有关的情报资料。概括起来,有以下几个方面:

(1) 用户要求方面的情报　包括用户的使用目的、使用环境和使用条件,用户对产品性能、使用寿命、外观、价格、交货期、配件供应、技术服务等方面的要求,这些情报是进行功能分析和制定改进方案的基础。

(2) 成本方面的情报　搜集了解目前不同厂家生产同类产品的各种消耗定额、利润、价格等情况,以及本企业各项生产费用及成本构成、使用材料种类、消耗数量、单价、利润率、废品率等方面的情报。

(3) 本企业的基本情况　如本企业的生产经营方针、生产指标、经营状况、市场占有率、产品销售量的变化趋势、外协情况、资金情况以及产量、质量、劳动定额情况等。

(4) 科技情报　包括对象产品的研制设计历史和演变;国内外同类产品的有关技术资料,如加工工艺、设备材料、标准规范、图纸手册等方面的资料,以及新结构、新工艺、新材料、标准化、各种专利资料及价格等等。

(5) 方针政策　主要了解政府及有关部门的有关条例、法规等。如政府关于能源使用、环境保护、三废处理、完全生产、劳动保护、对外贸易等方面的政策、条例、法规。

以上只是情报搜集的基本内容，一般说来，价值工程对象的不同，要求的情报也不完全相同，这里很难一一列举。但要注意有的放矢、全面可靠。不准确、不可靠的情报资料常常会给价值工程活动造成困难和错误，达不到预期的效果，甚至还可能导致价值工程的失败。只有准确的情报才真正具有价值。

三、功能分析

如前所述，功能分析是价值工程的核心，依靠功能分析来达到降低成本的目的。功能分析一般分为功能定义、功能整理、功能评价三个步骤进行。在具体讲述这三个方面的内容之前，先介绍一下功能分类。

1. 功能分类

一件产品或一个零部件，常常具有多种功能，由于它们的重要程度和满足用户的性质不同，需要加以分类，以便在价值工程活动中区别对待，确保用户所需的必要功能，剔除不必要的过剩的功能，或开拓新的功能，来满足用户的需要。

(1) 按功能重要程度分

① 基本功能　是与对象主要目的直接有关的功能，是对象存在的依据。如洗衣机的基本功能是"洗涤衣服"，不具备这个功能就不是洗衣机了。

② 辅助功能　是为更好实现基本功能服务的功能。如热水瓶壳的基本功能是"保护瓶体"，辅助功能是"使用方便"。

(2) 按用户要求分

① 必要功能　是为满足使用者的需求而必须具备的功能。它是满足使用者购买物品的基本需求，实质上即为基本功能。如电线的必要功能是"传导电流"。

② 不必要功能　是对象所具有的、与满足使用者的需求无关的功能。不必要功能有时不仅使用者不需要,甚至起反效果。例如机器产生噪音等。

③ 过剩功能　是对象所具有的、超过使用者需求的必要功能。例如某小客车最高时速 200 公里,经济时速 90 公里,显然,仅用于市内交通就存在时速功能过剩的问题。

④ 不足功能　是对象尚未满足使用者需求的必要功能。如气压式热水瓶,它的辅助功能是"使用方便",但"保温热水"这个使用者需求的必要功能,却不如传统的热水瓶。

(3) 按用途性质分

① 使用功能　是对象所具有的与技术经济用途直接有关的功能。它是用户使用物品的基本目的,实质上也就是基本功能。

② 品位功能　是与使用者的精神感觉、主观意识有关的功能,如贵重功能、美学功能、外观功能、欣赏功能等。如服装的使用功能是"保护体表",但随着人们物质、文化生活水平的提高,则更讲究高档的面料、流行的色彩、新颖的款式,即追求品位功能。

(4) 按功能逻辑关系分

① 上位功能　是达到目的性质的功能。

② 下位功能　是为保证上位功能的实现,起手段作用的功能。

在一个功能体系中,某些功能存在目的与手段相互依存的关系。例如,图 13-3 中功能 F_1 是功能 F_2 的目的,功能 F_2 是实现功

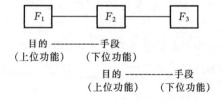

图 13-3　功能整理图

能 F_1 的手段;功能 F_2 是功能 F_3 的目的,功能 F_3 则是实现功能 F_2

的手段。这样,就形成一个前后连接的"串联状"功能链。我们将其中起目的作用的功能称为上位功能,起手段作用的功能称为下位功能。

③ 同位功能　是指与同一上位功能相连的若干下位功能。它们是实现同一目的而采取的多个手段。

④ 总功能和末位功能　在一个功能体系中,仅为上位功能的功能,称为总功能;仅为下位功能的功能,称为末位功能。

2. 功能定义

一个产品或零部件的功能是指这个产品或零部件所具有的特定职能,也就是产品总体或零部件的效用(作用)或用途。

所谓功能定义就是限定其内容,以区别于其他事物。其目的在于:进一步明确产品或零部件的功能,开阔设计思路,摆脱现有结构框框的束缚,以利于改进和实现功能评价。

给功能下定义,要求语言表达准确、简洁,在实践中常用一个动词加一个名词即"谓宾"结构的简单语句进行功能定义,并要求动词尽量抽象,这样便于打开思路,名词尽量用具体、可测量的词汇,以利于进行定量评价。表 13-5 给出了功能定义的几个例子。

表 13-5　功能定义举例

对象	功能	
主语(名词)	谓语(动词)	宾语(名词)
手表	指示	时间
电线	传导	电流
日光灯	照	明
机床	切削	工件
电冰箱	保存	食物
电池	供给	电能

复杂的产品往往具有多种功能,这就需要加以分解,对每一个功能下一个定义。

3. 功能整理

所谓功能整理,是在功能定义的基础上,将价值工程对象各部分功能按一定的逻辑关系连接起来,使之系统化,并最终用图解的方式(即功能系统图)表示出来的工作。由此可见,功能整理阶段工作的成果就是绘制出一张价值工程对象的功能系统图。

功能系统图的一般形式如图 13-4 所示。

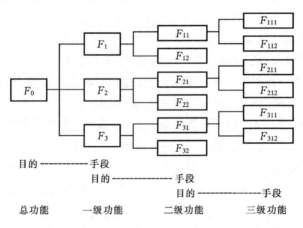

图 13-4 功能分析系统图一般模式

功能系统图的绘制方法可以采用所谓功能分析系统技术(Function Analysis System Technique,简称 FAST),其基本步骤为:

(1) 挑选基本功能,并把最基本的功能即总功能排在左端。

(2) 逐步明确功能关系,即是上下位关系还是并列关系。

(3) 功能关系明确之后,按上位功能在左,下位功能在右的原则排列,形成功能系统图。

功能系统图一般不是一次所能完美无缺地画好的,往往需要反复修改、完善。根据功能系统图,检查一下是否可将有些零部件合并而功能并不减弱,检查是否存在不必要功能,并应设计去掉它。

图 13-5 是经过整理后得到的载重汽车基本功能系统图。

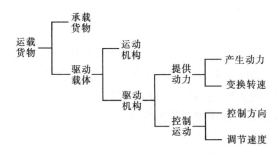

图 13-5 载重汽车基本功能系统图

4. 功能评价

功能评价是指评价某一功能价值的高低。进行功能评价,首先要进行功能成本分析,即确定功能的目前成本,而这是比较困难的,因为功能是一种概念性的东西,比较抽象;然后确定实现这一功能的最低成本,即功能评价值,以此作为该功能的目标成本。将功能的目标成本与实现功能的现实成本相比,便得到该功能的功能价值;将实现功能的现实成本减去功能的目标成本,得到功能的成本改善期望值。公式为

$$V = \frac{F}{C}$$

$$E = C - F$$

其中　V——功能价值;
　　　F——功能评价值(功能目标成本);
　　　C——功能目前成本;
　　　E——功能成本改善期望值。

功能评价的意义在于:通过对产品的功能成本分析和目标成本的确定,找到价值低的功能或功能区域,以便集中力量重点进行

改善，有效地提高产品的价值。

功能评价的一般步骤如下：

(1) 确定功能的目前成本(C)；

(2) 确定功能的目标成本(F)；

(3) 计算功能价值($V = F/C$)；

(4) 计算功能成本降低幅度($E = C - F$)；

(5) 按功能价值(F)由低到高、改善期望值(E)由大到小的顺序排列，确定价值工程对象的改进功能。

下面介绍两种功能评价的方法。

(1) 功能成本法

它是以实现功能的最低成本为标准，同该功能的目前成本进行比较，对功能进行评价的。下面以某产品及其零部件为例，说明这一方法的步骤。

① 确定产品所有零件的目前成本和产品的所有功能。例如表13-6所示，某产品共有4个零件A、B、C、D，其目前成本分别为340元、450元、160元和120元，产品功能为F_1、F_2、F_3、F_4、F_5和F_6。试用功能成本法进行功能评价。

② 把零件的目前成本换算为功能的目前成本。产品或零件的目前成本资料是容易获得的，这比较符合人们的习惯，因为产品或零部件都以其实体形式存在，而我们现在需要的是功能的成本资料，必须进行换算。换算时应遵循以下原则：一是如果一个零件仅有一个功能，且这一功能又只由此零件承担，那么这一零件的成本就是该功能的成本；二是如果一个零件有几个功能，则应依据功能的重要程度将该零件的目前成本分摊到各功能上去；三是如果一个功能由几个零件来承担，那么该功能的成本应是各有关零件分摊到该功能上的成本之和；四是上位功能目前成本是其下位功能目前成本之和。

本例中各功能目前成本的换算情况如表13-6。

表 13-6　功能成本分析表　　　　（单位:元）

零件名称	目前成本	功能					
		F_1	F_2	F_3	F_4	F_5	F_6
A	340	130		100		110	
B	450		100	50		100	200
C	160				160		
D	120	50	50				20
合计	1 070	180	150	150	160	210	220

③ 确定各功能的目标成本。目标成本既要具有先进性,即必须经过努力才能达到;又要具有可行性,即具有实现的可能。一般是以同行业实现同样功能的最低成本作为目标成本。数据的获得一般采用调查法。调查法就是广泛收集实现功能不同程度的成本和技术资料,然后将获得的数据画在坐标图上,如图 13-6 所示。横

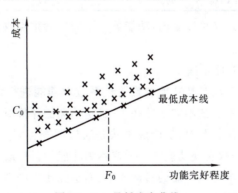

图 13-6　最低成本曲线

坐标表示功能完好程度(或功能满足程度),可由产品的技术性能指标评价得出,纵坐标表示不同的功能完好程度所对应的成本。不同厂家实现同样的功能其成本是不同的,将最低成本连成的一条曲线称为最低成本线。例如,本企业某项功能的完好程度为 F_0,在

最低成本线上所对应的成本为 C_0，则 C_0 就是该功能的目标成本。

④ 计算功能价值。利用功能目标成本(F)和功能目前成本(C)，依公式 $V = F/C$ 计算功能价值。例见表 13-7。

⑤ 确定成本降低幅度。成本降低幅度 $E = C - F$。例见表 13-7。

⑥ 确定功能改善顺序。例见表 13-7。

表 13-7 功能评价计算表

功能	目前成本（元）	目标成本（元）	功能价值	成本降低幅度(元)	功能改善顺序
F_1	180	150	0.83	30	3
F_2	150	140	0.93	10	4
F_3	150	150	1.00	0	—
F_4	160	120	0.75	40	2
F_5	210	160	0.76	50	1
F_6	220	220	1.00	0	—
合计	1 070	940		130	

从表 13-7 可以看出，功能 F_5、F_4 应作为重点改进对象，其次是 F_1 和 F_2。

(2) 功能比重法

功能比重法是按功能的重要性系数对功能进行评价。这种方法与功能成本法的不同之处在于：确定功能的评价值（功能目标成本）的方法有所不同。功能成本法是通过调查各同类企业的功能成本资料，选取实现功能的最低成本为功能的目标成本，汇总各功能的目标成本得到产品的目标成本。而功能比重法则不同，它是通过调查生产同类产品的企业的产品成本（不是功能成本），选取其中最低的成本作为产品的目标成本，然后根据产品各功能的重要性系数乘以产品的目标成本，进而得到各功能的目标成本。

例：某产品的目前成本为 700 元，目标成本为 500 元，F_1、F_2、F_3、F_4 四个功能区，其功能系统图如图 13-7 所示。各功能区的成本分别为 300 元、250 元、80 元和 70 元,试对各功能进行评价。

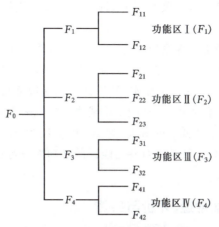

图 13-7 某产品的功能系统图

首先,要确定各功能区的重要性系数,这里我们采用替换系数评价法($DARE$ 法),见表 13-8。确定功能重要性系数分三步进行。

表 13-8 功能比重法评价表

功能	目前成本(元)	暂定重要性系数	修正重要性系数	功能重要性系数	功能评价值(目标成本)(元)	功能价值	成本降低幅度
F_1	300	1.5	9.0	$9/19 = 0.47$	$0.47 \times 500 = 235$	0.78	65
F_2	250	2.0	6.0	$6/19 = 0.32$	$0.32 \times 500 = 160$	0.64	90
F_3	80	3.0	3.0	$3/19 = 0.16$	$0.16 \times 500 = 80$	1.00	0
F_4	70	—	1.0	$1/19 = 0.05$	$0.05 \times 500 = 25$	0.36	45
	700	—	19.0	1.00	500	—	200

第一步先从下向上确定相邻功能的暂定重要性系数,例如功能 F_4 和 F_3 相比,F_3 的重要性是 F_4 的 3 倍;F_3 和 F_2 比,F_2 的重要性是 F_3 的 2 倍;F_2 和 F_1 相比,F_1 的重要性是 F_2 的 1.5 倍。第二步对暂定重要性系数进行修正,设定 F_4 的重要性系数为 1,以此为基础,

分别对 F_1、F_2、F_3 的暂定重要性系数进行修正，结果分别为 3、6、9。第三步计算功能重要性系数，即用各功能修正后的系数除以修正后的系数之和。

在功能的重要性系数确定之后，便可计算各功能的评价值，即功能的目标成本，方法是用各功能的重要性系数乘以其上位功能（这里就是产品）的目标成本。然后计算功能价值和成本降低幅度并确定功能改善顺序（方法同功能成本法），见表 13-8。结果表明，功能 F_2 的成本降低幅度最大，为 90 元，其次为 F_1 和 F_4。

在此基础上，可继续对各功能区的子功能进行功能评价，方法完全相同。

四、方案创造、评价与实施

经过对象选择、情报搜集及功能分析，价值工程对象、用户所要求的必要功能以及实现必要功能的目标成本都比较明确了，这时，价值工程便进入方案创造、方案评价和最后实施阶段，这是决定价值工程能否取得预定成果的重要环节。

1. 方案创造

方案创造就是根据用户要求和功能分析的结果，针对原设计方案中存在的问题，探索和创造实现功能对象、改善目标的设计方案。

在价值工程中要想通过方案创造达到提高价值的目的，要求我们努力做到：首先，要打破旧框框、旧思维定式，善于大胆科学地设计方案；其次，要善于综合利用各种情报资料，充分发挥综合分析能力，从各个不同角度提出改进方案；再次，要依据价值工程对象的性质，组织各类专业人才参加，相互启发交流，取长补短，发挥集体智慧；最后，要以产品功能为核心，并注意抓上位功能。因为上位功能范围广泛，限制较少，容易提出较多方案，而且上位功能的改进比下位功能改进能带来更大的效果。

方案创造的方法很多，主要有：

(1) 头脑风暴法　头脑风暴法简称 BS(Brain Storming)法，由美国 BBDO 广告公司奥斯本(A. F. Osborn)于 1939 年首创。它是通过开会的方式来创造新的方案，这种开会方式与普通会议不同，该会议一般由 5~10 人参加，人员之间关系要融洽，气氛要轻松。会议有四条规则：

① 畅所欲言，自由奔放，不受任何框框限制；
② 尊重别人，不评好坏，更不能批评指责；
③ 集思广益，不墨守成规，方案越多越好；
④ 互相启发，互相补充，在别人方案的基础上改进、完善。

头脑风暴法简便易行，采用此法一般都能提出比较多的方案，因此，这种方法应用颇为广泛。

(2) 哥顿法　哥顿法由美国人哥顿于 1964 年首创。此法也是通过会议的形式提出方案，但会议的组织与头脑风暴法有不同特点：①除主持人以外，与会者一般不知道会议要解决的具体问题；②主持人把要解决的问题抽象化，向与会者提出来；③要求与会者对抽象问题展开讨论，提出解决方案。哥顿法要求会议主持人善于引导和启发，揭开具体问题要把握适当时机。

(3) 形态分析法　形态分析法由美国加州理工学院兹维基教授提出。采用此法的步骤是：①确定影响问题的各个方面(即产品的功能项目)；②列出每个方面的各种可能状态(特性参数)；③将各方面的各种可能状态进行排列组合，得到各种组合方案；④从备组合方案中选择最优方案。这种方法通过对系统结构中旧问题的新组合，往往能够获得一些意想不到的新方案。

(4) 类推法　类推法是把与主题有类似之处，但乍看起来并无直接联系的事物或知识搜集在一起，进行联想对比，从中得到启示，进而开拓创意，提出解决方案。

(5) 缺点列举法　缺点列举法把功能改善对象的缺点全部列出来，然后针对缺点提出改进方案。

(6) 希望列举法　如果对改善对象提不出明显缺点，但可以提出改进希望,则根据这些希望提出改进方案,这就是希望列举法。

2. 方案评价

方案评价是要对提出的各种方案进行分析和比较,一是要看它在技术上是否能实现所要求的功能;二是要看它在经济上是否能降低成本,并进行社会评价,最后进行综合评价,选择最优方案。

技术评价的内容主要包括:产品的可靠性、安全性、方便性、耐用性、维修保养性、系统的协调性、与外部环境的协调性以及外观等。

经济评价的任务主要是成本预测、销售预测和投资预测。成本预测主要是指可变成本的预测。

社会评价主要是指评价方案是否对环境产生污染,是否与国家有关条例、法规一致等。

方案评价一般分为初步评价和详细评价。初步评价是对众多方案进行初步筛选,选出少数几个方案,以备进行详细评价,因此,初步评价方法力求简便易行,通常采用类比法、优缺点列举法等定性方法。详细评价则要求在技术上和经济上进行深入全面的评价,最终选出最满意方案,详细评价要求尽量采用定量的评价方法。

下面介绍方案评价常用的几种方法。

(1) 优缺点列举法　优缺点列举法是一种定性评价方法,一般用于方案的初步评价。这种方法是把各个方案在技术、经济和社会三方面的优缺点一一列出来进行比较,综合权衡优劣,最后确定一个或几个较好方案。这种方法灵活简便,考虑问题也较全面。

(2) 直接打分法　首先对各方案功能实现程度、技术可行性进行评价,在理论计算、模拟试验、样品测试等基础上,按一定标准评分(10分制或100分制),选出两个方案;然后对这两个方案再按费用成本等经济合理性进行评价,选出最优方案。例如为改进某一产品提出四个方案,进行评价如表13-9、表13-10所示。首先经过评分,选出C、D两方案,然后经过经济合理性评价,确定D方案为优选方案。

表 13-9 方案功能实现程度技术可行性评价

项目 方案	功能 可靠性	运转 可靠性	可操 作性	保养难 易程度	生产难 易程度	安全性	合计	选择
A	8	7	6	7	6	6	41	4
B	8	7	7	8	7	7	45	3
C	10	8	8	8	8	8	50	2
D	10	9	10	8	8	8	54	1

表 13-10 方案经济合理性评价

项目 方案	直接材料费	直接人工费	制造费用	合计	选择
C	1 520	350	400	2 270	
D	1 450	360	380	2 190	优选

(3) 综合评价法 是根据各方案功能满足程度和成本费用，进行综合评价的方法。其主要步骤为：

① 用 FD 法或 DARE 法等对各功能打分（其分值用 W 表示）；
② 对各方案功能满足程度打分（其分值用 V 表示）；
③ 计算各方案功能评分 f_i；

$$f_i = \sum W \cdot V$$

④ 计算各方案功能满足系数 F_i；

$$F_i = \frac{f_i}{\sum f_i}$$

⑤ 计算各方案成本系数 C_i；

$$C_i = \frac{c_i}{\sum c_i}$$

⑥ 计算各方案价值系数 V_i；

$$V_i = \frac{F_i}{C_i}$$

⑦ 选择价值系数最大的为最优方案。以上例为例计算见表 13-11 所示。

表 13-11　方案综合评价

功能	F_1	F_2	F_3	F_4					
功能评分(W)	15	12	10	9					
方案	满足程度(V)				$f_i = \sum W \cdot V$	F_i	c_i	C_i	V_i	选择
一	80	82	75	70	3 564	0.310	3 500	0.324	0.957	3
二	80	85	84	86	3 834	0.333	3 600	0.333	1.00	2
三	85	90	90	95	4 110	0.357	3 700	0.343	1.041	1
合计					11 508	1.00	10 800	1.00		

3. 方案实施

(1) 实验与提案　　最优方案选定后,为了确保方案的质量并为审批提供依据,对一些复杂的方案要进行试验。试验过程,首先要确定试验方法、设备、材料、日期、负责人及试验结果的评价标准;然后进行试验;最后要对试验结果进行整理和评价,即把试验数据进行处理并同事先制定的试验评价标准比较。必要时需对方案进行修改或改变试验方法,再进行试验。

试验结果满意,则将其作为正式提案,并附上试验报告,提交主管部门审批。

(2) 实施与总结　　正式提案经审查批准后,就要组织实施,由总工程师负责制定实施计划并层层落实,明确实施进度、质量要求,制定验收标准,检查实施情况,妥善处理实施中出现的问题。

方案实施后,要不断地进行跟踪检查,计算和评价本次价值工程活动的经济效益,并认真总结经验教训,不断提高价值工程活动的水平。常用的经济评价指标有全年净节约额、成本降低率、节约

倍数和价值工程活动单位时间的节约额,其计算公式分别为:

全年净节约额 =（改进前的单位成本 − 改进后的单位成本）× 年产量 − VE 活动费用

$$成本降低率 = \frac{改进前的单位成本 - 改进后的单位成本}{改进前的单位成本} \times 100\%$$

$$节约倍数 = \frac{全年净节约额}{VE 活动费}$$

$$VE\ 活动单位时间节约额 = \frac{全年净节约额}{VE\ 的延续时间}$$

关于价值工程活动的社会效益评价,能定量化的也要进行计算,难以定量化计算的要定性加以表述,最后由 VE 小组负责写出 VE 活动的总结报告,将有待改进的问题反馈到下一个价值工程活动循环中去解决。

思考练习题

1. 什么是价值工程?价值工程中的价值的涵义是什么?提高产品价值的途径有哪些?
2. 何谓寿命周期费用?并举例说明。
3. 价值工程的实施步骤是什么?每一步骤要回答什么问题?
4. 何谓功能分析?并简述如何进行功能分析。
5. 简述选择价值工程对象的各种方法的基本思想,并比较它们的优缺点。
6. 何谓功能评价?并简述功能评价的一般步骤和方法。
7. 简述方案创新的原则与方法。
8. 简述方案评价的内容与方法。
9. 衡量价值工程活动成效的主要技术经济指标有哪些?
10. 某设备由 A、B、C、D 四个部件组成,其功能为 F_1、F_2、F_3、F_4、F_5、F_6,其目前成本在各功能上的分配及功能重要性系数如表 13−12 所示,若将该设备的目标成本定为 900 元,试计算各功能的价值和成本降低幅度。

表 13-12 （单位：元）

部件名称	功能						合计
	F_1	F_2	F_3	F_4	F_5	F_6	
A		50	160		40		250
B	200	70				100	370
C	50			20		30	100
D		80	150	50	100		380
功能重要度系数	0.25	0.20	0.30	0.03	0.12	0.10	

11. 已知热水瓶各功能的现状成本和暂定功能重要度系数如表 13-13 所示，试用功能比重法计算当总目标成本为 280 元时。各功能的评价值、价值和成本变动幅度，并确定 VE 的功能改进顺序。

表 13-13

功能	暂定重要性系数	修正重要性系数	功能重要性系数	功能评价值（元）	目前成本（元）	价值	成本变动幅度（元）	功能改进顺序
保持清洁	0.2				0.25			
保持水湿	5				2.00			
方便使用	0.5				0.40			
增加美观	—				0.85			
合计				2.80	3.50			

12. 自选一个简单产品进行功能定义、功能整理和功能评价。

主要参考书目

1. 国家学位委员会. 管理科学与工程. 北京: 高等教育出版社, 1998
2. 孔茨等. 管理学. 北京: 经济科学出版社, 1998
3. 解培才, 徐二明. 西方企业战略. 北京: 中国人民大学出版社, 1992
4. 北京经济学院工业经济系经济管理教研室. 现代企业经营管理. 北京: 北京经济学院出版社, 1992
5. 尹丽萍, 肖霞. 现代企业经营管理. 北京: s首都经济贸易大学出版社, 2000
6. 张鸿庆. 现代企业管理. 西安: 西安交通大学出版社, 1995
7. 安维. 现代企业管理. 北京: 当代世界出版社, 2000
8. 黄渝祥. 企业管理概论. 北京: 高等教育促建不说, 2000
9. 安维, 孙健生, 陈元荧. 现代企业管理. 北京: 当代世界出版社, 2000
10. 2000版质量管理体系国家标准理解渝实施. 北京: 中国标准出版社, 20001
11. 韩福荣. 现代企业管理教程. 北京: 北京工业大学出版社, 1999
12. 梁乃刚. 质量管理与可靠性. 北京: 机械工业出版社, 1995
13. 柯大纲等. 财务管理. 西安: 西安交通大学出版社, 1995
14. 周忠惠等. 财务管理, 上海: 三联书店, 1995
15. 张先治. 经济效益研究. 大连: 东北财大出版社, 1996
16. 杨青, 胡艳, 喻金田. 技术经济学. 武汉理工大学出版社, 2003
17. 王维才, 戴淑芬, 肖玉升. 投资项目可行性分析与项目管理. 冶

金工业出版社,2001
18. 吴添祖.技术经济学概论.北京:高等教育出版社,2004
19. 张道宏.技术经济学.西安:西安交通大学出版社,2004
20. 宋国防,贾湖.工程经济学.天津:天津大学出版社,2000
21. 刘秋华.技术经济学.北京:机械工业出版社,2005
22. 李振球.技术经济学.东北财经大学出版社,1999